첨벙, 프랑스!

첨벙, 프랑스!

임성득 지음

내 삶의 특별한 여행

이담북스

내 삶의 특별한 여행, 프랑스!

우리나라가 많이 발전했다. 40대까지만 해도 유럽 여행을 해보겠다는 꿈을 가져보지 못했다. 공부라기보다 시간이 날 때 가끔 보기 위해 EBS 영어 회화 교재를 들고 다니다가 확 던져버렸던 때가 있었다. "영어 잘 해봐야 가난한 내가 언제 미국에 가보겠어. 그래도 늙으면 갈 수 있는 나라의 언어를 하는 게 낫지." 영어를 버리고 일본어를 시작한 동기가 이런 단순한 이유였다. 이런 상황에서 시대가 변해 유럽 여행을 한 것이니 개인적으로는 너무나 특별한 여행이었다. 꿈도 꿔보지 못한 여행을 하게 된 것이다.

50대 초반에 대학생들이 많이 참여하는 단체 배낭여행이 첫 유럽 여행이었다. 하지만 런던, 파리, 베른, 인터라켄 등 많은 나라와 도시를 살펴보는 여행이라 프랑스 여행은 짧게 끝났다. 그 이후로 파리에 대한, 프랑스에 대한 호기심은 날로 커졌다. 여행 프로그램으로 프랑스가 나오기만 하면 '또 가야 할 텐데'라고 중얼거렸다. 파리에 갔다 왔다는 여행자의 블로그를 보면 부럽기가 그지없었다. "다음에 갈 땐 저도 좀 데려가 주시면 안 될까요?" 댓글도 많이 달았다.

프랑스를 좋아하게 된 원인은 무엇이었을까? 아름다움을 매우 중시하는 프랑스 문화에 홀딱 빠졌기 때문이다. 티셔츠 한 장을 살 때도 머그컵 한 개를 살 때도 실용성을 살피기도 하지만 예술적 감각(색깔과 모양)을 더 중시하는 타입이다. 특별하게 사진 찍는 방법을 배운 것도 아닌데, 잘 찍는다고 칭찬을 듣는 것은 아마 이런 아름다움을 찾는 습관에서 나왔다고 생각한다. 아름다움에 중독된 프랑스 사람들의 문화(건축, 미술관, 예술 작품, 공원 등)가 취향에 딱 맞기 때문이다. 그래서 냄새가 좀 나는 파리 지하철도, 꼬질꼬질한 건물도 내 눈에는 용서가 되고, '빈티지 스타일, Vintage Style'이라고 용납하게 되는 것이다.

현직에 있으면서 여행하기란 무척 힘들다. 경비도 문제지만 자유 여행의 능력(어학, 스마트폰 사용 능력, 지리 파악 능력 등)이 없어서 프랑스에 갈 기회가 생기지 않았다. 10년이 훨씬 넘어 58세에 명예퇴직을 하고 나서 좋은 기회가 생겼다.

검색 엔진 다음(Daum)의 '배낭 길잡이 유럽 여행(줄여서 배길 유럽 여행)' 카페에서 13일간의 남프랑스 여행 참가자를 모집하는 것을 찾았다. 경비는 제법 컸으나 운전을 함께하는 가이드를 포함해서 8명이 남프랑스를 여행했는데 이 여행이 삶에 있어서 최고의 여행이었다. 날씨도 좋았고 휴가차 태국 치앙마이에서 건너온 가이드가 여행 경로를 살짝 바꾸어 베르동 협곡도 안내해 주었다.

그 이후로 또 한 번 멋진 기회가 찾아왔다. 국립대구박물관 대학생(최소 60세 이상 어르신 모임) 여행 프로그램에 참여하게 된 것이다. 프랑스 남서부 지역(아키텐, 미디 피레네 지역)과 북부 스페인 지역을 여행하는 특별한 프로그램이어서 좋았다. 빈자리가 생겨서 회원이 아닌 내가 참가하게 된 것이다. 바욘, 툴루즈, 비아리츠 등 이름조차 들어보지 못했던, 패키지 상품에는 아예 없는 프랑스 지역을 여행하게 되었다.

그 후로도 틈만 나면 프랑스에 갈 기회를 잡으려고 광고나 소식에 귀를 기울였다. 그러다 패키지 상품으로 파리 외곽 지역이 포함된 상품이 나와서 얼른 계약하고 아내와 함께 프랑스를 여행한 것이다. 몽생미셸, 오베르 쉬르 우아즈, 옹플뢰르 등이 포함되었고 날씨도 좋은 5월이어서 최고의 여행이었다고 생각한다. '여행 안데르센'에서 마련한 '예술 기행'은 프랑스 여행의 정점을 찍게 해주었다. 늘 아쉬움으로 남았던 로댕 미술관, 오랑주리 미술관을 볼 수 있었고 모네의 지베르니 정원, 에트르타, 화가들이 즐겨 찾았고 거주까지 했던 바르비종까지 구경할 수 있었던 알찬 여행이었다. 부족함이 있었던 오르세 미술관과 루브르 박물관을 작정하고 관람하게 된 것도 큰 수확이었다.

사실, 파리에 대한 여행이 조금 부족하다고 느낀다. 피카소 미술관, 퐁피두 센터 등 수많은 미술관이 있는 것이 사실이다. 자유 여행 능력을 길러서 15일 정도로 파리에 머문다면 내 욕심이 채워질 것 같다. 이런 가운데에서도 용감하게 책을 내기로 한 것은 파리 이외의 지역을 추천하고 싶은 마음이 컸기 때문이다. 베르동 협곡, 루르드, 앙티브, 방스, 에기샤임 등을 권하고 싶었고 아키텐과 미디 피레네 지역을 꼭 알리고 싶었다. 아무쪼록 프랑스를 좋아하는 분들이 이 책을 읽고 프랑스 곳곳을 다녀왔으면 좋겠다.

프랑스 여행을 할 수 있도록 도와준 아내와 두 아이를 잘 키우고 있는 첫째 딸 은희, 어려운 특수교사를 묵묵히 잘하고 있는 둘째 딸 은지에게도 고마움을 전한다. 아울러 이담북스 출판사 편집부에도 감사드린다.

목차

PART 2 일드 프랑스 & 노르망디

프랑스의
수도, 파리

1. 센강, Seine

공항에서 버스를 타고 오다가 창밖으로 마주친 곳은 '라 센느 뮤지컬 (Le Seine Musical)'이다. 블로뉴 비앙쿠르 세갱섬에 있는 공연 시설인데 태양광 구조물이다. 2017년 일반에게 공개한 최근의 건축물로 전위적이고 친환경적이며 요트 모양의 선체가 우주선처럼 보인다. 45m 높이의 태양광 패널은 배의 돛을 연상시키고 태양의 위치에 따라 돔 주위로 움직인다. 센강은 계속 개발되고 있다.

한강에 의해 강북과 강남으로 나누어지듯 파리는 센강에 의해 우안 (右岸)과 좌안(左岸)으로 나뉜다. 폭이 그다지 넓지 않아서 오히려 파리를 멋진 도시로 만든다. 다리가 37개나 된다고 한다. 모든 나라가 그렇겠지만, 강을 따라 도시가 만들어지고 문화유산과 관광지가 있으니, 센강도 파리의 보물이라 하겠다.

단체 배낭여행으로 서유럽을 구경하는데 파리에 도착한 이튿날, 자유 시간이 주어졌다. 모두 몽쥬 약국에서 쇼핑하느라 바쁘다. 지하철, 버스를 타는 방법도 모르고 일행 중에 동행해 줄 사람이 없어서 그냥

센강의 최신 시설, 라 센느 뮤지칼레, 돛 모양의 태양광 패널이 돔을 따라 회전한다

센강을 따라 걷기로 했다. Ibis 호텔 명함을 수첩에 넣고 출발한다.

가이드가 생 자크 종탑(Tour St Jacques)에서 시작하면 된다고 했다. 원래 생 자크 부쉴리 교회가 있었는데 혁명을 거치면서 모두 파괴되고 종탑만 남았다. 상업의 수호성인 생 자크에게 헌정한 것인데 높이가 54m나 되어서 화재를 감시하는 역할도 했다.

퐁 상주(Pont au Change) 앞에 있는 식당에서 피자와 콜라를 시켜 먹는다. 식당 앞에는 총을 든 검은 제복의 경찰들이 많다. 여행자는 경찰이 오히려 반갑다. 소매치기가 접근하지 못하기 때문이다. 아마도 주위에서 벌어질 시위를 감시하려고 모인 것 같았다.

다리 건너편에는 생트샤펠과 콩시에르주리(Consiergerie)가 보인다.
두 곳 모두 시테궁의 일부분이다. 콩시에르주리는 왕의 궁전이 루브르
로 옮겨지면서 재판소, 감옥으로 쓰이다가 박물관이 되었다. 가장 유명
한 죄수는 루이 16세의 왕비 마리 앙투아네트다. 고깔모자를 쓴 것 같
은 예쁜 건물이 예전에는 끔찍한 장소였다.

생 자크 종탑, 휘장, 이니셜이 있는 퐁상주, 왼쪽에 생트샤펠과 노트르담 성당이 보인다

동화 속에 나오는 건물 모양의 콩시에르주리, 강변이 해변으로도 변하는 센강의 여름

퐁 샹주는 9세기 샤를 2세 통치기에 지어졌고 12세기에 다리에 있던 금세공업자와 환전업자들이 있어서 'Change'라는 이름이 되었다. 19세기 나폴레옹 3세 시기에 다시 지어져서 지금에 이른다. 다리에는 황실 휘장과 나폴레옹 3세의 이니셜(N)이 새겨져 있다. 놀랐던 것은 빅토르 위고의 소설 '레 미제라블'에 이 다리가 등장한다는 것이었다. 자베르 경감이 양심의 가책을 느끼고 이 다리에서 센강으로 몸을 던진 곳이다.

양쪽 두 개의 다리가 퐁 뇌프, 가운데는 베르갈랑 광장 공원, 두 갈래로 갈라진 강물

파리에서 제일 유명한 퐁 뇌프(Pont Neuf)에 왔다. '퐁 뇌프의 연인들' 영화로, 설치 예술가 크리스토 자바체프가 다리 전체를 포장한 예술로 유명해졌다. 센강 가운데 있는 시테섬을 파리의 남쪽과 북쪽으로 연결하는 두 개의 다리다. 원통이 붙어있는 모양의 교각과 아치가 우아하다. 교각 윗부분에는 다양한 표정의 얼굴이 있다. 새로운 다리라는 뜻인데 건설 초기에 사람과 말만 지나다니게 하고 다리 부근에 주택 단지를 마련하지 않은 새로운 형식으로 지은 다리였다. 다른 다리와 달리 다리 위에 건물을 세우지 않았다는 것도 이름에 많이 관여했다. 하지만 지금은 이름과는 다르게 센강에서 제일 오래된 다리다.

시테섬은 파리의 핵심이다. 이 섬에 살았던 고대 켈트계 파리시족에서 파리라는 이름이 나왔으니, 파리의 역사가 시작된 곳이라 할 수 있다. 작지만 왕과 대주교가 거주하였고 감옥, 재판소, 파리의 양대 성당

강변을 걷다가 골목으로 들어와 우연히 발견한 팔레 드 쥐스티스, 파리 최고 재판소

퐁 뇌프 사이로 유람선이 통과하고 제방 너머로 앙리 4세 기마상이 보인다

(노트르담, 생트샤펠)이 있으니 어찌 얕볼 수 있을까. 무엇보다 센강의 물길이 두 갈래로 갈라졌다가 모이는 장소여서 최고의 경치를 자랑한다. 시테섬 끝자락에 있는 베르갈랑 광장 공원은 연인들의 데이트 장소이고 앙리 4세 기마상이 웅장함을 자랑한다.

퐁 뇌프를 건너가면 강둑으로 헌책방이 줄을 잇는다. 짙은 녹색의 큰 철제 통(상자)을 열면 작은 가게로 변한다. 파리에는 이런 북키니스트(Les Bouquinistes de Paris)가 900여 개 있는데 이것마저 강의 다리와 함께 세계유산이란다. 제방 아래로 내려가서 산책하는 길도 있으니 둔치 전체가 데이트 코스가 된다.

예술의 다리라고 불리는 퐁데자르(Pont des Arts)를 만났다. 보행자 전용 다리인데 교량 위에 판자를 깔아서 마루를 걷는 기분이 든다. 돌을 쌓아 기둥을 만들고 철골로 상판을 만든 후에 바닥에 나무를 깔았다. 루브르와 Mazarine 도서관을 연결한다.

교각이 아름다운 퐁 뇌프, 한쪽은 파란색으로 반대쪽은 빨간색으로 장식된 퐁데자르

첩보영화의 한 장면이 나왔다. 왼쪽은 퐁데자르, 가운데는 프랑스 학술원이다

　　최근에 본 영화 '악마는 프라다를 입는다'의 패션 워크(Fashion Walk) 장면이 떠올랐다. 바로 이 다리 위에서 촬영한 것이다. 다른 다리와 달리 확실히 현대적인 세련미가 느껴진다. 한쪽 면은 파란 계통으로 반대쪽 면은 분홍 계통으로 꾸민 것도 좋다. 난간에 사랑의 자물쇠가 빼곡하게 달려있다. 철제 자물쇠가 너무 많이 달려서 난간이 부서지는 사고도 있어서 지금은 모두 철거하고 유리 난간으로 바꿨다고 한다.

　　다리 건너편에 돔이 돋보이는 프랑스 학술원 건물(Institut de France)이 멋지다. 이 학술원은 프랑스 엘리트들이 모인 곳인데 5개의 아카데미로(학문, 과학, 문화, 예술, 윤리와 정치) 구성된다. 정부 기관에 자문을 준다. 정확하게 말하면 자문뿐만 아니라(단순한 명예직이 아님) 프랑스 전역의 연구기관과 박물관 등을 직접 관리한다.

센강 제방 위에 있는 루브르, 카루젤 다리

퐁 뒤 카루젤을 보며 걷는다. 멋진 건물이 있어 조사해 보니 그 유명한 루브르여서 조금 머쓱했다. 내일 갈 곳이라고 생각하니 기대가 부푼다. 카루젤은 콘크리트 기둥과 철근으로 된 다리였는데 지금은 석조 다리로 위치도 옮겨져 있다. 루이 필립이 카루젤 개선문 근처에 있는 팔레 뒤 루브르의 오른쪽 둑을 연결했기에 카루젤(회전목마)이라고 이름을 붙였다. 루브르와 가까워 '루브르 다리'로 불리기도 하며 야경으로 유명하다.

녹색 철근으로 된 아치와 돌로 된 아치가 교차되는 아름다운 다리 퐁 노트르담이 나왔다. 수없이 파괴되고 재건되어 지금에 이른다. 프랑스어로 'Grand Pont, 큰 다리'로 쉽게 불린다. 노르만족의 침입으로 파괴되고 밀브레 다리로 불리다가 대홍수로 유실되었다. 1412년에 와서야 샤를 6세가 다리 골격을 정비하면서 '노트르담'이라는 이름을 갖게 되

노트르담 성당이 보이는 퐁 노트르담, 퐁 뇌프 다음으로 오래된 다리다

었다. 그 후에도 붕괴와 재건을 반복한다. 그래서 17~18세기 화가들의 그림에 자주 등장한다.

파리에서 처음으로 철제로 지은 다리 퐁 다르콜(Pont d'arcole)이 보인다. 노트르담과 시청을 잇는 다리다. 나폴레옹이 이탈리아 군대와 다리에서 싸웠던 아르콜 다리 전투에서 이름을 따왔다. 다리를 조사하다가 프랑스어 하나를 배운다. 계속해서 'Pont, 퐁'이 나오는데 '다리'라는 낱말이다. '퐁 다르콜'이라고 그냥 부르면 좋은데, 뒤에 우리말 '다리'를 붙이면 낱말이 중복된다. 하지만 뭐 어떤가? 프랑스어를 우리말로 바꿔야 하니까 어쩔 수가 없다.

Hotel de ville, 시청이 가운데에 보이고 철제 아치가 있는 퐁 다르콜

풍 다르콜 뒤로 보이는 종탑이 있는 건물이 파리 시청사다

뾰족한 생트샤펠과 가운데 노트르담 대성당과 어울린 녹색 철제다리 퐁 다르콜

Hotel de Ville, '오텔 드 빌'이라고 소리 내야 하는 파리 시청사

몬테벨레 부두에서 바라본 노트르담 대성당, 화재로 무너지기 전의 모습이다

'퐁 다르쉐베'는 노트르담 대성당을 멋지게 볼 수 있는 곳으로 시테 섬 동쪽 끝과 몬테벨레 부두를 연결한다. 폭이 가장 좁은 다리여서 유람선이 통과할 때 주의하는 다리다. 파리 대주교와 가까워서 대주교의 다리다. 난간에 사랑의 자물쇠가 가득한데 이것도 이제는 철거되었다.

풍 다르쉐베, Pont de l'Archeveche, 노트르담 대성당을 조망할 수 있는 다리

　　퐁 생 미셸(Pont St Michel)은 근처에 있는 오래된 생 미셸 성당의 이름
을 딴 다리다. 나폴레옹 3세 통치 시기에 지어져서 퐁 샹주처럼 이니셜 N
이 휘장과 함께 교각에 새겨져 있다. 생 미셸 광장과 시테섬을 연결하므
로 통행인이 무척 많다. 무엇보다 노트르담을 멋지게 찍을 수 있는 사진
명소다.

노트르담을 배경으로 멋진 야경을 뽐내는 퐁 생 미셸

대천사 미카엘이 사탄 루시퍼를 제압하는 조각상이 있는 생 미셸 분수, 오른쪽 경찰 본부,
왼쪽 파리 상업 재판소가 퐁 생 미셸 근처에 있다

파리 최고 재판소, Palais de Justice, 야경으로 빛나는 퐁 뇌프, 환상적인 보랏빛 하늘

야경으로 더욱 동화 속 경치를 만들고 있는 콩시에르주리와 센강

오후 1시부터 해가 질 때까지 계속해서 센강을 따라 걸었다. 오르세까지 갔다가 노트르담을 거쳐 퐁 생 미셸까지 다리를 건너고 걷다가 다시 다리를 건너서 동선을 모두 기억할 수 없다. 우연히 프랑스 최고 재판소도 보게 되었고 어쩌다 보니 다리 위주로 소개하게 되었다. 그런데 놀라운 사실을 여행 끝나고 귀국해서 알게 되었다. 이 다리들이 세계문화유산으로 지정되어 있었다. 그냥 낭만적인 생각에 사로잡힌 것이 부끄러웠다.

폴 생 미셀, 생 미셀 분수대, 센강에 유람선이 다니고 있다

레오폴드 세다르 생고르 인도교, '솔페리노 다리'로 더 많이 알려져 있다. '레오폴드 세다르 생고르'라는 세네갈
출신의 시인이자 정치가의 이름을 따왔는데 나름 프랑스에서 유명한가 보다. 솔페리노를 건너면 오르세 미술관
으로 바로 들어갈 수 있다. 양파 모양의 그랑 팔레가 뒤로 보인다

퐁 카루젤 뒤로 학술원의 돔, 노트르담 성당, 생트샤펠이 보인다(Pont de la Concord)

인공섬인 시뉴섬에 있는 비르하켐 다리, 1층은 차와 사람이, 2층은 메트로 전차가 다닌다

퐁 뇌프, 퐁 마리에 이어 세 번째로 오래된 다리, Pont Royal 퐁 루아얄, 왕의 궁전으로 들어가는 모습에서 다리 이름을 따왔다

퐁 루아얄의 교각, 삐쭉삐쭉 튀어나온 모양이 아치와 묘하게 어울린다

강 옆에 마련된 해변. 모래와 파라솔 등이 길게 설치되고 시원한 물이 뿜어져 나온다

2. 뤽상부르 공원, Luxembourg Gardens

　국회 의사당(Senat, 상원)으로 쓰이고 있는 뤽상부르(Jardin de Lux-embourg)궁을 둘러싸고 있는 공원이다. 남편 앙리 4세가 죽은 후 루이 13세의 어머니 마리 메디치 왕비는 루브르에서 삶의 활기를 잃어가고 있었다. 이에 루이 13세가 어머니를 위해 1615년 공작 뤽상부르 앙리 드 모랑시의 저택과 토지를 사들여 새로운 궁전을 짓는다. 뤽상부르궁

공원으로 걷다가 만난 팡테옹, 워싱턴 국회 의사당, 로마의 팡테옹을 합친 분위기다

여유롭게 대본을 읽고 있는 고대 그리스 연극 배우, 뒤에 팡테옹 건물이 있다

국회 상원의 건물 앞에 조각상, 꽃밭, 잔디밭, 연못이 있는 정원이 있는 뤽상부르 공원

전은 마리 메디치의 고향인 이탈리아 피렌체의 피티 궁전을 모방하여 건설된다. 궁전 건축은 그 후에도 계속되다가 1635년에 끝난다. 궁전의 이름은 처음 땅을 매입할 때의 저택(Hotel Luxembourg) 이름에서 가져왔다.

하지만 왕비는 이 궁전에서 오래 머물지 못하고 권력 암투의 희생자가 되어 프랑스에서 추방당하게 된다. 그리고 유배된 독일 쾰른에서 죽고 만다. 어머니의 죽음 후에 루이 13세는 공원의 일부를 시민들에게 공개했다. 18세기 이후로 파리 시민들의 휴식처가 된 것이다. 지금도 이 공원은 도심 속의 오아시스로 현지인과 관광객에게 사랑받고 있다.

골리앗을 물리친 다윗 조각상이 있는 공원 내의 프랑스 정원, 뒤에는 몽파르나스 타워

공원으로 들어가니 둥근 모양의 넓은 연못과 정원이 있다. 연못을 기준으로 양쪽에 프랑스 정원과 영국 정원이 있다. 프랑스는 기하학적 모양이고 영국은 단정한 숲을 가진 정원이다. 도랑 치고 가재 잡는 구경이어서(一石二鳥) 입꼬리가 올라간다. 뤽상부르 정원은 지붕 없는 미술관이라고나 할까? 여러 조각상이 많다. 19세기 루이 필립 왕이 왕비, 예술가, 신화 속의 인물상을 만들어 세웠다. 조각상에 쓰인 돌의 재료, 크기, 색깔이 다양해서 비교하는 재미가 있다.

퐁텐느 메디시스, 시커먼 폴리페모스가 갈라테이아와 아키스를 내려다보고 있다

눈을 번쩍 뜨이게 한 것은 메디치 분수(퐁텐느 메디시스, Medici Fountain)다. 분수의 물이 좁고 긴 통로로 흐르고 통로 양쪽에는 의자가 있어 여유롭게 쉴 수 있도록 해놓았다. 통로 끝에 거대한 조형물이 있다. 바탕이 되는 벽에도 자잘하게 장식이 있고 인물들의 모습도 예사롭지 않다. 뭔가 상당히 긴박한 상황이다.

시커먼 색의 돌로 표현된 외눈박이 거인 폴리페모스가 아래에서 포옹하고 있는 갈라테이아와 아키스를 화난 얼굴로 내려다보고 있다. 극에 달한 질투로 발아래에 있는 바위를 굴러내릴 것만 같은 순간이다. 하지만 아키스와 갈라테이아는 아무것도 눈치채지 못하고 오로지 사랑의 환희를 즐기고 있다.

왼쪽은 마리우스 동상, 생각하는 남자, 오른쪽은 성 제네비브

우리가 둘러본 것은 공원의 극히 일부다. 축구장 35개 크기라니까 말이다. 파리지앵들이 정말로 부럽다. 슬슬 걸어 다니며 공원의 조각품을 즐겨도 좋고 책 한 권을 가져와서 초록 의자에 앉아 읽다가 그늘에서 한숨 자도 그만일 것이다.

3. 샹젤리제, Champs Elysees

관광버스가 멈췄다. 드넓은 잔디밭 근처다. '앵발리드(Invalide)'라는 곳이다. 루이 14세가 부상병들을 간호하기 위해 만든 시설이었는데 지금은 군사 박물관, 성당, 군사 관련 정부 기관들이 자리하고 있다. 군인들을 위한 생 루이 교회, 부상자를 간호하는 앵발리드 호텔, 역사적 인물들의 유해를 안치하는 궁전 교회를 모두 합쳐서 앵발리드라 부른다.

올림픽 양궁 경기가 열렸던 앵발리드 잔디 광장, 앵발리드 교회의 황금 돔이 빛난다

건물 꼭대기의 황금 돔이 위용을 자랑한다. 나중에 알았는데 워낙 큰 황금빛 돔이라 파리 시내 곳곳에서 보인다. 앵발리드 안에 있는 교회의 돔이다. 높이가 107m이고 금박을 위해 12.65kg의 금이 들어갔다. 돔 안에는 나폴레옹의 무덤이 있다고 한다.

우리는 드넓은 잔디가 있는 앵발리드 광장에서 사진을 찍는다. 폴짝폴짝 뛰면서 만세를 부르는 포즈를 취하는 사람도 있다. 가장자리에는 키 큰 나무들이 있어서 그늘에서 쉬기도 하고 돗자리를 가져와 느긋하게 휴식을 즐기는 현지인들이 많다. 공을 가지고 놀아도 좋고 콘서트가 열려도 멋있을 것 같다. 참! 이번 파리 올림픽에서 양궁과 도로 사이클 경기 등이 이곳에서 열렸다.

다음으로 찾아간 곳은 그랑 팔레(Gran Plaise)와 프티 팔레(Petit Plaise)다. 1900년 만국 박람회를 위해 지은 두 개의 건물로 미술관, 박물관으로 쓰인다. 샹젤리제 끝부분에 있는데 서로 마주 보고 있다. 돌과 강철로 된 아르누보 양식의 그랑 팔레는 45m 높이의 유리 지붕, 청동 조각이 유명하다. 언뜻 보면 거대한 열대 식물원으로 착각할 듯하다.

프티 팔레는 시립미술관이었다. 새롭게 알게 된 것은 루브르, 오르세에는 미치지 못하지만, 고대 그리스 시대부터 2000년대까지 시대별로 작품이 골고루 있다는 것이었다. 전공도 아니고 미술에 관계되는 직업도 아니지만 퇴직 후 예술(특히 회화와 조각, 건축)에 빠져서 600권 정도의 책을 읽었다. 그러니 미술관, 박물관에 관한 이야기라면 귀가 솔깃해진다. 오랑주리, 피카소, 로댕 미술관과 함께 프티 팔레도 버킷리스트에 올리기로 했다.

유리 지붕이 있어 먼 곳에서 보면 유리 온실 식물원으로 착각하기 쉬운 그랑 팔레

시립미술관으로 쓰이는 프티 팔레, 고대부터 2000년대까지의 다양한 작품을 전시한다

　　샹젤리제로 접어들기 전에 멀리서나마 알렉산드르 3세 다리를 보았다. 파리에서 가장 화려한 다리다. 다리 입구의 두 기둥에 금빛으로 빛나는 조각상이 떨어져서 봐도 멋지다. 황금빛 페가수스인데 날개 달린 말이 비상하는 모양이다. 프랑스와 러시아의 동맹을 이루는 데 관계한 러시아 알렉산드르 3세의 이름을 따왔다. 1900년 만국 박람회 축하의 뜻으로 다리 완공식이 열렸다.

앵발리드 잔디 광장 끝으로 알렉산드르 3세 다리와 그랑 팔레 지붕이 보인다

이제 본격적인 샹젤리제(Champs Elysees) 구경이다. 15년 전에 왔던 콩코르드 광장(Place de la Concord)으로 왔다. 그때는 가장자리에 일부 공사를 하고 있었는데 이제 말끔하게 정리된 상태였다. 루이 15세 기마상이 있었을 때는 루이 15세 광장으로, 대혁명 시기에는 혁명 광장으로 불리다가 콩코르드(화합, 일치라는 뜻)로 정착했다. 루이 16세와 왕비 마리 앙투아네트가 시민들이 보는 가운데 처형된 곳으로 유명하다. 어두운 역사를 지나 평화와 화합으로 나아가자는 뜻이어서 나름 묵직한 느낌이 든다.

이집트 룩소르에 있었던 오벨리스크가 파리 콩코르드 광장에서 빛나고 있다

광장의 두 랜드마크는 분수대와 오벨리스크다. 가끔 외국 여행에서 자국이 만들어 세운 오벨리스크를 광장에서 볼 수 있는데 이곳 오벨리스크는 실제로 이집트에서 가져온 것이다. 23m 높이, 230톤 무게의 한 개의 화강암 기둥인데 람세스 2세의 업적이 상형문자로 쓰여있다. 1829년 이집트 총독이자 군사령관인 무함마드 알리가 프랑스에 선물로 보낸 것이다. 운반하는 데 4년이 걸렸다고 한다.

광장 양쪽에 분수대가 하나씩 있는데 강의 분수와 바다의 분수다. 바다의 분수(Fountaine des Mers)는 혁명 시기 단두대가 있었던 곳이다. 8명의 여신이 있는데 프랑스의 주요 도시인 마르세유, 낭트, 리옹, 보르도, 루앙, 릴, 브레스트, 스트라스부르를 상징한다. 로마에 있는 베드로 광장의 분수대를 모방하여 만들었다.

프랑스 주요 8개 도시를 의인화한 8명의 여신이 있는 바다의 분수대

일직선으로 쭉 뻗은 거리 끝으로
황금빛 돔이 빛나고 있는 앵발리드가 보인다

엘리제(천국)의 앞마당이라는 뜻의 샹젤리제는 베르사유 정원을 조성한 조경의 대가 노트르가 늪지를 정비하여 화려한 거리로 만든 곳이다. '천국의 앞마당'이란 뜻에 어울리게 샹젤리제는 쇼핑의 천국이요 최적의 휴식 장소다. 예전에 왔을 때는 브랜드에 눈이 팔려 자동차나 생활용품 가게를 못 봤는데 이번에 콩코르드 광장에서 거꾸로 걸어보니 새롭게 알게 된 것도 많았다. 푸조, 메르세데스 벤츠 등 자동차 브랜드 전시장, 디즈니 굿즈 판매장, 나이키 등이 그것이다. 거리 곳곳에 있는 카페와 레스토랑도 한결같이 개성이 있고 아름다웠고 인종 전시장처럼 거리를 활보하는 다양한 사람들의 모습을 보는 것도 신기하다.

브랜드 루이비통 본점과 디올 건물이 있는 샹젤리제의 중간 지점인 몽테뉴 거리 모습

마지막으로 개선문으로 향한다. 단 한 개의 건축물이지만 자세히 살펴보면 건축물 안에 많은 이야기를 담고 있다. 앞 뒷면 4면에 붙어있는 조각 작품도 대단하고 안쪽 면에 있는 장식, 새겨진 이름(나폴레옹이 이끄는 부대를 지휘한 장군의 이름)도 특별하다. 샹젤리제는 그리스, 로마 신화에 나오는 용사들의 영혼이 머무는 곳과도 관계가 있다고 한다.

단순한 한 개의 건축물이지만 많은 이야기를 담고 있는 개선문

개선문의 앞쪽과 뒤쪽 4면에는 각각 다른 부조 작품이 붙어있다

마침 혁명 기념일을 앞두고 진행되는 추모 행사를 볼 수 있었다. 베레모를 쓴 노병 장군들, 추모하는 가족들, 진행자, 경찰들, 방송 촬영자들 모두 조용하게 행사를 진행하고 있어서 관광객들도 차분하게 지켜보았다. 오늘은 좀 여행이 잘 진행된다. 예전에 오르지 못했던 개선문 전망대에 올라간단다.

개선문에서 뻗어 나간 길에 성 어거스틴 성당이 있고 가장 멀리 티비 중계탑이 보인다

에펠탑이 보이는 풍경

몽마르트르에 하얗게 빛나고 있는 성 샤크레쾨르 성당

모든 길은 로마로 통한다고 했는데 프랑스의 모든 길은 개선문으로 통한다는 말을 만들어야겠다. 개선문을 중심으로 12개의 도로가 별 모양으로 퍼져나간다. 예전에 에투알(별) 광장으로 불렸던 샤를 드골 광장(개선문이 있는 광장)에서 뻗어 나가는 길을 보면 나폴레옹이 로마 제국의 영광을 프랑스에 재현하고 싶었다는 것을 실감할 수 있다.

플라타너스와 마로니에가 깔끔하게 정렬된 샹젤리제, 라데팡스(서부 외곽의 상업지구, 현대적 건물이 많음), 에펠탑, 몽마르트르, 몽파르나스 타워, 성 어거스틴 성당, 샹 드 막스 공원 등 유명 관광지를 콕콕 꼬집어서 찾아보는 재미가 너무 좋다. 360도 한 군데도 막힘이 없는 데다 날씨마저 좋아서 봐도 봐도 질리지 않는다.

혁명 기념일을 앞두고 전몰 용사에 대한 추모 행사가 열리고 있는 개선문 내부

4. 몽마르트르, Monmartre

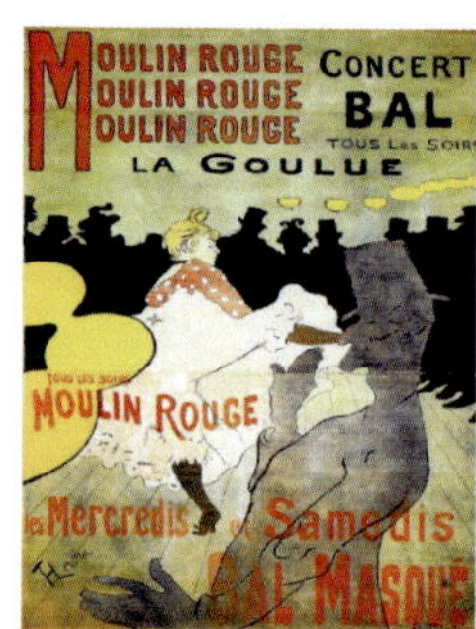

로트렉이 석판화로 제작한 포스터, 붉은 풍차와 붉은 벽이 특징인 카바레 물랭 루주

    버스에서 내리지도 않았는데 창밖으로 '붉은 풍차'가 나타난다. 붉은 벽과 붉은 풍차로 소문난 물랭 루주(Moulin Rouge)다. 많은 예술가가 이곳을 드나들었지만 물랭 루주에서는 단연코 툴루즈 로트렉이 최고 스타이다. '라 굴뤼! 더 높이! 더 멀리!'라는 표어가 들어간 포스터가 떠오른다. 카바레의 광고 표어가 어쩌다 우리나라 전국체전 표어와 비슷하다. 라 굴뤼(La Goulue)의 춤동작이 강조된 포스터(석판화로 제작)는

100년이 지난 지금에 봐도 세련된 작품이다. 카바레 주인 발랑탱의 실루엣(그림자) 뒤로 라 굴뤼의 춤동작이 있고 구경꾼은 검게 표현되어 있다. 그 당시 일반 시민이나 노동자들이 미술관이나 박물관에서 문화를 향유할 수 있었겠는가? 그러다 보니 몽마르트르 거리 벽에 붙은 이 포스터를 떼어가려는 소동이 일어났다. 어차피 물랭 루주에 들어가 술을 마실 것도 아니니까 살펴보지 못한 아쉬움은 빨리 접었다.

양귀비와 코스모스가 있는 사크레쾨르 성당, 몽마르트르로 가는 계단과 푸니쿨라

흰 대리석으로 밝은 느낌을 주는 몽마르트르에 있는 사크레쾨르 성당

몽마르트르에서 내려다보는 막힘이 없는 파리 전경은 모든 긴장을 해제시킨다

10년이 훨씬 넘어 찾아가는, 아내와 함께하는 몽마르트르는 확실히 낭만적이다. 파리 18구에 속하는 몽마르트르는 파리에서 유일한 고지대에 있고 이름은 '순교자의 언덕'이란 뜻이다. 3세기경 기독교를 전파하던 생드니가 지금의 이본 르 탁 거리(사크레쾨르 성당으로 올라가는 길)에서 박해로 순교하고 난 뒤, 세월이 흘러 기독교가 공인되자 생드니(Saint Denis)가 파리 최초의 주교로 추앙받는다. 그리고 순교 당한 거리가 있는 언덕은 몽마르트르가 되었다. 몽마르트르에서 참수당한 생드니는 참수당한 자기의 머리를 들고 파리 북쪽 지금의 생드니까지 가서 죽었다고 한다. 지역 이름이 그의 이름을 기념하고 있다.

실 팔찌를 강매하는 흑인 집시들이 일행에게 강매하는 소동이 일어날까 그랬는지 가이드가 금방 올라가는 푸니쿨라 티켓을 건네주었다. 우주선처럼 생긴 푸니쿨라를 타면 금세 언덕 위에 도착한다. 사크레쾨르 성당으로 올라가는 길에는 양귀비와 코스모스와 비슷한 작은 꽃들이 피어있다. 집사람이 너무 예쁘다고 소리를 지른다.

유럽에서 파리에서 많은 성당을 봤지만 사크레쾨르 성당(Basilica of Sacre Coeur)은 오래된 성당들과 확실히 다른 모습이다. 건축 기간만 100년을 넘기는 오랜 성당들과 달리 최근에(1875년 건설 시작, 1914년 완공) 지어진 까닭이다. 성당 외벽을 빽빽하게 장식하지 않고 하얀 대리석으로 만들어서 시원하게 보인다. 로마 비잔틴 양식인(바실리카로 부르기도 함) 성 소피아(튀르키예), 베네치아의 산 마르코 성당에서 영향을 받았다. 성당 정면 파사드에 있는 예수상, 건물 앞에 있는 잔 다르크(오른쪽)와 전쟁 영웅 루이 9세(왼쪽) 청동 기마상이 단순함을 보완

한다.

'성스러운 마음'이란 뜻이 있는 성당은 건축을 위한 비용이 5,000만 프랑 이상(한화 약 100억 원) 필요했는데 정부가 700만 프랑, 가톨릭 신자들의 모금으로 4,600만 프랑을 충당했다. 프로이센과의 전쟁에서 패하고(1870년) 파리 코뮌(시민과 노동자들에 의한 혁명 정부)의 실패로 당시 프랑스는 힘겨운 상황을 직면하고 있었다. 이에 프랑스는 시민들과 신자들의 사기를 북돋우기 위해 이 성당을 건설했다. 성당 앞 광장 테라스에서 내려다보는 경치가 그만이다. 파리 전경이 조망되는 최고의 장소다.

세 번째로 몽마르트르에 왔는데 그전에 본 느낌이 없는, 성당에 오르기 직전에 있는 분수대가 대단했다. 예전에는 물을 틀어놓지 않아서였는지 사진을 뒤져봐도 없었다. 드디어 사크레쾨르 성당 안으로 들어갔다. 입장료가 없어서 표를 끊는 수고를 안 해서 좋았다. 단체 여행으로 늘 외관만 보고 지나쳤던 아쉬움을 달래려고 눈을 부릅뜨고 성당을 둘러보았다.

별로 기대하지 않았는데 예상 밖으로 성당 안쪽은 멋있었다. 제일 먼저 멋지고 큰 그림들이 관람객을 깜짝 놀라게 했다. 바다 위를 걸어오신 예수, 고기를 잡고 있던 베드로와 안드레를 제자로 삼는 예수 등의 성경에 나오는 내용이 대부분이었고 용(악마를 상징)을 무찌르는 성 게오르그 그림도 있었다. 돔 형식의 둥근 부분에는 두 팔을 펼친 예수가 가운데에 자리 잡고 있는데 파란색이 주조를 이루고 황금색으로 장식한 부분이 너무나 멋있었다. 물론 다른 성당과 마찬가지로 직사각형이고 끝부분은 둥글게 된 스테인드글라스가 예뻤다. 게오르그를 대신한 천사가 용을 물리치는 모습, 기도를 올리고 있는 흰 대리석으로 된 조각상도 대단했고 성수를 담아놓은 곳에도 눈길이 갔다.

많은 관람객 사이에도 성당 내부에는 조용히 앉아서 기도를 드리는 분도 있었다. 관람객들은 되도록 예배자에게 방해가 되지 않도록 대화하지 않고 시설물이나 내부 장식을 지그시 바라보는 모습이 좋았다. 이렇게 멋진 곳을 계속 보지 못했는데 마지막 예술 기행에서 볼 수 있어서 다행이라고 생각했다.

200년 동안 무명 화가들의 보금자리 역할을 테르트르 광장(La Place Tertre)에 왔다. 그림들이 거리 양쪽에 전시되고 있고 화가들이 이젤을 세워두고 관광객의 얼굴을 그려주고 있다. 고흐가 살던 시대나 지금이나 무명 화가들의 삶은 고단하다. 시간만 있다면 그들에게 초상화를 그려달라고 부탁하고 싶었다. 40~50유로 정도이지만 그들에게 도움이 되고 싶은 마음이 컸다. 광장과 골목에는 예쁜 차양이 있는 카페와 레스토랑이 즐비하다. 앉아서 즐기는 손님이나 보는 사람들 모두 환한 표정이다.

이번에는 광장 바로 옆에 있지만 대부분의 관광객이 지나쳐 버리는 생 피에르 성당(Saint Pierre de Monmarte)에도 들렀다. 내부에 들어가지는 않았으나 밖에서 정문 파사드와 옆벽에 있는 부조를 보는 것만으로도 좋았다. 성당에서 광장을 바라보는 경치가 광장에 서서 보는 것보다 훨씬 더 예뻤다.

오랜 세월 무명 화가들의
삶의 터전이 되어왔던
테르트르 광장

프랑케트를 모델로 그린 고흐의 몽마르트르의 선술집

간판마저 예술이었던 오베르주 드 라 본 프랑케트 카페

오베르주 드 라 본 프랑케트(Auberge de la Franquette)와 카페 콩쉬라(Le Consulat)는 고흐를 비롯한 많은 예술가가 즐겨 찾던 곳이다. 고흐의 '몽마르트르의 선술집, 카페 테라스(La Guinqutte)'는 프랑케트를 모델로 한 것이다. 할아버지와 할머니가 마주 보는 카페의 철제 간판마저 예술이었다. 직사각형의 긴 간판에는 'Aimer, Manger, Boire et Chanter!'라고 적혀 있다. 우리말로 하면 '사랑하라, 먹어라, 마셔라 그리고 노래하라!'다. 르누아르, 세잔, 모네도 왔었고 40년대에는 에디트 피아프가 이곳에서 영화를 찍었다. 다른 한 사람을 소개하고 싶다. 2018년 94세로 세상을 떠난 샹송 가수이자 배우 '샤를 아즈나부르'다. 불어를 모르는 사람도 아즈나부르의 이자벨, She를 들으면 금세 좋아할 것이다. 아즈나부르가 이곳 프랑케트에서 살았다고 한다. 새롭게 안 사실에 너무 감격했다. 콩쥐라는 외관이 너무 깨끗해서 오래된 카페가 아닌 느낌을 준다. 100년이 넘은 카페인데 손때가 묻은 꼬질꼬질한 빈티지 스타일을 기대했는데 의외였다. 모네, 위트릴로, 피카소, 로트렉이 많이 왔다고 벽에 그림까지 그려놓았다.

외관이 너무 깔끔한 콩쥐라 카페, 벽에 자주 드나들었던 화가의 얼굴이 그려져 있다

세탁선이라 불리던 바토 라부아르, 피카소가 이곳에서 아비뇽의 처녀들을 완성했다

풍차가 있는 물랭 드 라 갈래트

파리에서 몇 개 남지 않은 엑토르 기마르의 메트로 장식

세탁선이라 불리는 바토 라부아르(Le Bateau Lavoir)가 나타났다. 30개의 아틀리에가 있는 건물에 수도꼭지가 하나뿐이었던 보기 흉한 건물, 쓰러질 듯 흔들리는 모양이 세탁선(세탁부들이 빨래터로 쓰는 강변의 낡은 배가 줄지어 있었는데, 시인이자 화가인 막스 자코브가 건물이 세탁선과 닮았다고 붙인 이름)과 같다고 해서 붙여진 건물 별명이다. 지금 봐도 별로 살고 싶은 아파트는 아닌 것 같다. 가난한 예술가, 삼류 가수, 목수, 약장수, 건달 등 하층 계급이 모여 살았던 곳인데 유명한 피카소도 머물렀던 곳이다. 피카소는 '아비뇽의 처녀들'을 이곳에서 그렸는데 프랑스의 아비뇽이 아니라 스페인에 있는 아비뇽이란 마을에서 따왔다. 큐비즘(입체파)의 시발점이 바르셀로나가 아니라 파리의 몽마르트르이고 피카소는 4년 정도 이곳에서 머물렀다.

언덕을 내려오는데 나무 사이로 풍차가 보인다. 물랭 드 라 갈레트(Mulin de la Gallette)가 있었던 곳이다. 예전에 왔을 때 못 봤던 곳이어서 가슴이 두근거렸다. 풍차로 밀가루를 만들고 그것으로 갈색빵(갈레트)을 만들어 팔았던 곳이다. 여러 화가가 이곳을 그렸는데 즐거운 분위기의 르누아르의 작품이 최고다. 무도회도 열렸던 곳인데 정원은 사라지고 이제는 레스토랑으로 변했다. 고흐의 작품에 나오는 풍차가 있는 몽마르트르 풍경을 보면 포도밭과 풍차 이외의 건물은 없는 한적한 언덕의 모습이었는데 세월이 흘러 지금은 건물이 빽빽하게 들어선 모습이라 몽마르트르도 엄청난 변화를 겪어왔다는 것을 알 수 있다.

마지막에는 '주 템므 벽(Le Murdes Je t'aime)'을 보았다. '사랑해' 벽은 행복이 넘치는 공간이다. 보통 담이나 벽은 사람과의 단절을 나타낼

단절과 경계를 나타내는 벽이 화해와 사랑의 벽으로 변한 주 템므 벽

때 쓰이는데 이곳에서는 높은 벽이 반대로 경계의 벽이 아니라 화해의 벽으로 변한다. '사랑해'라는 여러 언어로 쓰인 511개의 푸른 타일이 40 제곱미터의 벽에 붙어있다. 전 세계의 언어와 지방어를 포함해 1,000여 개의 언어로 '사랑해'라는 말이 적혀 있다.

제작자 프레데릭 바롱은 어느 날 여동생으로부터 '사랑해'라고 적힌 종이 편지를 받고 감동한다. 그리고 1992년부터 '사랑해'라는 말을 모으기 시작했고 여러 사람의 도움을 받아 이 벽을 완성했다고 한다. 컴퓨터로 인쇄한 글씨가 아니라 사람들이 직접 쓴 글씨가 더 정겹다. 특히 우리나라의 '사랑해' 글자는 평범한 사람의 글씨체여서 오히려 더 반가웠다.

지하철 아베스역(Abbesses)의 출입구가 멋지다. 아르누보 양식의 초록색 철문인데 글씨체와 장식이 단번에 눈길을 끈다. 유명한 건축가 엑토르 기마르(Hector Guimard)가 디자인한 것인데 많이 철거되어 이제는 파리에서 몇 개가 안 남은 역사적인 조형물이다. 빅토르 위고 메트로역에도 이 조형물이 있다. 뉴욕 현대미술관(Moma)의 옥외 조각 전시물에도 기마르의 똑같은 출입문 조형물을 볼 수 있다. 파리지앵은 멋에 중독된 사람들인 것 같다. 우리도 시설물이나 물건을 제작할 때 멋(아름다움)에 대해 고민했으면 좋겠다.

5. 에펠탑, 노트르담 대성당,
Eiffel Tower, Notre Dame Cathedral

에펠탑을 보려고 트로카데로 광장으로 향한다. 퐁 이에나에서 거꾸로 구경하기보다는 높은 곳에서 내려다보고 내려가서 마지막에 에펠탑을 보는 게 더 좋단다. 길을 건너자 제1차 세계대전 당시 총사령관 페르디낭 포슈의 기마상이 반긴다. 사실 이 광장은 '사이요 언덕'이라 불렸던 곳이다. 프랑스, 아니 나폴레옹은 기존의 이름을 전투에서 따온 이름으로 많이 바꿨다. 이곳도 그 실례가 된다. 스페인의 트로카데로 성을 함락시킨 것을 기념하여 지금의 이름을 갖게 되었다.

사이요궁(Plais de Chaillot)은 파리 세계박람회를 위해 지은 신고전주의 양식의 건물과 넓은 광장으로 이루어진다. 해양 박물관, 인류학 박물관 등 여러 용도로 쓰이고 있다. 에펠탑이 너무 유명하다 보니 '정작 사이요궁에 관심이 있는 사람은 한 명도 없다.'라는 농담이 있다고 한다. 에펠탑을 온전히 찍을 수 있는 뷰 포인트라서 광장은 관광객들로 북적인다. 차례를 기다렸다가 사진을 찍고 정원으로 향한다. 계단 아래에는 리라(수금)를 들고 있는 아폴론상(Statue d'Apollon Musagete)이 있고

궁전에 딸린 지라프(Girafe) 레스토랑이 있다. 정원과 에펠탑 뷰를 바라
보며 식사할 수 있는 곳이어서 인기가 많다.

광장 입구에 있는 페르디낭 포슈의 기마상, 파라솔이 있는 지라프 식당, 아폴론 청동상

인류학 박물관, 황금 조각상이 있는 사이요궁 앞에 에펠탑을 찍으려는 사람들이 많다

20개의 물줄기가 뿜어나오는 분수대와 조각상이 있는 트로카데로 정원은 천국이다

20개의 물줄기가 쉴 새 없이 뿜어나오는 분수대가 있는 정원은 또 다른 세상이다. 분수를 바라보며 비스듬한 잔디 언덕에 누워있는 사람들, 분수대에 들어가 물놀이하는 아이들, 회전목마, 조각상, 사진 찍는 관광객들! 그야말로 'What a wonderful world' 노랫말 세상이다.

폰 이에나(Pont d'Iena)는 프로이센 전쟁에서 이긴 기념으로 만들어진 다리다. 나폴레옹 1세가 승리한 이에나 전투에서 이름을 따왔다. 다리 양 끝에는 4개의 조각상이 기둥 위에 놓여 있다. 갈리아(골족) 전사, 고대 로마 전사, 그리스 전사, 아랍 전사의 모습이다. 다리의 난간 근처에는 온몸을 새하얗게 장식하고 퍼포먼스를 하는 사람도 보인다. 가이드가 소매치기를 조심하라고 주의를 주었다.

황소 조각상 뒤에 있는 사이요궁, 폰 이에나에서 퍼포먼스를 벌이는 거리 예술가

오른쪽에 그리스 전사, 왼쪽에 아랍 전사가 있는 퐁 이에나와 에펠탑

　어마어마한 사람의 행렬이다. 사전 예약을 했지만 20분 정도 기다려 에펠탑에 입장할 수 있었다. 10여 년 전에는 개선문에만 올라가고 에펠탑에는 올라가지 못했다. 역시 외국 여행은 한 번으로는 만족을 느낄 수 없다. '수박 겉핥기' 식으로 했다가 조금 익힌 경험을 살려 다시 하는 방법이 좋은 것 같다. 세 개의 층에 머물 수 있어서 차례대로 올라갔다가 다시 내려왔는데 철제 구조물을 확인해서 기분이 좋았다. 개선문과는 거리가 얼마 떨어지지도 않고 높은 곳에 올라와 보는 것도 같은데 느낌이 다르다. 개선문에서는 별처럼 뻗어 나간 길에 초점이 있다면 이곳은 센강과 연결된 경치가 멋지다. 사크레쾨르, 몽파르나스 타워, 사이요궁, 마르스 광장과 그랑 팔레 에페미어(임시 건물) 등 명소를 짚어가며 확인하는 재미가 좋다. 문득 놀랐다. 생각해 보니 지금 파리 주위에는 산이 없다. 끝 모를 평지가 펼쳐진 것이 신기하다.

에펠탑 안으로 들어와서 철제 구조물을 살펴보는 것도 에펠탑 구경의 묘미다

날씨가 좋아서 조망이 최고다. 왼쪽으로 학술원의 돔이 보이고 가운데에는 몽마르트르의 샤크레쾨르 성당이 있다. 유리 지붕이 있는 그랑 팔레는 제법 가까이 있고 센강과 유람선 선착장도 잘 보인다

에펠탑 앞에 있는 샹 드 막스 공원, 역처럼 보이는 임시 건물 그랑 팔레 에페미어, 맨 뒤쪽에 몽파르나스 타워가
보인다

황금 돔이 빛나는 앵발리드를 향해 사진을 찍었더니 에펠탑의 그림자가 생겼다

센강에는 다리가 너무 많다. 인공으로 만든 시뉴섬에는 세 개의 다리가 있다. 맨 앞에 있는 다리는 퐁 비르하켐이다. 1층에는 차와 사람이, 2층에는 전차가 다닌다. 가운데에 퐁루엘이 있고 마지막에 퐁 그르넬이 있다. 그르넬 다리 앞쪽에는 뉴욕에 있는 자유의 여신상 사분의 일 크기인 여신상이 있다. 백조의 섬을 걸어보는 것도 멋있을 것 같다

퐁 이에나 뒤로 트로카데로 정원, 독수리가 날개를 펼친 모양의 사이요궁, 맨 뒤쪽은 새로운 상업지구인 라데팡스 지역이다

　에펠탑에서 내려와 공원을 걷는다. 샹 드 막스(Champs de Mars) 공원이다. 신화 속 전쟁의 신(Mars)의 이름을 따왔다. 육군사관학교 연병장으로 쓰였던 곳인데 지금은 숲이 있는 영국식 정원으로 변했다. 잔디밭이 있어 피크닉 장소로도 좋고, 산책하거나 자전거도 탈 수 있는 멋진 곳이다. 단풍나무와 호두나무가 있고 주변에는 고급 주택들이 있다. 우리에겐 무엇보다 에펠탑을 멋지게 볼 수 있는 또 하나의 명소다. 에펠탑의 야간 조명 쇼를 보는 최고의 장소가 되겠다.

샹 드 막스 공원에서 바라본 에펠탑, 화재로 복구 공사 중인 노트르담 대성당

10여 년 전, 화재 발생 전 둘러보았을 때의 노트르담 대성당, 파리 대주교좌 성당이다

노트르담 대성당(Cathedrale Notre Dame)은 화재 전에도 봤고 화재 후 복구가 제법 된 성당을 보게 되었다. 프랑스에는 노트르담(Our Lady, 성모의 뜻)이 들어가는 성당이 너무나 많다고 한다. 성당을 보고 뮤지컬 '노트르담 드 파리'와 영화 '노트르담의 곱추'를 떠올리기는 어렵다. 예전이나 지금이나 주위에 건물이 붙어있지 않고 트여있어서 그렇다.

180년에 걸쳐 완성된 프랑스 고딕 건축물의 최고 걸작이다. 노트르담이 완공된 날 독일 쾰른의 대성당(고딕 성당)을 착공했다. 파리 대주교가 머무는 대주교좌 성당이다. 화재로 불타는 장면을 뉴스로 보고 안타까워했던 일이 생각나는데 정면 쌍탑이 복구된 모습이어서 다행이었다. 아마 쌍탑이 복구되지 못한 모습을 봤다면 마음이 아팠을 것 같다.

균형을 이룬 쌍탑, 2층의 장미창, 정문의 세 개 버팀벽은 다른 성당의 모델이 되었다

노트르담의 대표적 상징인 장미창과 스테인드글라스, 성스러운 돔 천장화

최후의 심판을 담은 정면은 그 아래에서 면죄부를 팔기도 했던 장소
라 역사적으로도 중요하다. 정면 문에는 예수가 아닌 성모의 승천 장면
을 조각해 두었다. 왼쪽 문에는 자신의 잘린 머리를 들고 있는 생드니
가 다른 성인과 날개 달린 두 천사와 함께하고 있다. 정면 2층의 중앙에
는 장미 모양의 둥근 창이 있다. 장미창에는 12명의 제자가 예수를 안
고 있는 성모를 둘러싸고 있는 모양이다. 장미창 아래에는 28명의 조
각상(북쪽 이스라엘, 남쪽 유다의 왕들)이 빽빽하게 서 있다. 다른 곳에
있는 고딕 양식의 노트르담 성당에도 장미창이 빠지지 않는다. 성당의
남쪽과 북쪽에도 장미창이 있으니 모두 세 개가 있는 셈이다.

내부에 들어가서 보면 세계 최고의 장미창이 빛난다. 물론 장미창이
아닌 스테인드글라스도 최고다. 보라와 진한 파랑이 어울리는 스테인
드글라스는 고귀하고 신비로운 분위기를 연출한다. 전체적으로는 거대
한 다이아몬드 장식이 빛을 내는 것으로 보였다. 노트르담 성당의 정면
외관 구조와 스테인드글라스 등의 건축은 유럽 여러 성당 건축의 모델
이 되었다.

센강을 산책할 때도 보았고 바토 무슈를 두 번이나 경험했으니 여러
방향으로 대성당을 엄청 많이 보았다. 선착장에서 다리에서 성당 뒤편
(동쪽)에서 보는 모습들이 모두 좋았다.

6. 오페라 지구, Quartier Opera

쁘렝탕, 라파예트 백화점으로 간단다. 별로 흥미가 없다. 돈도 없지만 백화점에서 딱히 살 것도 없기 때문이다. 싫은 내색은 하지 않고 그냥 버스 창밖을 바라본다. '이래서 단체 여행은 싫어' 혼자 머리를 굴리고 있는데 멋진 건물이 보인다. 파리 동역 건물이다. 파리에는 7개의 역이

파리 7개의 기차역 가운데 하나인 파리 동역의 정면이 아름답다

있다는데, 늘 단체 여행으로 파리에 와서 버스로 돌아다녔기에, 기차를 타고 가본 적이 없다. 그러니 파리의 기차역도 처음 보는 셈이다.

버스가 길을 회전하니 이번에는 오페라극장이 보인다. 오페라 '가르니에(Plais Garnier)'다. 햐! 조금 전 뽀로통해진 자신이 부끄럽다. 인생 새옹지마인가? 오페라의 유령 배경이 된 장소를 만나게 되었다. 가르니에는 고전주의를 타파하고 새롭고 화려한 건물을 지으려고 했다. 그 결과 고전주의에서 바로크까지 다양한 건축 양식이 혼합된 호화로운 건물이 탄생한다. 극장은 무대는 차치하고 객석과 내부 경관, 계단, 샤갈의 천장화, 유리의 방(회랑)이 유명하다. 가보지도 않고 잘도 안다고 아내가 핀잔을 준다. 예술에 빠져 책을 많이 읽은 결과다.

오페라의 유령 배경 장소로 샤갈의 천장화로 유명한 오페라 가르니에

"미안한데, 시간은 꼭 지킬 터이니 백화점 말고 다른 곳에 갔다 오면 안 될까요?" 어쩔 수 없이 가이드에게 희망을 말했더니 백화점에서 조금만 걸으면 생 라자르 역이 있으니 갔다 오라고 한다. 너무 좋다. 여행 프로그램에도 없었고 평소에 호기심을 갖고 있던 곳이었기 때문이다. 이 모든 원인 제공은 클로드 모네에게 있다.

아내는 곤란한 표정을 짓더니 시간에 맞춰 잘 찾아오라고 하며 백화점으로 향한다. 증기 기관차에서 김을 내뿜으며 역으로 들어오는 기차와 역의 높은 지붕이 있는 그림이 분명하게 떠오른다. 모네는 집념의 사나이다. 한 번 대상을 선택하면 줄기차게 그린다. 건초 더미, 루앙 대성당, 연꽃 등을 그리고 또 그렸다. 생 라자르 역도 그러한 소재라 제법 많은 작품이 있다.

한 번 길을 묻고 금세 역을 찾았다. 작은 광장이라 좀 복잡한 느낌이 든다. 역사의 외관은 높이도 있고 멋이 있다. 광장으로 바로 올라오는 메트로 출입구도 있다. 예술에 죽고 사는 파리지앵 아닌가? 광장에 어마어마한 크기의 작품이 두 개 있는데 서로 마주 보고 있다. 미국으로 귀화한 프랑스 작가 아르만의 작품이다. 하나는 청동 시계를 쌓아 올렸고 또 하나는 청동 가방을 쌓아 올려놓았다. 모두의 시간(L'heure de

미국으로 귀화한 프랑스 작가 아르만의 작품, 위쪽은 모두의 시간, 아래쪽은 평생 사물함

Tours), 평생 사물함(Consigne a Vie)이 작품 이름이고 하나는 광장 르
아브르 안쪽 뜰에 또 하나는 광장 로마 안쪽 뜰에 서 있다. 나름대로 의
미가 예상된다. 전시 장소가 역이어서 쉽게 뜻(작가의 생각)을 알아차
리게 되었다. 시간이 흘러가는 것을 볼 수는 없지만 우리는 모두 시간
위를 지나고 있고 가방을 들고 여행을 떠나듯 인생이 흘러가는 것이다.
아내에게 사진을 보여주며 자랑하려고 마음먹었다.

역 안으로 들어오니 외관과 다르게 상당히 현대적이다. 3층으로 되어 있는데 에스컬레이터도 있고 중앙홀에서 플랫폼으로 들어가는 아치형 통로도 세련됐다. 분명히 리모델링한 것이리라. 80여 개의 가게가 있는 대합실은 쇼핑하거나 휴식을 취하기에도 편리하다. 7개의 역 중에서 두 번째로 번화한 역이라고 한다. 1837년에 개통한 역이지만 외관을 포함한 대부분은 1889년에 지어졌다. 매일 천만 명의 여행자가 3,000개의 역을 이용한다. 캉, 루앙, 르아브르 등으로 가는 인터시티를 포함한 노르망디로 운행하는 역이다.

이제 모네가 그림을 그린 장소를 찾아야 한다. 표를 끊지 않고도 플랫폼으로 들어갈 수 있나? 이리저리 기웃거리다가 플랫폼으로 들어가는 곳을 찾았다. 맨 끝 가장자리 통로다. 먼지가 쌓인 역의 지붕을 쳐다보며 모네의 그림을 떠올렸다. 비슷한 장면이 나온다. 모네는 역을 그리기 위해 이사를 했다는데 체류 기간이 꽤 길었다. '생 라자르 역', '생 라자르 역 기차 도착', '유럽교에서 내려다본 생 라자르 역', '철로' 등의 작품을 그렸다. 그리고 구스타브 카유보트는 역을 그린 것은 아니지만 '생 라자르 역 유럽 다리'라는 작품을 남겼다.

역은 많은 이야기를 품고 있다. '이별의 부산 정거장'은 헤어짐의 장면을 그린 노래다. 생 라자르 역도 문학, 노래, 미술의 소재로 쓰였다. 기차가 문명의 이기이기도 하지만 김을 뿜으며 기적과 함께 역으로 진입하는 풍경은 모네의 영혼을 흔들었고 인상주의라는 새로운 화제를 만들게 된다. 11점이나 그려서 살롱 드 파리(Salon de Paris)에 출품했으나 입상하지 못한 모네는 인상파 전시회에 이 그림들을 출품한다.

현대적으로 리모델링이 된 역사 내부

모네의 그림 소재가 된 생 라자르 역의 플랫폼

뿌듯한 만족감을 안고 개선장군처럼 라파예트 백화점(Galleries Laf-
fayette)에 왔다. 상품에는 관심이 없고 건물을 살펴본다. 둥근 형태로
된 건물이라 동선이 쉽고 돔이 유리로 되어있어 궁전을 연상시킨다. 바
로 옆에 있는 쁘렝탕 백화점(Printemps)은 건물이 프랑스 문화유산으
로 등록되어 있다. 특히 옥상 전망대에서 바라보는 경치가 좋다고 소문
이 자자하다. 그런데 일행은 옥상 전망대에는 올라가지 않았지만 쁘렝
탕 백화점에 다녀왔단다. 두 백화점은 위치도 가깝고 해서 대단한 라이
벌이라고 한다. 관광객이 보기에 상대가 있기에 서로 잘 되고 발전하는
관계여서 그런 대결이 좋게 보인다.

라파예트 백화점과 쁘렝탕 백화점은 굉장한 라이벌이다

도리스 양식의 파르
테논 신전을 닮은
마들렌 교회, 한쪽
면은 루이비통 광고
로 덮여있다

생 라자르 역

생 라자르 역 기차 도착

유럽교에서 내려다본 생 라자르 역

철로, The Railway

귀스타브 카유보트, 생 라자르 역 유럽 다리

7. 바토 무슈, Bateux Mouches

바토 무슈 유람선 뒤로 노을이 지고 있고 노을에 살짝 빛나고 있는 에펠탑이 보인다

야경을 보며 센강을 유람하는 것은 몇 번을 반복해도 지겨울 것 같지 않다

　15년 전 단체 배낭여행으로 파리에 왔을 때는 센강을 유람하는 회사가 바토 무슈(Bateau Mouches) 한 곳뿐이었는데 이제는 바토 파리지앵(Bateau Parisiens)이 생겼다. 당연히 새로 생긴 바토 파리지앵을 이용할 줄 알았는데 가이드는 바토 무슈로 데리고 간다. 차이는 딱 두 가지다. 첫 번째는 센 강변을 바라보는 시야 방해가 적다는 것이고 두 번째는 에펠탑을 더 가까이 볼 수 있다는 것이다. 파리지앵은 에펠탑 근처 퐁이에나 제방 아래에 있어서 에펠탑 전망이 더 좋다. 두 번째는 제쳐두고 첫 번째가 중요하다. 파리지앵은 모든 좌석이 센강으로 향하고 있고 살짝 계단 층이 있어서 앞사람의 시야 방해가 적다. 반면 바토 무슈는 거의 한 방향이어서 시야 방해가 있다. 하지만 센강을 즐기기에는 모두 부족함이 없다.

첨탑이 있는 성당은 '아메리칸 처치'인데 일본인들이 결혼식을 올리려고 많이 찾는다

1,000여 명이 탑승하는 유람선은 길이도 무척 길다. 세계 여러 나라에서 온 관광객들

사실 센강 산책을 확실하게 했기에 바토 무슈로 구경하는 길은 거의 같다. 단지 야경을 즐기면서 유람선을 타고 다른 각도로 강변을 본다는 것이다. 두 번 해봤으나 전혀 지겹지 않다. 저녁이 되자 바람이 쌀쌀하다. 아내가 준 여성용 머플러로 목을 감았다. 약 1,000명 정도가 탑승한 것 같다. 유람선이 대단히 길쭉하다.

처음 눈길이 닿는 것은 에펠탑과 철탑이 있는 성당이다. 성당은 '아메리칸 처치'인데 일본인들이 결혼식의 장소로 즐겨 찾는다고 한다. 다음부터는 계속 다리와 유명 관광지가 나오는데 센강 산책에서 이야기한 부분이 많으므로 소개가 안 된 곳을 위주로 말해야겠다. 퐁 앵발리드(Pont des Invalides)는 센강에서 높이가 가장 낮은 다리다. 메두사의 잘린 머리가 있는 아테나 여신의 방패가 교각에 부조로 붙어있다. 군의 용맹을 상징하는 칼과 투구 모양도 다리에 있다. 근처에 있는 앵발리드와 관련지어서 다리 장식을 이렇게 했나 보다.

잘린 메두사의 머리가 새겨져 있는 아테나의 방패가 있는 앵발리드 다리

알제리 보병 주아브 동상이 있는 알마 다리, 조명을 받은 다리의 색깔이 예쁘다

　마지막에 만나는 알마 다리(Pont de l'Alma)는 프랑스 군인을 상징하는 조각상이 있었는데 이제는 주아브(알제리 보병, Zouave) 조각상만 남아있다. 이 동상은 홍수 시 수위를 재는 수표의 역할을 한다. 오스만, 프랑코, 영국 연합군이 러시아를 상대로 승리를 거둔 알마 전투(크림 전쟁)를 기념하여 이름을 지었다. 이 다리 근처 지하차도에서 일어난 교통사고로 다이애나비(妃)가 사망하여 전 세계에 뉴스로 알려진 다리이다.

　그르넬 다리(Pont de Grenelle)는 시뉴섬 끝에 있는 다리이다. 다리 앞에 있는 시뉴섬 끝에 자유의 여신상이 있다. 1889년 프랑스 혁명 100주년을 기념하여 프랑스에 있는 미국인들이 모금으로 조성하여 선물한 것이다. 미국 독립 기념 100주년, 프랑스 혁명 100주년에 공통으로 자유의 여신상을 주고받는 모습이 보기가 좋다.

섬을 지나서 앞에 있는 다리는 시로 유명한 미라보 다리이다. 실연 후의 느낌(화가 마리 로랑생과의 결별)을 잔잔하게 나타낸 아폴리네르의 시로 많이 알려져 있다. 다음에 기회가 닿으면 미라보 다리에도 다녀올 것이다.

미라보 다리 아래 센강은 흐르고
우리의 사랑도 흘러내린다.
내 마음속에 깊이 아로새기리라.
기쁨은 언제나 괴로움에 이어옴을. (중략)

사랑이 흘러간다. 저 물결처럼.
우리 사랑도 흘러만 간다.
삶은 어찌 이리도 지루한가?
희망이란 왜 이렇게 격렬한가? (중략)

밤이여 오라! 종아, 울려라.
세월은 가고 나는 머문다.

외국 시인의 작품이지만 간단하고 절절하게 공감되는 시라고 생각한다.

별칭이 많았던 다리는 이제 콩코르드 다리로 불리고 있다. 폭이 넓은 것이 특징

콩코르드 다리는 센강의 다리 중, 중간에 있다. 오벨리스크가 서 있는 다리 북쪽의 콩코르드 광장에 연결되면서 이름을 가져왔다. 루이 16세교, 혁명교로 불리다가 1830년경을 전후로 콩코르드 다리(Pont de la Concord)라는 이름을 갖게 되었다. 혁명 시기, 바스티유 감옥의 돌 일부를 가져와 다리를 짓는 데 썼다고 한다. 튈르리 궁전, 오르세 미술관과 인접한 다리이다. 돌을 직사각형으로 잘라서 차곡차곡 붙인 교각의 모습이 아름답다.

낮과 밤에 따라 다리의 느낌이 확연히 다르다. 메트로가 달리는 비르하켐 다리

조명으로 빛나는 에펠탑을 뒤에 두고 있는 비르하켐 다리, 위의 사진과 분위기가 달라 다른 다리인 줄 착각할 것
같다

콘크리트 아치로 튈르리 지역과 볼테르 지역을 연결하는 퐁 뒤 카르젤, 루브르 박물관

나무와 잘 어울리는 퐁 마리, Pont Marie, 데이트 장소로 사진 포인트로 유명하다

퐁 마리는 1614년 건설을 시작해서 약 20년의 공사 기간을 거친 후 완성되었다. 처음에는 다리 위에 집이 있었으나 센강의 범람으로 침수되었고 희생자가 발생했다. 은은한 조명을 받는 다리가 예뻐서 현지 연인들이 즐겨 찾고 사진 찍기를 좋아하는 관광객이 찾아온다.

가운데 레노뜨, Les Nautes가 보인다. 야외에서 먹고 마시며 춤을 출 수 있는 구겐게트, Guinguette 계열의 Pub이다. 생 루이 섬에 있다. 유람선은 레노뜨를 지나 유턴한다

루이 필립 다리, Pont Louis Philippe, 노트르담 구역과 생 제르베 부근을 연결한다

퐁 르와얄, 루브르 궁전으로 들어가는 다리여서 Royal이라는 이름을 얻었다

어마어마한 크기의 바토 무슈

센강에서 제일 오래된 다리 퐁뇌프가 노을에 빛나고 있다

오르세 미술관을 연결하는 솔페리노 철제다리, 파란색 돔은 레지옹 도뇌르 궁전인 Hotel de salm이다

레지옹 도뇌르 궁전은 오르세 미술관 바로 옆에 있는데 관심을 두는 관광객은 별로 없다. 훈장 박물관으로 이해하면 좋겠다. 나폴레옹 1세가 제정한 프랑스 최고 훈장으로 프랑스인에 한정하지 않고 영예로운 삶을 산 인물에게 수여된다. 우리나라 사람으로는 반기문 총장, 정명훈 지휘자, 임권택 감독 등이 있다.

날개 달린 페가수스가 알렉산드르 3세 다리에 있는 기둥에서 빛나고 있다

콩코르드 광장과 국회 의사당으로 쓰이는 부르봉 궁전을 연결하는 콩코르드 다리

조명으로 빛나는 에펠탑

퐁 샹주 뒤로 시계탑이 있는 시테 궁전과 콩시에르주리가 노을에 잠기고 있다

예술의 다리, 퐁 데 자르와 연결된 프랑스 학술원의 돔 건물

초록색 철제 다리 퐁 다르콜과 Hotel de Ville, 파리 시청

  센강은 프랑스 북동부에 있는 몽타셀로 산에서 발원하여, 파리가 있
는 일 드 프랑스(Ile de France) 지역에서 폭이 넓어져 멋지게 흐르다가,
노르망디 지역으로 흘러가는 프랑스에서 세 번째로 긴 강이다. '센'이
라는 신부가 몽타셀로 산 부근에 수도원을 세운 것에서 강의 이름을 가
져왔다. 서울의 한강 좌우에는 고층 빌딩이 많고 센강 주변에는 여러
유적지와 역사 깊은 건물이 많다. 강이 없는 도시는 정말 삭막하고 볼
품이 없다. 그런 면에서 한강이나 센강은 두 도시 모두 최고의 보물이
라 하겠다. 2025년에는 바토 파리지앵을 해보는 행운도 누렸다. 세 번
이나 유람선을 타서 이젠 센강이 아주 익숙해졌고 친해졌다.

8. 루브르 박물관, Le Louvre

메트로에서 만난 괴짜 달리, 지하로 들어가면 루브르가 옛날 요새였음을 보여준다

유럽 단체 배낭여행이어서 파리의 지하철을 타보는 행운을 누린다. 파리 지하철은 깨끗하지 않다. 어떤 곳은 오줌 냄새도 나고 쓰레기도 조금 보인다. 그래도 이상하게 싫지 않다. 파리를 좋아해도 심하게 좋아하는 모양이다. 베르사유로 갈 때는 복잡한 전차 안에서 바이올린 등 악기 연주를 하는 팀도 있었다. 마음대로 하는 것은 아닐 것이고 허가를 받고 지하철역에서나 전차에서 공연하는 모양이다. 첫 번째 노선이 내가 태어나기 60년 전인 1900년에 개통했다고 한다. 깨끗하고 편리한

우리나라 지하철 건설에 파리 지하철이 많은 영향을 주었다. 특별한 점은 하차할 때 손잡이를 위로 올리거나 버튼을 눌러야 한다는 것이다. 물론 처음 탑승했고 가이드를 따라서 내렸지만 말이다. 출입구 문 앞에는 접는 의자가 있다. 폈다가 접었다 할 수 있는 작은 의자다. 사람들이 별로 없을 때는 펴서 앉고 복잡할 때는 일어서서 문 앞 공간을 넓히기 위한 것이다. 가이드는 아침에 개찰구를 통과하고 나서 전차에서는 소매치기를 조심해야 한다고 말했다. 작은 배낭을 가슴으로 돌려 메고 있다가 하차했다. 간단한 프랑스어를 배운다. 출구로 나갈 때는 'Sortie' 표지판을 보고 따라가는 것이다. 지하철역의 벽도 원통 모양으로 둥글게 되어있고 계단으로 나오는 통로도 원형의 통로여서 동굴 속에 있다가 지상으로 올라오는 느낌이 들었다.

파리 사람들은 시도 때도 없이, 자주 키스한다. 여러 사람이 있는 지하철에서도 여전하다. 센강을 돌아볼 때는 키스 장면에 조금 눈이 찌푸려졌는데 시간이 지나고 자주 보니까 키스 문화를 조금 알게 되었다. 꼭 남녀 간의 성적인 키스가 아니더라도 소통의 수단으로 키스하는 것이다. 중년 커플의 키스에는 이런 소통의 키스가 더 많아서 입술과 볼에 살짝살짝 자주 키스하는 것이다. 인사하는 법도 다르고 소통의 방법도 다른 지구촌은 볼 것도 많고 배워야 할 것도 무궁무진하다.

세계 최고의 박물관 구경에 나선다. 루브르가 최고인 것은 분명한데, 세계 3대 박물관은 사람에 따라 달라진다. 대영 박물관이 그다음에 해당하는 데에는 별 반대가 없는데 마지막 순서가 많이 달라진다. 메트로폴리탄, 바티칸, 에르미타주, 국립고궁박물관으로 갈라지는 것이다. 그래도 조금 해외여행을 하긴 했나 보다. 메트로폴리탄, 에르미타주를 제외하고는 모두 가보았으니까. 하하! 이야기가 너무 나갔다. 퐁 카루젤을 지나 루브르로 간다.

통로를 따라 들어가니 커다란 광장이 있고 유리 피라미드가 있다. 루브르의 안뜰 나폴레옹 광장에 있는 이 피라미드는 루브르의 출입구 역할을 한다. 계획 초기부터 에펠탑처럼 반대 여론도 많았는데 관광객의 견해로 보면 대단한 아이디어라고 생각된다. 사실 루브르는 ㄷ자형 궁전이었기 때문에 박물관의 구조로는 썩 좋은 편이 아니다. 전시물이 많으므로 전시관마다 출입문을 만들어야 하고 모든 출입문이 만나는 곳도 필요하다. 경관을 해치지 않으면서 그런 공간을 만들려다 보니 지하로 내려가서 각 전시실로 가는 동선을 만든 것이다. 만약 이 피라미드가 없었다면 나폴레옹 광장은 관객들로 늘 복잡했을 것이다. 미테랑 대통령의 프로젝트로 진행되었는데 중국계 미국인 '여 밍 페이'가 설계를 맡았다. 이런 대형 프로젝트를 외국인에게 맡기기는 쉬운 일이 아니다.

가이드가 예약해서 들어가는 데도 시간이 걸린다. 작은 가방도 맡기고 검색대를 통과해야 입장이 가능하다. 유리를 통해 지하에서 올려다보는 루브르의 경관이 환상적이다. 유리라는 재료를 선택한 MIT 출신 천재의 덕분이다. ㄷ자 건물에서 가운데 부분이 쉴리관, 윗부분이(센강 쪽) 드농관, 아랫부분이 리슐리외관이다. 가이드가 위치를 가르쳐 줬으나 그때는 말 자체도 어려웠고 어차피 주어진 관람 시간이 두 시간 정도라서 제대로 듣지 않았다. 그냥 대충 일행들을 따라가기로 했다. 전시관 이름은 재무장관(재상)과 초대 박물관장(드농)의 이름으로 지었다.

출입구 피라미드 안으로 들어와서 나폴레옹 광장을 향해 올려다본 모습

로마의 기원이 된 티베르 지역을 의인화로 나타낸 '티베르강', 젖을 빠는 로물루스 형제들

　　아무래도 '모나리자'가 있는 방향으로 갈 것이라고 따라가는데 관람객이 어마어마하다. 드농관으로 가는 길이다. 계단으로 올라가는 길에서 사모드라케의 니케(Nike)를 만난다. 니케는 그리스 신화에 나오는 승리의 여신이다. 스포츠 브랜드 나이키의 상표가 여기에서 만들어졌다. 머리와 두 팔이 없는데도 대단한 존재감을 나타낸다. 한쪽 발을 앞으로 내밀고 허리를 약간 뒤튼 자세, 물에 젖은 듯 몸의 곡선을 따라 흐르는 얇은 천의 표현에 혀를 내두르게 한다. 2세기 헬레니즘 시대에 이렇게 뛰어난 솜씨를 보였다고 생각하면 옛사람들도 현대인과 똑같은 지혜와 기술을 가졌다고 인정하게 된다.

뱃머리 대리석 위에 놓여 있었다고 전해지는 사모드라케의 니케

오른쪽부터 미켈란젤로의 죽어가는 노예와 왼쪽의 반항하는 노예, 아름다운 남자의 신체

티베르강(Le Tiber, 江)은 로마의 기원이 된 티베르 지역을 의인화한 작품으로, 늑대의 젖을 빨고 있는 로물루스, 레무스와 제우스로 티베르 지역을 상징하고 있다. 크기도 상당하고 벽에 홀로 있어서 눈에 쉽게 들어왔는데 처음 알게 된 작품이다. 많은 조각품 중에서 미켈란젤로의 작품을 소개하고 싶다. 죽어가는 노예와 반항하는 노예인데 같이 보여주고 있어서 감동이었다. '다비드'만큼은 아니어도 남자 노예의 몸이 너무 아름답다.

안토니오 카노바의 '프시케와 큐피트' 곧게 뻗은 날개가 상처 없이 잘 붙어있다

프란체스코 살비아티의 '토마스의 확신' 마니에리즘 느낌을 풍기는 길쭉한 인물들

안토니오 카노바의 '프시케와 큐피드'는 제법 유명한 작품이다. 책으로 보다가 실제로 보니 재미있는 점이 많다. 키스로 미녀 프시케를 살리려는 큐피드(사랑을 맺어주는 신)의 모습인데, 큐피드의 얼굴이 여자처럼 예쁘다. 남근이 있는데 머리는 곱슬곱슬하고 갸름한 얼굴이다. 오른손으로 프시케의 얼굴을 감싸고 왼손으로는 프시케의 젖가슴을 잡고 키스를 하려고 입을 가져가는 장면이다. 가늘게 표현한 날개가 부러지지 않고 깔끔하게 붙어있는 게 놀랍다. 세밀한 날개주름을 나타내기 위해 돌을 쪼아대면 부러질 위험이 많았을 텐데.

종교화 중에서는 프란체스코 살비아티의 '토마스의 확신'이 좋았다. 제자들 앞에 재림한 예수를 함께 보지 못한 도마는 손가락의 못 자국을 보고, 옆구리 상처에 손가락을 넣어 보지 않고서는 결코 믿지 못하겠다고 다른 제자들에게 말한다. 나중에 도마도 재림한 예수를 만나 옆구리에 손가락을 넣어 보고 믿게 된다. 살비아티는 이 장면을 그렸다. 바사리와 함께 마니에리즘에 속하는 이탈리아 화가였다. 피렌체, 로마에서 활약했고 프리마티초를 도와 퐁텐블로 궁전의 장식을 담당했다고 한다. 세상에는 미술사에서 언급조차 하지 않은 멋진 예술가가 너무도 많다. 허리와 어깨에 두른 푸른 색깔과 분홍색이 환상적이고 인물을 길쭉하게 표현한 마니에리즘도 나름 세련된 부분을 가지고 있다.

'카인과 아벨'로 착각한 '다윗과 골리앗, 같은 상황을 각도로 달리해서 표현했다

　섣부른 판단은 금물이다. 가장 큰 방(The Grande Galerie), 그랑 갤러리에서 벽이 아닌 통로 가운데에 있는 양면으로 된 작품을 만났다. 칼을 들고 아래에 깔린 사람을 찌르려는 자세다. 성경에 나오는 카인과 아벨이라고 생각했다. 틀렸다. 다윗과 골리앗을 그린 것이다. 자세히 보면 덩치가 차이가 나는데 그때는 비슷한 크기로 보여서 착각했다. 하나의 상황을 방향만 달리해서 그린 작가의 신선한 생각이 돋보인다. 그랑 갤러리는 옛날 루브르 궁전과 튈르리 궁전을 연결하던 통로였다. 개방감이 좋고 지치면 앉아서 관람할 수 있는 푹신한 의자도 있다.

항상 붐비는 모나리자가 있는 방. 드농관 창문에서 바라본 피라미드와 리슐리외관

이탈리아 르네상스 거장들의 작품을 쭉 보다가 711번 방으로 갔다. 좁은 공간이 아닌데 관람객들이 너무 많아 대단히 복잡하다. 경찰복 차림의 관리자도 있고 겹겹이 줄을 서고 있는 곳은 '모나리자'가 있는 입구이다. 루브르에 처음 와서 '모나리자'를 못 봤다고 하면 친구들이 웃을 것이고 별로 마음은 내키지 않았지만 줄을 서서 기다리기로 했다. 작은 가방을 가슴으로 돌려매고서. 실망이다. 차례가 돌아왔으나 작품도 작고 유리 액자에 들어있어 사진을 찍기도 어렵지만 유리에 빛이 비쳐 잘 나오지 않는다.

하지만 괜찮다. 711번 방은 미술 교과서를 실제로 보는 장소이므로. 외젠 들라크루아의 민중을 이끄는 자유의 여신을 봤다. 제목은 몰라도 책으로 광고로 안 본 사람이 없을 것이다. 그런데 실제로 보니까 입체감이 대단하다. 프랑스를 상징하는 여인과 총을 든 아이 앞에 쓰러져 있는 사람들이 있어 눈을 게슴츠레 뜨고 보면 현장 앞에 있는 것 같다.

자크 루이 다비드의 나폴레옹 대관식도 대단하다. 크기부터 사람을 압도한다. 인상주의가 고전주의를 타파하고 나왔는데 고전주의 작품도 결코 얕잡아 볼 수 없다. 화면에 들어간 이 많은 사람과 실내 공간이 사진보다 더 정확하고 멋지니까 감탄만 나올 뿐이다. 이 많은 사람을 세워놓고 사진을 찍은 다음에 그 사진을 보고 그린 것도 아니고.

파올로 베로네세의 가나의 혼인 잔치도 큰 작품(6.77m×9.94m)이다. 베네치아 황금기의 걸작인데 혁명군이 너무나 커서 그림을 반으로 잘라 카펫처럼 둘둘 말아서 운반했다고 한다. 꿰맨 원본을 보고 있는데 성형 자국까지는 찾지 못했다. 복사본은 약탈당한 수도원 식당에 걸려 있다. 나폴레옹의 대관식보다는 적은 약 130명의 하객이 등장하고 화려한 옷을 나타낸 색깔이 최고다.

고전주의의 거장 자크 루이 다비드의 '나폴레옹의 대관식', 크기와 섬세함에 압도당한다

파올로 베로네세의 '가나의 혼인 잔치', 이곳에 전시되기까지의 과정도 대단한 이야기다

　'세례 요한의 머리를 건네받는 살로메'를 소개한다. 살로메는 카라바조, 렘브란트 등 수많은 화가가 그린 소재인데, 루브르에서 '베르나르디노 루이니'라는 처음 알게 된 작가의 작품으로 본다. 잘린 머리를 큰 접시에 받으려고 접시를 손으로 받치고 고개는 잘린 머리의 반대 방향으로 돌린 모습이다. 카라바조의 작품에서는 좀 꺼리는 표정의 살로메였는데 루이니 작품의 살로메는 담담하다. 싫어하는 표정도 아니고 당당하지도 않다. "저보고 악녀라고요. 그만하시죠. 저도 나름대로 고민 많이 했거든요. 세례 요한이 제 사랑을 받아줬어야죠." 크게 소리치지는 않으나 그런 마음이 담긴 표정(관람자 마음대로의 감상)이다.

세례 요한의 머리를 건네받는 살로메　　　　　　발다사레 카스틸리오네의 초상

　'리자 여사'에 실망했다면 라파엘로의 '발다사레 카스틸리오네의 초상'을 권한다. '남자 모나리자'라고 부르고 싶다. '모나리자'보다는 큰, 적당한 크기의 그림으로 아주 고상한 초상화다. 터번처럼 보이는 모자, 짧은 털이 보송보송한 털 외투, 흰 셔츠가 품격을 대변한다. 조용히 응시하는 눈동자, 수북하나 잘 정리된 수염 등으로 보아 부유한 상인이나 정부 관리인의 느낌이 난다.

지오반니 파올로 파니니의 로마 아르헨티나 극장에서의 음악 잔치

'지오반니 파올로 파니니'라는 작가도 처음 만났다. '로마 아르헨티나 극장에서의 음악 잔치'라는 제목이 상당히 긴 작품이다. 그다지 세련된 작품이라고 말하기는 어렵지만 옛날 오페라극장의 객석, 무대가 실감 나게 그려진 큰 작품이라 자세히 봤다. 중세도 르네상스도 아닌 고대에 저 정도로 화려한 예술을 펼친 것인가? 지금이라도 이 정도의 장치와 규모로 오페라를 무대에 올리기는 쉽지 않을 것이다.

2025년 4월, 서울 예술의 전당 한가람 미술관에서 '빛의 거장 카라바조 & 바로크의 얼굴들' 전시회를 보러 일부러 서울에 올라간 일이 있다. 그래서 루브르에서 본 카라바조의 작품을 소개하기로 한다. 우리나라와 이탈리아의 수교 140주년을 맞이해서 기획된 전시회는 단일 공간에서 이루어진 아시아 최대 규모의 전시회였는데 내용이 상당히 알차게 되어있었다. 주요한 작품을 모으기가 상당히 어려웠을 터인데 로마나 프랑스 단일 미술관보다 훨씬 더 많이 수집해서 제대로 보여주어서 깜짝 놀랐다. 본명은 미켈란젤로 메리시이지만 유명한 르네상스 예술가와 이름이 겹쳐서 가족이 살던 마을의 이름에서 '카라바조'를 따왔다. 사실 카라바조는 1571년 밀라노에서 태어나서 어린 시절 카라바조로 이주한 것으로 보인다.

카라바조는 빛과 어둠의 극적인 대비로 인간의 감정과 내면을 깊이 있게 바라보게 하는 키아로스쿠로(Chiaroscuro) 기법을 정착시켜 17세기 유럽 미술계를 발칵 뒤집어 놓았고 후대 바로크 화가들인 렘브란트, 벨라스케스, 루벤스 등에 큰 영향을 끼쳤다. 대체로 아름다움에 민감한 예술가들은 일반인들보다 감정의 기복이 심하고 우울증도 심한 경향이 있는데 카라바조는 성격이 급하고 다혈질이어서 싸움과 범죄에 자주 휘말렸다. 급기야 운동 경기(테니스의 일종)에서 그 다툼은 극에 달했고 다툼의 상대를 죽이고 만다. 그 후 카라바조는 죽을 때까지 도피의 생활이 이어졌다. 몰타에서는 기사의 지위를 받아 로마에서 사면받을 계획이었지만 끝내 바람을 성취하지 못하고 로마로 가는 길에 죽고 말았다.

볼이 발그레한 청년의 미래를 엿보는 점쟁이, 오른쪽은 알로프 두 위냐크루와 그의 시종

　루브르에서 '점쟁이', '알로프 드 위냐쿠르와 그의 시종' 두 작품이 있었다. 카라바조의 대표작이 아니어서 오히려 더 소개하고 싶은 마음이 생긴다. 유명 작품은 미술 관련 서적에 자세하게 나오니까 말이다. 점쟁이(The Fortune Teller)는 조금 어려 보이는 청년이 보헤미안 스타일의 점쟁이에게 미래를 점치는 모습이 그려져 있는데 비슷한 버전의 작품이 로마 카피톨리니에 있다. '알로프 드 위냐쿠르와 그의 시종'은 몰타 대법관(1601~1622년까지)을 그린 것인데 이 작품으로 다툼이 있었던 몰타 기사단과의 관계를 개선하려고 했다.

　욕심이 많다. 작품을 보다가 창밖을 자주 내다본다. 피라미드와 튈르리 정원이 보이기 때문이다. 정원에는 카루젤 개선문, 회전목마가 있다. 카루젤 개선문은 파리에서 제일 오래된 개선문이다. 빛을 받아서인지 연분홍색으로 보이는 데 환상적이다. 참! 파리에는 2개의 개선문이 더 있다. 샹젤리제에 있는 에투알 개선문, 라데팡스 지역에 있는 신 개선문이 그것들이다. 튈르리 공원도 뤽상부르 공원만큼 멋진 곳으로 보인다.

루브르는 요새였고 궁전이었다. 12세기 필립 2세가 앵글로 노르만족의 침입으로 파리를 보호하기 위해 지은 요새로 시작했다. 프랑수아 1세가 요새를 부수고 궁전으로 만들었고 루이 14세가 베르사유로 궁전을 옮기면서 서서히 박물관의 형태로 변해온 것이다. 전시관 벽면이나 천장을 보면 루브르도 화려한 궁전이었음을 실감한다. 지하로 내려가면 요새의 벽면을 볼 수 있다.

금박 장식과 벽화, 천장화를 보면 베르사이유에 크게 뒤질 것 없는 궁전으로 보인다

박물관이지만 천장이나 벽면을 보면 옛날 화려한 궁전이었음을 실감하게 된다. 지하로 내려가면 요새의 모습을 확인할 수 있다

루브르 창밖으로 바라본 파리 최초로 건설된 카루젤 개선문

잔디, 기하학적 무늬의 정원, 회전목마가 있는 튈르리 공원이 보인다

9. 오르세 미술관, Musee d'Orsay

꿈에 그리던 오르세 미술관으로 간다. 센강을 따라 걷다가 횡단보도를 건너 인도로 접어들었다. 오른쪽에 있는 Assemblee Nationale(프랑스 국회 의사당) 건물에 눈길이 간다.

오르세로 가던 중 그리스의 신전을 닮은 프랑스 국회 의사당 건물을 만나게 되었다

지구의 여섯 대륙을 형상화한 작품이 광장 가장자리에 나란히 놓여 있다

미술관 매표소 앞에 있는 말과 쇠스랑, 코뿔소

덫에 걸려 울부짖는 코끼리의 역동적인 모습이 대단하다

가이드가 예약을 해뒀지만 10분 정도 기다려야 했다. 오히려 더 좋다. 미술관 앞에 여러 조각 작품을 볼 수 있어서다. 여섯 대륙을 형상화한 작품은 나란히 줄지어 놓여 있다. 광장에는 말과 쇠스랑, 덫에 걸려 울부짖는 코끼리, 코뿔소 작품이 있다. 색깔과 재료가 같아서 한 사람의 작품인 줄 알았는데 작가가 모두 달랐다. 하지만 모두 만국 박람회를 위해 제작된 것이라 통일성을 갖추게 되어서 서로에게 잘 어울린다. 에펠탑 근처에 있는 트로카데로 궁전과 트로카데로 분수를 장식하기 위해 만든 것이다. 황소 작품은 트로카데로 분수 근처에 그대로 있고 1986년에 오르세 미술관 앞마당으로 옮겨졌다.

작은 배낭은 맡기고 검색을 거친 후 미술관으로 입장한다. 기차역을 개조한 곳이라 기차가 들어오는 플랫폼이 쉽게 연상된다. 0층, 2층, 5층으로 작품이 진시되고 있다. 0층에도 조각 작품이 많고 옆으로 전시관이 배치되어 있다. 너무 많은 작품, 특히 인상주의 작품이 많아서 소개할 작품을 고르기가 어렵다. 오히려 많이 알려지지 않은, 처음 접해보는, 특이한 작품들을 소개하고 싶다.

토마스 쿠튀르의 로마인의 타락, 장 바티스트 카르포의 우골리노와 아들들

0층 회랑의 회화 작품은 크기가 어마어마하다. 대부분 종교화나 역사화들로 채워지고 있다. 미켈란젤로를 신처럼 숭배했다는 카르포의 조각 작품은 단테의 신곡에 나오는 이야기를 형상화했다.

여자를 납치하는 고릴라(엠마누엘 프르미에의 조각 작품) 뒤에는 도미니크 루이 파프티의 '행복의 꿈' 회화 작품이 있다. 종교화에도 역사화에도 속하지 않는 묘한 작품이었다. 0층의 대형 회화 작품 중 눈을 확 뜨이게 만든 작품은 '빌라도의 총독궁을 나서는 그리스도(구스타브 도레, Gustave Dore)'였다. 작가 이름도 작품도 처음 알게 된 것이다. 도레는 어느 유파에도 속하지 않았고 정식으로 미술 교육을 받지도 않았으나 그의 그림은 잘 팔렸고 유명했다고 한다. 오르세에 있는 이 작품은 상당히 특이하다. 조명이 네 군데로 분산되어 나타난다. 빛의 대가로 알려진 카라바조나 렘브란트도 이런 식으로 그린 작품은 없다. 그리스도가 있는 중심, 왼쪽에 그리스도를 처형하지 않아 화가 난 군중들, 오른쪽 위의 제사장 무리, 오른쪽 아래의 성모 마리아 이렇게 나뉘어 있다. "조명이 비추고 있는 곳을 중심으로, 이 작품을 꼼꼼히 살펴보세요."라고 말하는 도레의 음성이 들리는 것 같다.

여자를 납치하는 고릴라 조각 작품 뒤에 행복의 꿈 대형 회화 작품이 걸려있다

오랫동안 감상하게 했던 귀스타프 도레의 빌라도의 총독궁을 나서는 그리스도

기차역의 플랫폼이 쉽게 연상되는 오르세 미술관의 0층, 전구를 받치고 있는 세상의 네 부분 작품이 가운데에 있다

체육, 미술 교과서에서 많이 봤던 앙투안 부르델의 활을 쏘는 헤라클레스

장 밥티스트 카르포의 또 하나의 작품은 유럽, 아시아, 아프리카, 아메리카 네 대륙이 천구를 받치고 있는 모습이다. 누구나 쉽게 알아볼 수 있는 '앉아 있는 사자'도 좋았다. 장 레옹 제롬(Gerome)과 그의 사위 에메 모로(Aime Morot)가 공동으로 만든 작품에는 빙그레 웃음이 흘러나왔다. 승패를 결정지은 늠름한 검투사를 레옹이 만지고 있는 모습이다. 작가인 장인을 존경하는 마음에서 사위가 장인의 모습을 더 만든 것이리라.

2층으로 올라가는 회랑에 있는 '검투사의 조각 작품을 만지고 있는 제롬'

폴 세잔, 아쉬유 엥페레르의 초상, 레옹 보나, Leon Bonnat, 욥, Job

Gabrel Ferrier의 에스파니아의 종교재판 장면, Scene de linqusition en Espagne

　조각 작품처럼 처음 만났으나 작은 충격과 감동을 준 세 작품을 소개한다. 꼽추로 난쟁이로 가난하게 산 친구 화가(아쉬유 엥페레르)를 그린 초상화다. 아버지의 권위에서 벗어나지 못한 세잔이 심리적 공감대를 형성한 친구를 그린 것이다. 꽃무늬 의자에 앉아 오른쪽을 쳐다보는 엥페레르의 눈길과 차분한 태도는 멜랑콜리 하기도 하고 내적 강인함도 나타난다. 자신의 추함이 그림으로 표현되는 것을 개의치 않고 모델이 되었다는 것은 그만큼 두 사람의 관계가 끈끈했다는 증거이리라.

　"하나님, 저에게 왜 이렇게 하시나요? 제가 무슨 죄가 있나요? 있다면 회개하고 바르게 살게요." 붉게 충혈된 눈으로 하늘을 바라보는 노인(욥)의 모습에는 눈물이 찔끔 나왔다. 그림을 보고 가슴이 뜨거워진 적은 있지만 눈물이 나온 것은 처음이다. 긴 수염을 가진 주름진 몸을 가진 노인 욥에게 감정이입이 된 것이다. 옛날 글자를 모르는 사람들을 위해 성경 내용을 그림으로 알려주는 성당의 종교화에서는 그다지 감동이 없었는데 오르세 미술관에서 만난 레옹 보나의 작품은 온 마음을 휘어잡았다.

　세 번째 작품은 공포와 충격의 작품이었다. 스페인의 종교재판이 끔찍했다고 화가 고야의 작품집에서 읽기는 했지만, 재판에 관한 이 작품을 직접 보니 소름이 끼쳤다. 눈에만 구멍을 낸 망토 모자를 쓴, 수도사의 복장을 한 사람이 왼손으로는 마녀로 지명된 여성의 어깨를 누르고 오른손으로는 끌고 갈 방향을 가리키고 있다. 정수리에 머리가 벗겨진 남성과 수염이 덥수룩한 남성은 마녀로 지명된 여자를 밧줄로 묶고 끌고 가려는 일에만 집중하고 있다. 풍만한 몸매를 가졌으나 공포에 질린 여자의 눈매에는 극치의 억울함도 담겨있는 것 같다.

　오르세 미술관 1층 중앙 통로 끝에는 19세기 오페라 하우스 주변 도시 계획관 관련된 건축 축소 모형, 오페라 하우스 건축에 관계된 작품들이 있어 회화와 조각 작품 전시에 살짝 지친 관람자들에게 또 다른 볼거리를 제공하고 있고 그 옆에는 툴루즈 로트렉이 활약하던 당시의 포스터를 보여준다. 요리로 치면 디저트를 제공하는 것 같다. 2층에는 공예품과 Antique 가구 등 생활에 관련된 예술 작품을 보여준다. 화려한 가구, 시계, 장식 목적의 조각품, 스테인드글라스를 포함한 조명 기구, 도자기, 식기 등 종류도 매우 다양하다. 19세기 말에서 20세기 초에 프랑스와 미국을 중심으로 새로운 예술 양식으로 등장한 것이 아르누보(Art Nouveaut) 양식이다. 자연을 모티브로 한 곡선의 장식이 특징으로 나타나고 독창성이 강하고 가구들과 그림까지 배치하는 형식을 보여준다. 꽃을 모티브로 한 조명 기구, 테두리에 곡선이 들어간 침대와 화장대, 덩굴로 표현한 문, 푸른색의 스테인드글라스 등이 모두 멋있었다. 저런 실내 장식이 있는 집에서 살지는 못하겠지만 파리에 이런 분위기의 카페가 있다면 두 시간 정도는 너끈하게 머무를 것 같다. 여성적이고 독특하며 자연주의적이고 유기체적인 디자인을 자랑하는 아르누보 양식의 생활용품은 모두 수작업으로 만들어진 것들이어서 더욱 놀라웠다. 센강 근처의 전시장에는 아치형의 큰 창문이 있어서 눈의 피로도 씻을 수 있고 전시장 너머의 경치를 볼 수 있어서 좋았다.

아르누보 가구관 근처에 있는 큰 창문 돔, 파리 오페라 하우스의 내부를 그린 그림

천장 장식과 샹들리에가 빛나는 오르세 미술관의 화려한 연회장, 아르누보 양식의 가구들

오르세 미술관에는 화려한 연회장이 있다. 미술관으로 개관하면서 새롭게 만든 것이 아니고 역으로 지었을 때부터 있었다는데 놀라지 않을 수 없었다. 기차역에 대형 연회장이 마련된 것이다. VIP 고객들이 이용할 수 있는 고품격의 공간으로 화려함으로는 베르사유 궁전에 그리 뒤질 게 없을 정도였다. 천장의 장식, 샹들리에, 큰 창문으로 빛이 들어오는 구조 등에 눈이 휘둥그레졌다. 미술관으로 바뀌기 전에도 리셉션

카키색의 철근 구조물이 처음 기차역으로 만들어졌던 곳임을 알려주는 오르세 미술관

건물 자체가 예술 작품인 오르세 미술관, 대형 황금 시계

장소, 호텔로 이용되었다고 한다. 역사가 미술관으로 바뀌고 난 후에도 중요한 문화 행사, 전시 공간 등으로 활용되고 있다. 이처럼 오르세는 회화와 조각만이 아닌 색다른 공간을 보여주는 매력을 갖고 있다.

파리 미술계를 발칵 뒤집어 놓고 온갖 욕과 비평을 듣게 한 마네의 올랭피아

Antoine Louis Barye의 앉아 있는 사자, 대단한 존재감을 보여준다

만국 박람회를 위해 지었던 기차역을 미술관으로 개조했다. 노을에 빛나는 오르세 미술관

오르세 미술관 5층에 있는 거대한 시계가 보이는 레스토랑, 또 하나의 시계

오르세 미술관 아래에는 센강 유람선을 타는 선착장이 있다

오르세 미술관 바로 옆에 있는데도 별 관심을 받지 못하는 레지옹 도뇌르 궁전

프랑스 국기가 있는 민트색 돔 건물은 훈장 박물관, 기회가 되면 꼭 가고 싶은 곳

10. 라탱 지구, Quartier Latin

라탱 지구는 파리 5구와 6구 북부 및 동부에 걸친, 센강 좌안에 자리 잡은 소르본의 역사적 중심지를 말한다. 흔히 '라틴 지구'라고 부른다.

프랑스 만남의 광장으로 많이 이용되고 있는 라탱 지구의 미셸 광장

미카엘 대천사가 사탄을 밟고 승리의 두 팔을 들고 있는 미카엘 대천사 분수대

라탱 지구 입구에 있는 생 미셸 광장은 프랑스 '만남의 광장'으로 불리는 곳이다. 광장에 있는 미카엘 대천사 분수대가 약속 장소의 상징이다. 생 미셸은 '세인트 미카엘'인데 미카엘 대천사가 사탄을 발로 밟고 승리하는 모습이 조각되어 있다. 악마에 대한 신의 승리를 상징하는 조각이라고 보면 된다. 날개 달린 그리핀의 입에서 시원하게 물줄기가 뿜어져 나온다.

분수대 맨 앞에는 날개를 단 사자 모습의 그리핀 입에서 굵은 물줄기가 뿜어져 나온다

두 마리의 그리핀이 워낙 멋있어서 미카엘 천사가 더 높은 곳에 있으나 가려지는 느낌을 주었다. 머리와 상체는 사자이고 두 개의 날개가 있으며 하체와 꼬리는 용의 모습을 하고 있으니, 그리핀의 존재감이 대단할 수밖에 없다. 광장을 둘러보다가 저녁을 먹으러 라탱 지구로 간다. 우리나라의 대학로나 먹자골목을 떠올리게 하는 곳이다. 광장에서 650m 정도(도보로 5분) 들어가자 왁자지껄한 분위기로 변한다. 시끄러움이 이상하게 싫지 않고 마음을 들뜨게 한다. 대학생, 교수, 예술가들이 오가는 곳으로 카페나 식당의 가격이 파리의 다른 곳보다는 훨씬 싸다. 이곳은 '소르본 먹자골목'이라고 보면 된다.

우리나라의 대학로, 먹자골목과 비슷한 라탱 지구, 카페와 레스토랑이 넘쳐난다

가이드가 여기서는 꼭 달팽이 요리를 먹어야 한단다. 패키지 상품이 아닌 단체 배낭여행일 때에는 여러 가지 요리를 시킬 수 있는 장점이 있다. 튀긴 고기(돼지고기, 소고기)에 소스를 바른 것, 감자튀김, 파스타, 피자 등 여러 개를 시켰다. 작은 접시에 좋아하는 것을 담아 나눠 먹는 재미가 좋다. 사실 달팽이 요리는 그저 그랬다. 흙 비린내가 조금 있지만 초록색 소스가 냄새를 중화시켜서 먹을 만했다. 곁들여 나온 빵이 더 맛있었다. 가이드는 모처럼 프랑스 달팽이 요리를 먹어서 기분이 좋은지 와인도 가져와서 한 잔씩 따라주었다.

골목골목에 사람들이 북적인다. 대체로 젊은이들이 많다. 관광객, 현지인, 학생들이 뒤섞여 음식을 먹으며 즐거워하는 모습에서 활기가 넘친다. 한 가지 아쉬운 점이 있다면 소르본 대학교를 보여주지 않았다는 것이다. 이곳이 개인적으로 중요했던 이유는 음식이 아니라 특별한 장소이기 때문이다. 사실, 여행에서 음식이 중요한 데도 맛집을 일부러 찾아가거나 하지 않는 귀차니스트의 기질이 있다. 이곳은 매우 좋아하는 영화 '미드나이트 인 파리'의 촬영 장소였다. 가보지 못했지만, 이 근처에는 셰익스피어 앤드 컴퍼니(Shakespeare and Company) 서점도 있다. 영어권 중고 서적을 주로 취급하는데 이곳은 '미드나이트 인 파리'와 비슷한 장르의 영화 '비포 선셋'을 촬영한 장소다. 두 남녀 주인공이 9년 만에 재회하는 장소로 나온다.

파리는, 라탱 지구는 낭만이다. 수업 이외의 시간에도 학생들과 교수들이 주로 라틴어를 사용해서 '까르티에 라탱'이라는 이름이 생겼고 과거로 시간 여행을 떠나는 영화의 무대가 되었으며 지금도 젊음이 넘쳐나고 있으니, 현실의 괴로움을 살짝 내려놓고 이곳에서 낭만을 느껴도 좋겠다.

생테티엔 뒤 몽, Saint Etienne du Mont, 성당이 살짝 보이는 소르본 먹자골목의 풍경, 음식도 판매하는 프랑스 카페, Le Grand Bristo 간판이 보인다

카페가 아닌 일반적인 레스토랑 Brasserie, 차양이 있는 야외 의자에 꽉 찬 손님들

밤이 되자 조명으로 더 화려해진 미셸 광장, 차들과 사람들로 대단히 활기찬 모습이다

퐁 미셸에서 바라본 센강변 방향, 하늘색이 분홍색과 보라색이 섞인 신기한 색깔이다

자유 여행의 실력이 되면 파리에 두 주간 정도로 유명한 카페와 미술관을 집중적으로 보고 싶다. 우리나라의 카페 문화의 시작은 무척 짧으나 대단한 속도로 퍼져나가고 있다. 그래도 '카페' 하면 프랑스 파리가 아닐까? 물론 이탈리아, 오스트리아 등 다른 나라들도 오랜 역사와 문화를 자랑하는 카페가 있지만 말이다. 파리는 특히 문인들, 예술가들, 정치가들이 모여서 그들의 생각을 펼치고 일상을 보낸 곳이 많아서 카페를 좋아하는 사람이라면 이런 유명한 카페를 찾아가 그들의 자취를 찾아보는 것도 나름대로 뜻깊은 여행이라고 생각한다.

프랑스 문화부는 프랑스 3대 문화로 루브르 박물관, 프랑스 요리, 비스트로(Bistro)라고 했다. 문화라는 말이 사람의 여러 생활 모습을 총칭

한 것이니까 언어, 음식, 주거 생활, 의생활, 놀이 등이 모두 문화인 것이다. 비스트로는 음식도 판매하는 프랑스 카페를 말한다. 1815년 나폴레옹이 몰락하고 파리에 입성한 연합군 중 러시아 군인들이 카페에 들어와 '빨리빨리(러시아어로 비스트로 비스트로)' 물을 달라고 외친 것에서 이름이 유래되었다. 참고로 일반적인 레스토랑은 브라세리(Brasserie)이고 식사가 아닌 빵 종류와 커피를 파는 곳은 파티세리(Patisserie)다. 카페가 프랑스 문화의 중요한 위치를 차지하고 있다는 것을 알게 된다.

여행 안내서를 통해 가보고 싶은 카페를 수첩에 적어놓았다. 생 제르맹에 있는 카페 플로르(Cafe de Flore), 레 되 마고(Les Deus Magots)가 꼭 가고 싶은 곳이다. 마주 보고 있다고 하니 한 곳에서 두 개의 카페를 비교하며 볼 수 있겠다. 플로르는 처음에 정치가들이 자주 드나들었고 후에 카뮈, 사르트르, 이브 생 로랑 등이 단골이었다고 한다. 헤밍웨이와 피카소의 단골 카페는 '레 되 마고'다. 이곳에 가서 영화 '미드나이트 인 파리'처럼 피카소와 헤밍웨이를 상상 속에서 만나고 싶다.

이런 까닭으로 차양이 있는 카페테라스만 보이면 눈길이 갔고 앉아 있는 손님들을 구경하기도 하며 사진도 많이 찍었다. 유명 인사가 들렀다는 이야기가 없는 파리의 카페마저 멋지게 보였으니까 실제로 간다면 마음이 붕 날아갈 것 같다.

상젤리제, 루이비통 본점 옆에 있는 Cafe Fouguet's, 달팽이 요리로도 유명한 카페이다

11. 오랑주리 미술관, Orangerie Museum

콩코르드 광장을 거쳐서 튈르리 공원으로 들어갔다. 얕은 인공 호수가 나왔고 타원형의 호수 주위에 쉴 수 있는 초록색 의자가 있어 많은 사람이 호수를 바라보며 앉아 쉬고 있었다. 미술관은 공원에서 아주 낮게 비스듬하게 경사진 곳에 자리 잡고 있었다. 테라스에서는 여전히 콩코르드 광장과 튈르리 공원에 있는 인공 호수가 잘 보인다. '오렌지 온실'이라는 뜻의 오랑주리는 루브르 궁전의 오렌지 나무를 보호하는 겨울 온실로 사용되다가 1927년 미술관으로 개조되었다. 현재의 건물은 1853년에 지어졌는데, 나폴레옹 3세가 건축가 피르맹 부르주아에게 의뢰하여 불타 버린 궁전(파리 코뮌 시절) 대신에 별채를 설계하도록 했고 부르주아의 후계자인 이탈리아 건축가 루도비코 비스콘티가 두 채의 건물을 완성했다. 이 건물이 현재의 오랑주리 미술관, 죄드폼 국립 미술관이 되었다.

원래 오렌지 재배를 위한 온실 건물이었던 오랑주리 미술관, 코가 긴 아프리카의 가면

튈르리 공원의 남서쪽 가장자리에 있는 오랑주리는 온실 내부에 햇볕이 잘 들어오게 하려고 한쪽 면(공원이 있는 쪽)은 유리로 만들었고 북쪽 벽(도로 쪽)은 돌로 만들었다. 0층(우리나라의 1층)에는 모네의 수련 연작이 전시되고, 지하 1층은 기념품 가게와 카페가 있으며, 지하 2층에 발터와 폴 기욤 컬렉션(컬렉션 파리의 예술)이 전시되고 있었다.

1922년 모네는 수련 연작 중 거대한 작품 8점을 국가에 기증하였고 정부는 오랑주리에 기증받은 작품을 전시하기 위해 건축가 카미유 르페브르에게 설계를 맡겼다, 모네는 기증 조건으로 자신의 거대한 작품이 햇빛이 들어오는 흰 벽이 있는 방에 걸어달라고 당부했다. 안타깝게도 모네는 자기 작품이 전시된 전시실의 개관을 보지 못하고 1926년 세상을 떠나고 말았다.

1950년대 후반에는 유명한 미술상 폴 기욤의 컬렉션이 오랑주리 미술관에 들어오게 되었다. 화가도 아니지만 미술사에서 폴 기욤은 아주 중요한 인물이다. 책에서 여러 번 읽어서 유명 화가처럼 분명히 기억한다. 폴 기욤은 젊었을 때 자동차 정비공으로 일했다. 아프리카에서 정비에 사용될 고무 부품을 수입하면서 아프리카 미술에 관심을 두게 되었다. 훗날 미술품을 수입하고 거래하면서 대단한 재산을 모으게 되었다. 아프리카 미술품을 전시하면서 아폴리네르를 알게 되었고 아폴리네르는 피카소, 모딜리아니 등 여러 화가를 기욤에게 소개해 주었다. 기욤은 인상파, 신인상파 화가들의 그림을 수집하였고 모딜리아니 등 생활이 곤란한 화가들을 후원하기도 했다. 오랑주리 지하 2층에는 모딜리아니가 그린 폴 기욤의 초상화가 있는데 굉장히 유명한 그림이 되었다. 폴 기욤이 42세의 나이로 일찍 죽자, 그의 미망인 아내 도미니카가 기욤의 컬렉션을 확충해 나갔다. 고흐의 동생 테오의 아내, 요한나처럼 도미니카는 기욤과 발터 컬렉션을 프랑스 정부에 기증하고 위임했는데 그 작품들이 1965년부터 오랑주리에서 전시되고 있다. 요한나는 재혼하지 않고 혼자서 노력했고 도미니카는 건축가 발터와 결혼한 것이 다르다.

지하 2층으로 내려간 다음 올라오면서 작품을 구경하기로 했고 아내

모딜리아니의 폴 기욤 초상화, 마리 로랑생과 앙드레 드랭의 폴 기욤 아내의 초상화

와도 헤어져서 각각 자유롭게 보다가 미술관 정문 밖에서 만나기로 했
다. 모네의 수련 연작은 텔레비전에서 너무 많이 봤기에 오히려 파리컬
렉션이 더욱 궁금해졌다. 오랑주리는 기대를 저버리지 않았다. 처음부
터 피카소의 그림(여인 누드, Woman with long hair), 아프리카 가면(코
가 길쭉한 얼굴 모양, 아비뇽의 처녀들부터 피카소는 아프리카 가면 얼
굴 비슷하게 그린 경우가 많음), 모딜리아니의 작품이 나와서 눈이 번
쩍 뜨였다. 길쭉한 목과 눈동자가 없는 그림으로 유명한 모딜리아니의
작품은 실제로 처음 보았다.

"왜 눈동자를 그리지 않나요?" 아내의 물음에 "당신의 영혼을 알게
되면 그릴 것이다."라고 답한 모딜리아니가 폴 기욤을 그린 초상화다.
눈동자도 있고 살짝 추상화된 느낌이 더욱 멋지다. 중절모자를 쓰고 짧
은 콧수염을 한 사나이가 왼손에 담배를 끼고 있는 모습이다. 그림의
크기도 적당해서 좋다. 술을 너무 좋아하고 자기중심적인 모딜리아니
를 모두가 피하고 꺼리고 쑥덕거릴 때, 자신의 재능을 알아봐 주고 작
품을 사주고 작업실도 구해준 후원자를 그린 그림이다. 멋진 후원자를
화가만큼 인정하는 문화도 좋고 화가와 후원자의 멋진 관계도 감동이
었다. 서울 예술의 전당 한가람미술관 전시회에서 봤던 마리 로랑생의
작품을 다시 보게 된 것도 좋았다. 마리 로랑생은 아폴리네르의 연인으
로도 유명한데 그녀는 인상파, 입체파 등 20세기 초반의 화풍을 따르지
않고 자신만의 스타일로 표현한 개성이 분명한 화가다. 개를 들고 있는
여인들, 폴 기욤 부인의 초상 등을 봤는데 어쩌다 화상 폴 기욤과 그의
아내까지 모두 보게 되었다. 색채의 대가 마티스의 작은 작품들도 너무

예뻤다. 여성의 몸을 굉장히 사랑한 화가 중 한 명이 마티스다. 자극적이고 야하게 그리기보다는 단순하면서도 우아한 선 연결을 통해 그린 여성의 그림들은 관능적이지 않고 참으로 아름답다, 그가 그린 오달리스크마저도(오스만 제국에서 술탄에게 시중을 들던 시녀) 우아했다. 요즘 새삼스럽게 더 좋아지는 모리스 위트릴로의 작품을 9개나 볼 수 있었다. 여기에다 피카소만큼 개성이 강한 그림으로 피카소도 좋아했다는 앙리 루소의 작품(정글 그림이 아닌 풍경화와 초상화)도 대만족이었다. 평소 화집에서 잘 보지 못했던 앙리 루소의 작품이 전시되어 있어서 그랬다.

마티스의 '오달리스크', 앙리 루소의 '쥐니에 신부의 마차' 두 작품 모두 너무 예뻤다

아를르캥과 피에로, 기타를 든 아를르캥, 두 작품 모두 앙드레 드랭의 작품이다

　나름 예술에 관한 책을 많이 읽어서 유명 화가들에 대해서는 제법 안다고 자부했는데 오랑주리 미술관에서 스스로 부끄러움을 느끼게 되었다. 앙리 마티스와 함께 야수파를 이끌었던 앙드레 드랭이 훗날(1911년경부터) 원색의 찬란함을 버리고 다시 전통 기법으로 돌아갔다는 사실을 몰랐다. 오랑주리에서 처음 '만돌린 연주자', '기타를 든 아를르캥'을 봤을 때는 이름이 같은 다른 화가로 생각했다. 그런데 검색을 해보니 야수파를 이끌었던 앙드레 드랭이었다. 그리고 앙드레 드랭도 모딜리아니만큼 화상 폴 기욤과 특별한 관계를 유지했다. 기욤은 드랭의 개인 전시회를 열어주고 1924년부터는 그와 전속계약을 맺었다. 그래서 앙드레 드랭의 작품을 많이 소장할 수 있었다. 광대를 그린 드랭의 작품을 보고 피카소의 작품이라고 오해했는데 피카소가 그린 광대 작품

을 자주 봤기 때문에 그랬던 것 같다. 광대 아를르캉 캐릭터는 드랭이
나 피카소 모두 스페인 화가 살바도르를 모델로 한 것이어서 느낌이 비
슷하다.

샤임 수틴의 어린 제빵사, 벨보이

피카소의 탬버린을 든 여인

오랑주리 미술관에서 완전히 처음 만난 화가는 샤임 수틴(Chaim Soutine)이다. 붓질은 고흐를 닮았고 야수파의 강렬한 색채를 사용하고 있었다. 인물을 사실적으로 그리지 않고 자신의 느낌을 살려 형태를 왜곡시키는 스타일의 작품이었는데, 수틴은 표현주의 화가로 분류되고 있었다. 초상화 두 작품에서 공통으로 나타났던 것은 코를 길게 그리면서 휘도록 왜곡시킨 것이었다. 얼굴도 조금 길쭉하게 그렸는데 뭔가 색다른 느낌이 들기도 했고 몸과 얼굴의 비례가 맞지 않아 이상한 느낌도 들었다. 파리 몽파르나스에서 시작하여 몽마르트르로 이주한 수틴은 같은 조국(지금의 벨라루스)의 마르크 샤갈과 아주 친했고 모두가 꺼리던 모딜리아니와도 친했다. 수틴은 모네처럼 하나의 대상을 집요하게 그렸던 것으로 유명하다. 요리사, 제빵사, 벨보이, 큰 귀를 가진 성가대 소년 등이 그 대상에 속한다.

화상 폴 기욤은 재능 있는 작가들을 참 많이 발굴했다는 것을 오랑주리 미술관에서 확실하게 알게 되었다. 아마도 모딜리아니의 길쭉한 얼굴의 그림처럼 짝짝이 귀를 가진 제빵사의 모습을 보고 묘한 매력을 느꼈던 모양이다. 손은 가지런히 모으고 있는데 다리는 활짝 벌린 모습도 이상하게 보지 않고 재미있게 봤을 것이다. 러시아 변방 출신의 무명 화가가 기욤 덕분에 스타가 됐다고 한다. 폴 기욤 덕분에 우리는 모딜리아니, 수틴 등의 작가의 작품을 볼 수 있는 셈이다. 안목이 없는 사람들은 아마 이런 작품들을 무시했을 것이고 이런 그림들은 사라지고 말았을 것이다. 이건희라는 기업가이자 컬렉터가 없었다면 우리나라가 귀한 명화들을 어찌 소유할 수 있었겠는가? 이렇게 보면 컬렉터의 안목과 열정도 그 나라 예술계에 큰 힘을 발휘한다고 하겠다.

장미 시대에 그려진 것으로 생각되는 피카소의 붉은 배경의 누드, 청년, 목욕하는 커다란 사람은 모두 황톳빛 색깔의 작품이었고 제일 맘에 들었던 작품은 '탬버린을 든 여인'이었다. 대표작 '우는 여인'과 다르게 몸과 얼굴을 실제와 살짝 다르게 바꾼 것이 더 예쁘게 보였다.

모네는 자신의 대형 그림을 햇빛이 들어오는 곳에 방에서 관람할 수 있도록 요구했다

기쁜 마음을 주체하지 못하고 0층으로 갔다. 이제는 모네의 대형 그림이 좍 펼쳐져 있다. 두 개의 타원형의 방에 각각 4개의 작품(총 8작품)이 있다. 첫 번째 방에는 일몰, 구름, 초록 그림자, 아침(시계 방향으로)이 있고 두 번째 방에는 나무 그림자, 버드나무가 드리워진 아침, 버드나무 두 그루, 맑은 아침이 있다. 오늘은 흐린 날씨여서 전시실이 조금 어둡게 보였다. 화창한 날에 이곳에 들어온다면 몇 배로 감동이 커질 것 같다. 전시실의 천장을 뚫어 자연 채광이 그림을 비추도록 설계되어 있어서다. 생전에 모네가 이 전시실을 봤다면 감격했을 거라는 생각이 들었다. 모네의 집념, 집착과 비슷한 기질을 좀 가지고 있다고 생각한다. 모네가 좋아하는 수련, 버드나무를 너무 좋아한다. 그리고 하나의 좋아하는 대상(꽃, 나무, 건물, 조형물 등)을 만나면 여러 방향으로 여러 방법으로 사진을 찍는다. 모네는 건초더미, 포플러, 루앙 대성당 등 소위 꽂히는 대상을 집요하게 관찰하고 그린 것으로 유명하다. 개인적으로 모네의 그런 연작을 아주 좋아한다. 색깔을 비교하는 재미가 좋다.

관람객을 피해서, 대형 작품을 한 장에 담기 어려워 대략 잘라서 사진을 찍고 있는데 전시실로 아내가 들어왔다. 얼른 이쪽으로 오라고 눈짓을 보냈다. 부끄러워하는 아내를 얼른 버드나무 옆에 세우고 사진을 찍었다. 하얀 벽에 보랏빛 연못에 있는 버드나무를 배경으로 상체만 넣어 찍었는데 제법 예쁘게 사진이 나왔다. 연꽃과 수련은 비슷하나 살짝 다르다. 연꽃은 잎과 꽃이 물 위로 뻗으면서(지상으로 솟구치며) 자라지만 수련은 둥둥 떠 있는 모양이다. 그래서 모네의 작품은 연꽃이 아니라 수련이 맞다. 수련은 낮에는 화사한 향기를 내뿜으면서 피고 밤이 되면 잠을 자는 듯 꽃잎을 오므려 닫는다.

모네의 대형 수련 연작을 제대로 감상하려면 몸을 많이 움직여야 한다. 처음에는 방 전체를 봤다가 한 개의 작품 전체를 보고 다음으로 작품에 다가가서 붓 터치를 봐야 한다. 가까이 다가가면 유화 물감의 입체적 질감이 느껴진다. 고흐만큼 진하게 칠하지는 않았으나 휙휙 무심하게 칠한 것으로 보인다. 그다음 한 걸음 물러나서 보면 그 붓 자국이 어우러져 은은한 물의 정원이 나타난다. 마지막으로는 가운데 긴 소파에 앉아서 그림을 바라보는 것이다. 8개의 모든 작품을 그렇게 보기는 어렵지만 제일 큰 작품이나 마음에 드는 작품을 골라 그렇게 보기를 권한다. 제일 큰 작품(버드나무 두 그루)은 세로가 2m, 가로가 17m에 이른다. 수련은 모네가 1916년과 1926년 사이에 제작하여 제1차 세계대전에서 벗어난 나라에 평화의 상징으로 기증한 작품이다. 도시 중심부에서 '평화로운 명상'을 할 수 있는 공간에 수련 연작이 전시되기를 바랐던 작가 모네의 의도가 멋진 공간에 제대로 반영된 곳이라고 느꼈다.

다시 지하 1층으로 내려갔다. 카페와 기념품을 파는 가게가 있는데 전시실보다는 공간이 좁아서 사람들로 복닥거렸다. 사고 싶은 게 많지만 참아야 한다. 모네의 지베르니 정원에서 책과 엽서를 벌써 샀기에 또 샀다가는 아내에게 꾸중을 들을 것이기 때문이다. 하지만 조잡한 물건이 아니고 나름 세련되고 정성이 들어간 상품이어서 계속 눈길을 피할 수 없게 만들었다.

12. 샤이오 궁전, Palais de Chaillot

파리 16구에 있는 대형 전시장으로 사용되고 있는 샤이오 궁전은 에 펠탑과 센강에 걸쳐있는 이에나 다리의 반대쪽에 있다. 신고전주의 양식의 건물로 옛날 트로카데로 궁전이 있었던 자리에 완만하게 굽은 양쪽 날개의 형태로 지어졌다. 트로카데로 궁전의 중앙부를 없애고 양 날개가 떨어져 있는 형태인데 가운데 공간은 에펠탑을 멋지게 조망할 수 있는 전망대(트로카데로 광장, 높은 테라스)가 된다.

1878년 파리 만국 박람회를 위해 아돌프 알팡이 만든 트로카데로 궁전의 부속 정원은 1937년 파리 만국 박람회를 앞두고 다시 새롭게 꾸며져 트로카데로 정원이 됐다. 2024년 파리 올림픽 개막식이 이 정원에서(가설무대를 설치함) 열렸다. 올림픽이 열리기 전에 왔을 때는 여름 방학 기간이었는데 직사각형의 분수대(연못)는 물을 뿜고 수영복을 입은 어린이와 어른들이 신나게 물놀이하고 잔디밭에는 소풍을 즐기는 사람이 많았다. 관람차 부근에도 물놀이하는 둥근 분수대가 있었다. 올림픽이 끝나고 뒤처리가 완전히 되지 않은 지금의 정원은 조금 어수선

했다. 하지만 개인적으로 무척 좋아하는 황금빛 황소상(오귀스트 카엥의 작품)은 그대로 있었다. 오래전 함께 있었던 세 개의 작품(써레를 찬 말, 갇혀 있는 코끼리, 코뿔소)은 오르세 미술관 앞으로 옮겨졌다. 직사각형의 분수대(바르샤바 분수대) 가장자리에는 초콜릿 모양의 초록 나무가 줄지어 있었는데 올림픽 행사를 치르느라 모두 뽑아버렸다. 다시 옛 모양으로 돌아올지 다르게 꾸밀지 기대가 된다.

이에나 다리 위에 있는 오륜기에서 사진을 찍고 트로카데로 정원을 지나 높은 테라스, 트로카데로 광장으로 올라섰다. 올림픽 뒤처리가 마무리되지 않은 트로카데로 정원이었지만 하늘의 구름이 좋아서 전망대에서 내려다보는 에펠탑은 최고의 경치를 보여주었다. 여러 번 왔지만 들어가 보지 못했던 전시장, 파리 건축 문화유산단지 박물관(Cite de l'Achitecture et du patrimoine)에 들어섰다. 무료이지만 가방 검사를 끝내야 한다. 파리 건축 문화유산단지 박물관 지하로 들어가면 사이요 국립극장(Challiot theatre National)으로 들어갈 수 있다. 국립 극장의 출입문 역할도 한다. 사이요 궁전의 1층인 트로카데로 전망대 아래에 국립극장, 영화 박물관, 수족관이 있는 모양이다. 가방 검사를 끝내고 들어가면 가운데에 안내 카운터가 있고 정면으로 카페가 있다. 오른쪽으로도 전시관이 있는데 들어가야 할 방향의 건물벽에 멋진 프레스코화가 있었다. 이스라엘 백성들이 수레를 타고 홍해를 건너는데 말을 탄 이집트 병사들이 추격하는 장면으로 보였는데 제목과 설명이 없어서 자신이 없다.

건축 문화재단지 박물관 중앙 홀에 있는 프레스코화, 홍해 건너는 장면으로 추정함

유서 깊은 프랑스 주요 건축물의 가치, 상징성 도시환경 및 건축 문화 유산 보호에 관한 이해와 관심을 높이기 위해 설립했다. 각 층별로 중세에서 19세기까지(Old Ages~19th Century), 산업혁명에서 현재까지로 나뉘어 보여주는데 시간이 없어서 현대 건축물은 포기하고 중세에서 19세기까지의 전시만 보았다. 창문으로 에펠탑이 보이는 경치는 눈을 번쩍 뜨이게 했다. 시간만 충분했으면 전시관 가운데 있는 카페에 들어갔을 것이다. 물론 트로카데로 전망대에서 에펠탑을 봤으나 이곳 카페에 앉아 느긋하게 에펠탑을 조망하는 호사를 누릴 수 있기 때문이다.

1층 박물관 입구로 들어서면 성인들의 청동상과 여러 성당 건축물의 축소형을 보여준다. 몽뒤 기업의 작품 성 베드로 상이 제일 먼저 반겨주고 다음으로 그의 두 번째 작품, 성 마태 상이 나온다. 성당의 단면이

나 일부를 축소형으로 만든 것들이 대부분이다. 프랑스어로 된 설명만 있어(자세한 내용을 알 수 없어서) 조금 답답했다. 성당의 입구를 그대로 재현하여 박물관의 통로처럼 만들어 놓았고 여러 성당에 있는 천사와 성인들의 조각상을 섬세하게 동일한 크기로 만들어 벽에 붙여 놓았다. 여러 종류의 코린트식 기둥의 축소 모형을 벽에 전시한 것도 멋있었다.

루앙 대성당 안에 있는 루이 드 브레제(Louis de Breze) 무덤 장식도 대단했다. 노르망디 총독인 루이 드 브레제가 죽자, 그를 위한 무덤 장

에펠탑 방향의 전시실은 창문으로 빛이 들어오고 에펠탑을 볼 수 있어서 좋다

예수를 중심으로 제자들을 배치한 카호르 대성당 돔 천장화, 루이 드 브레제 무덤 장식

식으로 만든 것인데 검은빛이 감도는 짙은 감색의 기둥과 노란빛의 외벽 조화가 고급스러웠다. 유리창으로 보이는 에펠탑이 보이는 방에는 바다의 신 포세이돈이 말과 함께 파도를 뚫고 나가는 역동적 모습의 조각상이 있었는데 역광이어서 정확한 모습을 보기가 어려웠지만 전체적으로 존재감이 대단했다. 니콜라 후요(Jean Nicholas Huyot)가 개선문 프로젝트를 위해 만든 네 개의 기둥이 있는 개선문 조형물이 눈에 들어왔다. 완성된 에투알 개선문에는 네 개의 기둥이 없다. 1836년, 에투알 광장에 완성된 개선문의 축소 모형을 보면 현재의 모습을 정확하게 볼 수 있고 니콜라 후요의 프로젝트 모형과의 차이점을 알 수 있다.

프랑스의 역사에 대해 자세하게 알지 못하는 관광객의 눈에는 카호르 대성당 돔 천장화가 최고였다. 가운데에 예수가 있고 양쪽으로 제자들이 6명씩 배치된 모양인데 아주 오래된 느낌이 아주 좋았다. 천장화 가운데 바닥 아래에는 둥그런 소파가 있어서 벌렁 드러누워서 천장화를 볼 수 있다.

1879년 프랑스 건축가 비올레 르 뒤크는 11세기~16세기의 프랑스 건축 문화 유산을 재현한 석고상들과 실물 크기의 벽화 등이 전시된 조각 작품 미술관(트로카데로 궁전 내부)을 설립하였다. 그 후 파리 만국박람회를 앞두고 트로카데로 궁전은 사이요 궁전으로 재건되면서 미술관의 이름도 건축 문화유산 박물관으로 바뀌었다. 2007년에 근현대 자료까지 확충되면서 지금의 '파리 건축 문화유산단지'로 탄생하게 되었

역동적인 모습의 포세이돈 조각상, 장식이 화려한 기둥 사이로 에펠탑이 보인다

완성된 개선문과 다르게 프로젝트 초기의 개선문에는 네 개의 기둥이 있다

다. 중세부터 현대에 이르기까지의 건축 문화유산들이 전시되는 곳으로 상설 전시(Muse), 기획 전시(Exposition)로 나뉜다. 트로카데로 광장에 왔다면, 무료로 볼 수 있는 이곳을 빠뜨리지 않고 봤으면 한다.

전시실을 나와서 이번에는 트로카데로 광장 오른쪽에 있는 사이요 궁전의 다른 날개 건물로 들어간다. 이곳에는 해양 박물관(Musee de la Marine)과 인류학 박물관(Musee de l'Homme)이 자리 잡고 있다. 옆에 있는 건축 문화유산 박물관처럼 무료인 줄 알고 활기차게 들어가는데 제복을 입은 관리자가 붙잡는다. 입장권이 필요했다. 얼른 미안하다고 하고 밖으로 나왔다. 무료로 한 곳을 봤으니 섭섭하지는 않았다. 길 건너편에 멋진 기마상이 보였다. 자유 시간을 제대로 썼다는 만족감이 밀려왔다. 트로카데로 정원을 지나 센강 유람선을 타기 위해 '무슈 파리지앵'으로 향했다.

13. 튈르리 공원, Jardins des Tuileries

루브르 박물관 관람을 끝내고 일행과의 약속 시간이 남아서 카루젤 개선문부터 시작하는 튈르리 공원을 구경하기로 했다. 카루젤(Carrousel)은 마장마술이란 뜻인데 17세기 후반, 이 개선문 앞의 카루젤 광장에서 마장마술 시범(루이 14세의 지시)이 있었다. 카루젤 개선문은 나폴레옹의 전승을 기념하려고 세웠는데 샤를 드골 광장의 에투알 개선문의 절반 정도 크기로 약간 분홍빛을 띤 외벽이 상당히 귀엽다. 개선문의 꼭대기에는 마차를 탄 여신상이 있다. 카루젤 개선문은 라데팡스의 신 개선문, 에투알 개선문, 콩코르드 광장의 오벨리스크와 일직선상에 있다. 튈르리 공원은 루브르 박물관 서북쪽에서 오랑주리 미술관 사이에 길게 펼쳐진 도심 정원이다. 16세기 후반 앙리 2세의 왕비 카트린드 메디시스의 명령으로 궁전으로 조성되었는데 프랑스 혁명 이후 일반 대중에게 개방되었다. 정원의 이름은 튈르리라는 옛날 이곳에 있었던 벽돌 공장의 이름에서 이름을 따왔다. 정원은 여러 차례 변화했고 앙드레 르노트르가 프랑스 정원 스타일로 재설계했다. 그냥 잔디밭이

데이아네라를 납치하는 켄타우로스 네수스, 상체는 사람이고 하체는 동물 말이다

길게 펼쳐지고 나무와 호수(인공 연못)가 있는 평범한 공원으로 보이지만 세계유산으로 등록된 곳이다. 역사적인 사건, 중요한 정치적 모임의 장소였기 때문이다. 나폴레옹의 개선 행진이 있었고 혁명 시대의 집회가 열렸다. 루브르와 오랑주리 미술관이 연결된 곳이라 예술과 역사를 느낄 수 있고 산책과 휴식을 즐길 수 있는 곳이다.

그냥 직선으로 뻗은 길을 따라 천천히 걸으면 되니까 마음이 푸근해진다. 잘 정리된 초록의 잔디밭과 벚나무가 마음을 시원하게 해준다. 벚꽃이 필 때는 대단한 경치가 될 것 같았다. 튤립은 지고 붓꽃과 장미가 어서 오라고 손을 흔들고 있다. 오랑주리 미술관 근처에 있는 인공 연못이 이 부근에는 두 개나 있다. 타원형의 연못 근처에는 어김없이 녹색 의자가 놓여 있어 파리지앵은 의자에 앉아 오후의 평온함을 즐기고 있었다. 직선거리 왼쪽에 있는 연못이 오른쪽보다 훨씬 큰데 너무나 커서 둥글게 보이지만 팔각형이라고 되어있었다. 그런데 길 주위로 잔디밭 안에 멋진 조각품이 상당히 많다. 생각지도 못한 볼거리가 수두룩한 것이다. 예술 중독자는 입꼬리를 씰룩거리며 조각품을 눈으로 확인하고 사진을 찍었다.

미노타우로스와 싸우는 테세우스, 상체는 말의 모습이고 하체가 사람의 모습이다

　　조각품은 대리석으로 된 것도 있고 검은빛이 나는 청동으로 된 작품
도 있었다. 주로 성경과 그리스 신화에 나오는 인물들이 많았다. 다이아
나 님프(요정), 동생 아벨을 죽인 가인, 팔라스(아테나)의 보호 아래에
있는 카산드라 등이 있었다. 카산드라는 트로이 최후의 왕 프리아모스
의 딸이다. 왕을 신화에 나오는 천마 페가수스를 탄 인물로 바꾸어 표
현한 석상도 굉장한데 원본은 루브르에 있고 광장에 있는 것은 복제본
이다. 미노타우로스와(상체는 소이고 하체는 사람인 신화 속 인물) 싸
우는 테세우스, 데이아네라를 납치하는 켄타우로스 네수스, 스파르타쿠
스의 맹세, 악어를 거꾸러뜨리는 호랑이는 설명을 안 봐도 알 수 있었
지만 추상적 개념인 역사(L'Histoire)를 날개 달린 천사의 모습으로 표
현한 것들은 저녁에 조사해서 알 수 있었다. 카루젤 개선문 앞에 있는
천사도 전투 모자를 쓰고 있는 것은 '승리의 프랑스'를 나타낸다.

에투알 개선문 이전에 세운 카루젤 개선문, 나폴레옹의 승리의 행진이 있었던 곳이다

틸르리 공원에는 여러 개의 인공 못이 있고 주위에는 쉴 수 있는 녹색 의자가 있다

잔디가 깔린 공원은 멋진 소풍 장소가 된다, 왼쪽에 악어를 거꾸러뜨리는 호랑이 청동상

하얀 대리석 조각상, Nimphe de Diane와 파란 잔디가 어울린 튈르리 공원

    아내와 즐겁게 정원 구경을 끝내고 다시 지하 계단으로 내려가 땅으로 내려앉은 유리 피라미드가 있는 아케이드 광장으로 향했다. 광장으로 향하는 지하상가에도 멋진 가게들이 세련된 실내 장식으로 손님을 끌고 있다. 루브르 박물관 입구에 있는 피라미드가 훨씬 더 크지만, 이곳 아케이드 광장에 있는 역삼각형의 피라미드도 대단한 사진 촬영 장소로 인기를 끌고 있다. 피라미드 꼭지 아래에 있는 작은 삼각뿔에 기대어 피라미드의 끝을 잡고 사진을 찍는 사람으로 늘 북적이고 있었다.

14. 그랑 팔레, 프티 팔레,
알렉상드르 3세 다리,
Grand Palais, Petit Palais,
Pont Alexandre III

아내와 여성 한 분 그리고 나, 이렇게 세 명이 버스에서 내려 개선문부터 알렉산드르 3세 다리까지 구경하다가 프티 팔레에서 일행을 만나기로 하고 개선문으로 향한다. 개선문도 여러 차례 보아서 기대가 별로지만 다른 두 분이 있어 슬쩍 들르기로 한다, 개선문 안쪽으로 진입하는 길이 없다. 지하로 들어가서 올라가는 모양이다. 지금 둘레를 막고 공사를 하고 있어서 그렇다. 우리는 할 수 없이 그냥 개선문 사진을 한 장 찍고 샹젤리제로 나왔다. 명품 가게들은 여전했다. 디올, 루이뷔통 등 한 번도 사본 적이 없는, 관심도 없는 명품 가게들이 차례로 나왔다. 이 부분을 몽테뉴 거리(명품 거리)로 부른다. 샹젤리제에서 반가웠던 것은 황금색으로 장식된 철제 대문이 있는 건물이었다. 옛날 어느 귀족의 저택으로 보이는데 들어가 보려고 했더니 문 앞에서 공사를 하던 분이 저지했다. 사진 한 장만 찍고 나오겠다고 부탁해서 겨우 사진을 찍을 수 있었다.

프티팔레에서 바라본 그랑팔레의 정문

　구글 지도를 보고 찾아가는데 세 명이 번갈아 확인하니까 확실히 빠르게 찾아갈 수 있었다. 샹젤리제 끝부분에서 살짝 오른쪽으로 꺾어 내려가니 그랑 팔레가 나왔다. 센강 유람선을 탈 때마다 봤던 유리 온실의 지붕처럼 생긴 곳이라 다가가지 않아도 금세 알 수 있었다. 그랑 팔레는 1900년 만국 박람회를 위해 지어진 곳이다. 오르세 기차역, 프티팔레, 알렉산드르 3세 다리가 이 시기에 건축된 것들이다.

유리와 철을 이용한 돔이 보이는 그랑 팔레, 프랑스 국기와 네 마리 말이 끄는 청동 마차

그랑 팔레는 고전주의 요소와 아르누보 양식이 융합된 건물이다. 대칭적인 구조와 그리스 로마식의 기둥들, 외벽의 장식들은 고전주의의 웅장함과 안정감을 보여준다. 내부 구조는 아르누보 양식이 대부분이다. 유기적인 곡선, 자연에서 동기를 얻은 장식 요소들이 그렇다. 유리와 철을 이용한 거대한 돔(43m)과 세련된 곡선미를 자랑한다. 그 당시 철과 유리를 활용한 돔 구조 건물은 거의 없었다. 햇빛을 내부로 받아들여서 환하게 밝히고 건물의 무게를 분산시키도록 혁신적으로 내부 공간을 만들었다. 그래서 건물은 다양한 행사 공간으로 쓰인다. 겨울에는 스케이트장으로 변하고 올림픽 기간에는 펜싱과 태권도 경기장으로 이용되었다. 건물 입구에는 이오니아 양식의 커다란 원형 기둥이 지붕을 받치고 지붕 위에는 마차를 끄는 말들의 청동상이 있다.

우리가 도착한 곳은 그랑 팔레(Grand Palais) 옆이었다. 공사를 한다고 접근을 모두 막아놨다. 그랑 팔레는 큰 궁전이란 뜻이다. 프티 팔레보다 3배 정도 더 크다. 건물이 상당히 커서 건물의 정면으로 나오는 곳까지의 거리가 100m가 넘었다. 녹색 철제문이 있는 곳이 있어 입구에 가보니 레스토랑으로 들어가는 입구였고 예약하지 않으면 레스토랑 입장이 불가능했다. 녹색 철제 대문 사진만 찍고 계단 아래로 내려왔다.

건물 지붕의 가장자리에는 여러 조형물이 놓여 있어서 고개가 아프도록 쳐들고 봤다. 정문에는 초록색 포크 조형물이 있었다. 입구는 다 막아놓았다. 올림픽이 끝나고 제대로 복구가 안 되어 그랑 팔레는 입장할 수 없고 오로지 레스토랑 한 곳만 운영되고 있었다. 그래서 포크 조형물이 건물 정면에 놓여 있는 것이다.

그랑 팔레의 외관을 샅샅이 훑고 나서 알렉상드르 3세 다리로 향했다. 19세기 말 프랑스가 러시아와 맺은 동맹을 기념하여 지은 보자르 양식의 아치형 다리다. 동맹을 맺을 당시 러시아 황제의 이름이 붙었다. 이곳은 사진가들의 명소다. 유명 건물보다 찍을 멋진 구도가 많이 나온다. 다리 아래로 흐르는 센강, 에펠탑과 다른 다리가 보이고 앵발리드의 황금 돔도 잘 보인다. 다리 주변에 멋진 조형물이 아주 많다. 박력 있는 사자를 넣어서 멋진 사진을 만들었고 아기 천사, 님프 동상도 찍었다. 높이가 17m나 되는 네 개의 화강암 기둥 위에는 금박을 입힌 페가수스 조각상이 올려져 있다. 다리 난간의 장식에도 금빛으로 장식되어 있어 곳곳에서 번쩍번쩍 빛이 난다. 파리에서 제일 아름다운 다리임이 분명하다고 느꼈다. 그리스 신화 속 여신들도 있고 다리 위의 인도는 차

도만큼 넓었다. 다리 위의 가로등도 우아한 예술품이었다. 다리 끝 기둥에는 오벨리스크 기둥이 얹어져 있다. 다리 아래로 내려가 센강에 정박해 있는 유람선도 구경하고 다리 내부의 튼튼한 철제 조직도 인상 깊게 보았다. 기둥 위에 있는 악어와 꽃봉오리마저 황금으로 장식되어 있어서 웃음이 나왔다. 파란 하늘에 구름마저 환상적이어서 찍는 사진마다 흡족한 경치가 되었다. 프티 팔레로 오는 다리 옆에는 시몬 볼리바르(Simon Bolibar)의 동상이 있었다.

작은 궁전이란 이름과 다르게 그랑 팔레와 거의 규모가 비슷해서 놀랐던 프티 팔레

프티 팔레(Petit Palais)는 작은 궁전이란 뜻인데 규모는 이름과 반대로 상당히 컸다. 파리시립미술관(Beaux Arts de la Ville de Paris)을 내부에 가지고 있는데 입장은 무료다. 19세기 이후의 작품을 소장하고 있다. 입구가 있는 건물의 정면 파사드가 대단하다. 보자르 건축 양식(Beaux Arts Architecture)이다. 처음 들어보는 건축 양식이라 조사해 봤더니 프랑스 신고전 양식에 르네상스와 바로크가 더해진 양식이란다. 19세기 말에서 20세기 초 미국과 유럽의 공공건축에서 많이 사용했다. 사람들이 금빛 철제 문을 열고 입장하는데 전체가 금빛인 문이 상당히 아름다웠다. 프티 팔레의 입구 문에 서면 반대편 그랑 팔레의 정면이 정확하게 보인다. 두 건물은 도로를 사이에 두고 데칼코마니처럼 대칭으로 서 있는 것이다.

두 개의 팔레 건물은 남북으로 쭉 뻗은 윈스턴 처칠 거리를 사이에 두고 마주 보고 있다. 거리의 남쪽, 프티 팔레 입구에 영국 수상 윈스턴 처칠 기념상이 있었다. 동상은 배의 정박 키를 새긴 모자를 쓰고 왼손에는 지팡이를 들고 있는데, 입을 굳게 다문 처칠의 모습이 늠름하게 보였다. 프랑스는 전통적으로 영국과 앙숙의 관계인데, 런던에 세워진 샤를 드골 프랑스 기념상에 대한 답례로 제1차 세계 대전 종전 80주년을 맞은 1998년에 동상이 제작되었다. 예전에 프랑스는 미국에 자유의 여신상을 선물한 적이 있다. 아마도 처칠이 선택된 것은 "우리는 절대로 항복하지 않는다."라는 명언 때문이 아닐까?

처칠 기념상, 제프 쿤스의 튤립 다발, 역동적인 사자상과 센강, 에펠탑이 보이는 경치

화강암 기둥에 금박을 입힌 페가수스 조각상이 빛나고 있는 알렉상드르 3세 다리

처칠 기념상 뒤로 가면 공원이 나오는데 여기에는 미국 작가 제프 쿤스의 '튤립 다발' 조형물이 있다. 높이가 무려 11m인 꽃다발을 손으로 쥐고 있는 모양이다. 꽃은 긴 풍선을 불어서 만든 모양이지만 스테인리스로 만들어진 것이니까 무게는 몇십 톤이 될 것이다. 파리 시민들은 정치보다 예술에 더 민감한 듯하다. 외부 관광객의 눈에는 예쁘기만 한데 작품 자체부터 비판이 있었고 거대한 작품을 어디에다 두느냐를 두고도 상당히 시끄러웠다. 에펠탑에 대한 초기의 파리의 반응과 비슷했다고 보면 된다.

시몬 볼리바르 청동 동상, 사자 조형물, 다리 난간 끝에 있는 오벨리스크 모양의 조형물

알렉상드르 3세 다리 중앙에 있는 거대한 조형물이 센강을 바라보는 장면

가로등마저 예술인 알렉상드르 3세 다리

다리에서 센강으로 내려와 본 다리의 철제 구조, 기둥 위의 악어와 꽃봉오리도 황금빛으로 장식되어 있다

프티 팔레 정문에서 가이드와 일행을 만나기로 했는데 12시 25분이 다 되어도 일행은 안 보이고 전화도 없었다. 동행한 여성분이 가이드에게 전화했는데 관람하기로 한 곳은 이곳이 아닌 다른 곳이란다. 순간적으로 화가 났으나 아내가 있어 참았다. 다행히 파리시립근대미술관이 그리 먼 곳이 아니라서 걸어가기로 했다. 그래도 방향이 모호하고 주변을 계속 걸어서 다리가 아팠다. 뛰어가기도 하다가 택시를 잡아보려고 했다. 주위를 두리번거려도 택시는 오지 않아서 다시 걷다가 뛰었다. 맨 뒤에서 뛰던 내가 택시를 발견하고 손을 들었더니 택시가 왔다. 좌충우돌 여행을 아주 싫어하고 겁을 내는데 또 예기치 않게 에피소드가 생겨버리고 말았다. 택시비가 아주 상당해서 가슴이 쓰렸다.

15. 파리시립 현대미술관,
Musee d'Art Modern de Paris

　　예술 기행 4일 차, 여행 일정을 보니 숙소에서 샹젤리제 거리를 구경하고 파리시립미술관을 구경하는 것으로 되어있었다. 샹젤리제는 벌써 네 번째 구경이어서 별 기대가 없었다. 시립 현대 미술관(프티 팔레) 바로 앞에 그랑 팔레가 있고 그곳에서 50미터만 걸으면 알렉상드르 3세 다리가 나온다. 그래서 가이드에게 프티 팔레에서 기다리겠다고 문자를 보냈다. 그렇게 하라고 문자가 왔다. 하지만 일이 꼬였다. 우리 일정

MAM, 파리시립 근대 미술관 입구, 에펠탑과 사이요 궁전이 근처에 있다

라울 뒤피의 '전기의 요정'은 전시실 한 칸을 오롯이 차지하고 있다

에 들어있는 미술관은 시립미술관이 아니라 파리시립 근대 미술관이었다.

　파리시립 근대 미술관(Musee d'Art Modern de Paris)은 샹젤리제 거리와 에펠탑 사이에 자리하고 있다. 팔레 드 도쿄(Palais de Tokyo)의 건물 일부를 차지하고 있는 셈이다. 도쿄 궁전은 1937년 파리 만국 박람회를 위해 지어졌는데 도쿄 거리(Avenue de Tokyo)가 있었던 곳이다. 건축 당시 제1차 세계대전의 동맹국이었던 일본의 수도에서 거리 이름을 만들었다. 도쿄 거리는 이후 제2차 세계대전 연합국의 적국이 되면서 거리는 도쿄 대신 뉴욕 거리가 되었다. 거리 이름은 없어졌고 궁전 이름은 그대로 남았다.

신들의 모습과 발전소 위의 거대한 전기 불꽃, 전기 발전에 공헌한 수많은 인물의 모습

전기의 요정 아리스, 아래에서 전기를 찬양하는 오케스트라와 합창단의 모습

만남 장소가 잘못되었다는 것을 확인한 후 프티 팔레에서 걷다가 뛰다가를 반복하다가 헐레벌떡 택시를 타고 약속 장소에 들어섰다. 가이드가 미안한지 아무 소리를 안 하고 라울 뒤피의 '전기의 요정'이 있는 곳으로 먼저 가보라고 했다. 2층의 홀 공간에는 마티스의 춤 습작 대형 그림 두 점이 벽을 장식하고 있었다. 분홍과 파랑이 전체를 이루는 습

작이 더 좋았다. 완성된 춤 작품은 습작과는 다른 점이 많다. 마티스가 또다시 고쳤기 때문이다. 그렇지만 습작도 결코 완성작에 뒤지지 않는다고 본다. 그 자체로 매력이 상당하다.

좋아하는 화가가 수시로 바뀐다. "그때그때 달라요."가 취향이다. 요 몇 년 사이 좋아하게 된 화가 중에 라울 뒤피가 있다. 수채화도 많은데 유화도 다른 화가들과 달리 수채화처럼 맑은 분위기가 난다. 테두리를 검은 선으로 진하게 그리는 데도 투명하고 예쁘다. 전체적으로는 무심하게 쓱쓱 붓질한 것처럼 보인다. 서울 예술의 전당, 한가람미술관까지 가서 라울 뒤피의 작품을 봤던 적이 있다.

하지만 오늘은 역사적인 날이다. 내 일생 처음으로 가장 큰 그림을 본다. 뒤피의 '전기의 요정'은 $600\,m^2$ 크기의(높이 10m, 폭 60m) 대형 그림이다. 한 방(Salle Dufy)을 오로지 이 그림으로 채우는 것이다. 1937년 파리 만국 박람회를 위해 프랑스 전력 공사가 뒤피에게 의뢰하여 제작되었다. 이 그림은 '전기'라는 신기술에 찬사를 보낸다. 왼쪽 끝에는 전기의 요정 아리스(Iris)가 나온다. 강한 빛으로 몸이 하얗게 변한 여신이다. 오케스트라와 합창단이 전기의 발명을 축하하는 음악을 여신 아래에서 연주하고 있다. 아랫부분에는 수많은 인물이 어울려 있는데 수천 년 동안 전기 발전에 공헌한 인물들이다. 가장 눈에 띄는 사람은 퀴리 부인이다. 100명이 넘는 그림 속 인물(과학자, 철학자, 예술가, 사상가) 중 유일한 여성이다. 둥근 곡선을 지나 시선을 더 옮기면 공장과 기차, 육교, 조선소, 용광로, 비행장 등이 구축된 산업화 초기의 모습이 표현되어 있다. 중앙에는 제우스를 비롯한 신들이 앉아 있고 신들의 손길

마티스의 춤, 두 작품이 양쪽 벽에 나란히 전시되고 있다

라울 뒤피의 작품, 트루빌의 저택과 옹플뢰르, 검은색이 들어가도 맑은 느낌이 있다

을 따라가 보면 거대한 전기 불꽃이 발전소 위에서 번쩍이고 있다.

3층으로 가니 앙리 마티스의 특별전이 열리고 있었는데 별도로 돈을 내고 입장권을 끊어야 했다. 입구의 대형 포스터를 바라보면서 2층 상설 전시관으로 내려왔다. 생각지도 못한 명화의 행렬에 입이 좍 벌어진다. 피카소와 마티스의 회화와 조각품, 세잔, 샤갈, 위트릴로, 모딜리아니의 작품이 있었다. 무엇보다 파리시립 근대미술관의 2명의 스타 라울 뒤피(Raoul Dufy)와 마티스의 여러 작품이 있어서 입꼬리가 귀에 걸리고 말았다.

　그동안 빌려본 예술에 관한 책에서 그림은 몇 번 봤으나 정식으로 이름을 외우지 못한 피에르 보나르(Pierre Bonnard), 앙드레 드랭(Andre Derain), 페르낭 레제(Fernand Leger)도 있었다. 우리나라 카페에서 본 적이 있는 에펠탑을 그린 로베르 들로네(Robert Delaunay)를 분명하게 알게 되어서 공부가 되었다. 큐비즘(입체파)의 구성에 야수파(Fauvism)의 강렬한 색채를 도입하여 자신만의 독특한 스타일을 완성했는데 시인이자 미술 평론가인 아폴리네르는 이를 오르피즘(추상회화를 음악에 비유함)이라고 불렀다. 오르피즘 예술 운동에 동참한 로베르 들로네의 아내 소니아 들로네의 작품은 남편의 작품과 비슷해서 구별하기가 어려웠다.

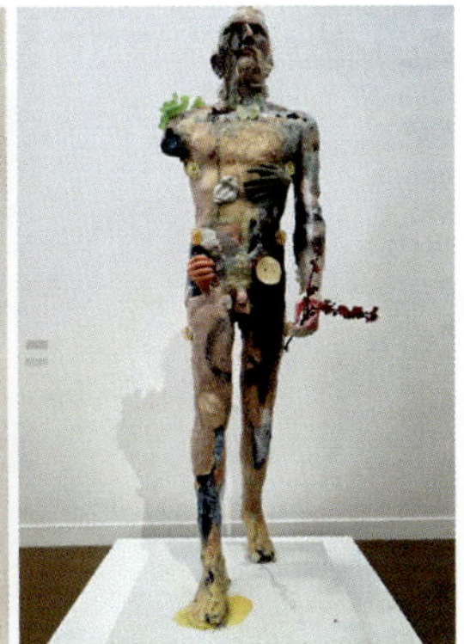

에펠탑이 등장하는 로베르 들로네의 두 작품, 섬뜩했던 현대 예술 작품

왼쪽 로베르 들로네, 오른쪽 그의 아내 소니아 들로네의 추상 작품, 리듬 연작

그 밖에도 프랑스어로 적혀 있어 이름을 제대로 부를 수 없는 멋진 작가들의 작품이 많았다. 프랑스 대부분의 미술관은 영국과 달리 입장료를 내고 관람할 수 있는데 이 미술관은 무료로 볼 수 있으면서도 작품이 대단한 파리의 유명한 미술관이다. 프티 팔레에서 헐떡거리며 달려온 보람이 있었다.

16. 로댕 미술관, Musee Rodin

앵발리드 근처에 로댕 미술관이 있는데 파리 근교의 뫼동(Meudong)에도 로댕 박물관이 있다고 한다. 예술가(화가, 조각가, 건축가) 중에는 나쁜 남자들이 많은데, 피카소, 고갱, 로댕이 대표적인 나쁜 남자다. 개인적으로는 제일 나쁜 남자가 로댕이 아닌가 한다. 결혼한 상태에서 43세에 만난 18세의 제자를(카미유 클로델) 애인으로 만들고 결혼도 하지 않고 내버려뒀다가 그녀의 인생을 망치는 결정적인 잘못을 저질렀다. 카미유 클로델의 삶을 살펴보면 참으로 안타까운 점이 많다. 계속 청혼하지 않고 끌고 있는 로댕을 쉽게 끊지 못했던 것도 그렇고, 스트레스로 유산하고, 피해의식(자기의 아이디어를 로댕이 훔쳐 간다고 생각함)에 사로잡혀 정신병원에 입원하고, 죽을 때까지 병원에 갇혀 있었다는 것이다. 보란 듯 잘 살아야 했었는데. 그의 삶을 배제하고 작품만을 보면 감탄이 끊이질 않는다.

로댕을 근대 조각의 아버지라고 부른다. 그만큼 조각계에 획기적인 변화를 불러일으켰다는 것이다. 대리석으로 만드는 조각은 제작 시간이 오래 걸리고 복제할 수가 없다. 로댕도 물론 대리석으로 조각을 하기도 했으나 그는 석고 틀을 만들어 청동으로 무한 복제를 가능하게 만들었다. 그리고 이상적인 신체만을 고집하지 않고 미완성의 아름다움(미완성인 상태여도 아름다움이 나타나게 하는 것)을 보여주어서 신선한 충격을 던졌고 조각계의 판도를 바꿨다. 그래서 '프랑스의 미켈란젤로'라는 별명이 있을 정도다. 매끈한 질감과 다르게 거칠고 투박한 표현, 미완성인 듯한 모습(머리나 팔이 없는 등)으로 작가의 감정과 의도를 잘 살렸다. 상상 속에서만 존재하던 이야기의 장면을 조각으로 잘 표현한 것도 로댕이다.

로댕 박물관 이전에도 이곳은 수녀들과 예술가들의 아틀리에였는데 1908년 로댕이 임대해서 작업실로 썼다. 로댕이 죽고 난 2년 후에 미술관으로 개관되었다. 프랑스 역사 기념물로 지정된 로댕 미술관은 2012년부터 3년 간의 리모델링을 거쳐 지금의 모습이 되었는데 외관으로 보면 어느 귀족의 주택으로 보인다. 사실, 아틀리에가 되기 오래전에는 프랑스 귀족의 저택이었다고 한다.

박물관 실내 전시를 보기 전에 옆에 있는 야외 조각공원과 뒤편에 있는 분수대가 있는 정원을 먼저 돌아보기로 했다. 제일 먼저 '칼레의 시민'이 눈에 들어왔다. 도쿄의 국립서양미술관 야외에도 이것과 지옥의 문, 생각하는 사람이 있다. 백년 전쟁 당시 프랑스의 작은 도시 칼레에서 벌어진 사건을 작품으로 만든 것이 칼레의 시민이다. 잉글랜드 도버와 가장 가까웠던 프랑스의 해안 도시 칼레는 지리적인 조건으로 집중 공격을 받게 된다. 이들은 기근 등의 악조건 속에서도 1년여간 영국군에 맞서 싸웠지만 결국은 항복하게 된다. 잉글랜드의 왕 에드워드 3세는 처음에는 오랫동안 자신들을 껄끄럽게 한 칼레의 모든 시민을 죽이려 했다. 그러나 칼레 측의 여러 번의 사절과 측근의 조언으로 그 생각을 철회한다. 대신에 칼레 시민들에게 다른 조건을 내걸었다. 모든 시민의 안전을 보장하겠지만 저항의 대가로, 전체를 대신하는 시민 6명을 처형하겠다는 것이었다. 시민들은 기뻤지만 6명을 어떻게 골라야 하는지에 대한 고민에 빠지게 되었다. 제비뽑기를 하자는 의견도 나왔지만, 부유층 중 한 사람인 '외스타슈 드 생 피에르'가 죽겠다고 나서게 된다. 그 뒤로 고위 관료, 상류층 등등이 영국의 요구대로 나오게 된다. 로댕은 바로 이 순간을 묘사한 것이다. 절망 속에서 꼼짝없이 죽을 운명이었던 이들 6명은 당시 잉글랜드 왕비가 이들을 처형한다면 임신 중인 아이에게 불길한 일이 닥칠 것이라고 설득하여 극적으로 풀려나게 된다. 그러나 조각 작품은 별도로 하고 이 사실은 그냥 역사적인 하나의 이야기로 취급되고 있고 훗날 정치적 필요성에(적에게 끝까지 저항한 칼레의 시민 정신을 갖자) 의해 부풀린 이야기로 받아들여지는 분위기다.

칼레의 시민, 지옥의 문, 비난과 함께 작품 수령을 거부당했던 발자크 청동 동상

다음에는 지옥의 문이다. 단테의 신곡 중 지옥에 떨어진 인간들을 형상화했는데 무게가 무려 7톤에 달한다. 186명의 인물이 새겨져 있는데 그중에서 조반니와 프란체스카, 우골리노와 아이들이 가장 유명하다. 지옥으로 떨어지는 조반니와 프란체스카는 처음에는 사랑의 기쁨에 취한 모습이었는데 지옥으로 떨어지는 상황과 어울리지 않아서 지금의 모습으로 바꿨다. 지옥의 문 옆에는 아담과 하와가 있다. 고개를 못 드는 아담, 잘못을 인정하고 고개를 돌리는 하와의 모습이 대단했다.

생각하는 사람은 인기가 많아서 여러 곳에서 볼 수 있다. 보통 12개의 복제품 정도까지를 진품으로 취급하는데 생각하는 사람은 28개의 진품(복제품 포함)이 있다. 우리나라의 세종시도 샀는데 어디에 있는지는 모른다. 지옥으로 떨어지는 수많은 인간을 바라보면서 생각에 잠긴 남성의 모습인데 처음에 지옥의 문에서 떨어져나와 단독 작품이 되었을 때는 '시인'이라는 이름이었는데 생각하는 사람으로 이름이 바뀌

초콜릿 모양의 나무 사이로 보이는 생각하는 사람, 에펠탑이 보이는 세 그림자, 입맞춤

Cafe Musee에서 바라본 로댕 박물관, 외벽에 입맞춤의 조각상이 살짝 보인다

로댕 박물관 실내에서 매표소와 입구를 바라본 모습, 초콜릿 모양의 나무가 예쁘다

었다. 지옥의 문에는 생각하는 사람 위에 또 '세 그림자'라는 모습이 있다. 이 '세 그림자'도 생각하는 사람처럼 단독 작품으로 나와서 유명해졌다.

나무가 울창한 숲은 야외 조각공원의 모습이다. 로댕의 여러 작품이 있는데 설명을 제대로 읽을 수 없었다. 빅토르 위고(Victor Hugo)의 기념조각상이 좋았고 책에서 자주 봤던 발자크상도 멋있었다. 발자크는 프랑스의 유명한 거장이었는데 뚜렷한 기념물이 없었다. 그래서 프랑스 문인협회에서 로댕에게 조각상을 의뢰했다. 발자크가 사망한 지 꽤 오래되어서 로댕은 그의 작품을 읽으며 여러 가지로 그의 생전 모습을 찾으려고 노력했다. 그러던 와중에 옷을 수선하는 재단사로부터 발자크가 160cm가 안 되는 키에 얼굴도 호감이 가는 스타일이 아니었다는 얘기를 듣게 된다. 그래도 로댕은 거대하고 지배적이며 새로운 세계의 창조자로서, 문호의 모습을 표현하기로 했다. 키도 상당히 크고 배가 나온 비만형으로 발자크가 글을 쓸 때 즐겨 입었다는 폭이 넉넉한 수도승의 가운을 입은 모습으로 제작했다. 문인협회는 흉측한 모습이라고 수령을 거부했고 로댕은 할 수 없이 자신의 전시실에 두게 되었는데 그런 사연을 담고 지금의 미술관에 전시되고 있다. 숲의 가장자리에는 유리로 된 건물에 로댕이 시대별로 흰 대리석에 조각한 작품들이 있었는데 들어갈 수 없어서 조금 답답했다.

못 가운데에 '우골리노와 자식들' 작품이 있고 나무 뒤로 앵발리드의 황금 돔이 빛난다

숲을 돌아나가면 둥근 못이 나온다. 가운데에는 자식을 잡아먹고 허우적거리는 우골리노와 자식들 작품이 있다. 자식과 감옥에 갇혀 굶주림의 형벌을 받은 우골리노는 굶주림에 자식까지 잡아먹는다. 이런 신화 속 이야기를 작품으로 표현한 것이다. 직선 길을 제외하면 양쪽은 모두 푸른 잔디와 나무들이다. 공원에서 바라보는 박물관의 뒷모습이 앞모습보다 훨씬 깔끔하다. 건물 뒤에도 여러 조각상이 있어서 조각상과 앵발리드 돔이 들어간 사진을 찍었다.

로댕은 죽기 전, 자작품과 수집한 컬렉션(르누아르, 고흐, 모네의 그림 등) 전체를 미술관으로 만드는 조건으로 국가에 기증했다. 박물관은 조각공원, 카페(L'Augusine, 커피와 샌드위치를 판매함) 안뜰 정원까지 갖추고 작품을 시대별로 전시한다. 로댕이 그렸던 그림부터 말년의 작품까지를 자세하게 보여주는데 1층은 거의 로댕의 작품이고 2층에는 고흐나 카미유 클로델 등 다른 작가의 작품들과 함께 로댕의 작품이 있다.

로댕이 그림도 잘 그렸다는 것은 이곳에 와서(미술관 실내) 처음 알게 되었다. 미켈란젤로가 시스티나 천장 벽화를 그린 것처럼 로댕이 그린 그림을 보고 깜짝 놀랐다. 남성의 나체를 앞과 뒤로 그린 그림이 있었는데 솜씨가 여간 아니었다. 실내에도 좋은 작품이 너무 많아서 몇 가지만 소개하려고 한다.

예술에 조금 관심이 있는 사람이라면 모두 알고 있는 청동시대를 빼놓을 수 없다. 이상화된 인체가 아니라 실제 사람과 너무나 똑같아서 모델의 몸에 흙을 발라서 만들었다는 이야기까지 나왔다. 근육과 관절의 표현이 너무도 뛰어나서 일어난 일이었지만 무명의 로댕은 벨기에 군인의 사진까지 제시해야 했다. 이러한 소동 덕에 유명해졌고 주문이 밀려왔지만 말이다. '걷고 있는 남자'도 멋지다. 걷고 있는 동작에 집중

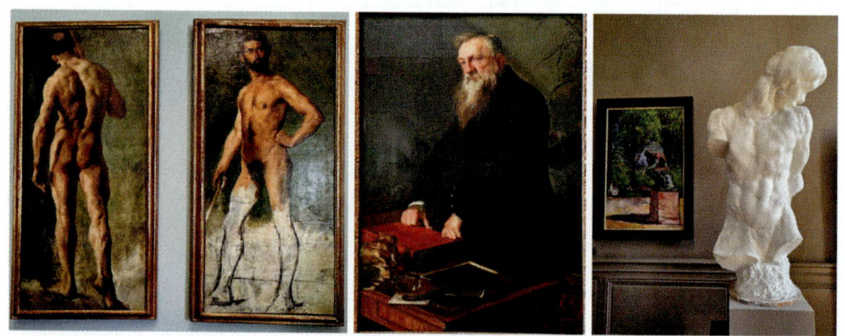

로댕이 초창기에 그린 그림, 알퐁스 르그로의 로댕 초상화, 뭉크가 그린 생각하는 사람

하라고 얼굴과 팔을 모두 없앤 작품이다. 입맞춤(키스)은 지옥의 문에 등장했던 두 연인(조반니와 프란체스카)을 다르게 표현한 것이다. 그러나 두 입이 서로 닿기 전의 상태에 머문 모습이다. 불타오르는 사랑이지만 세상으로부터 용인된 사랑이 아니어서 이렇게 표현한 듯하다. 이상적인 몸으로 표현하지 않는 로댕이 드물게 사람의 몸을 이상적인 모습으로 표현하고 있다. 사랑의 아름다움을 강조하기 위해서였을 것이다. 그러나 그 당시에는 지나치게 선정적이라고 여겨져 논란이 되기도 한 작품이다. 조각의 재료도 다양했다. 석고나 청동으로 만든 것은 물론이고 붉은 흙으로 만든 것도 있다. 로즈 뵈레 등 여성의 얼굴을 만든 작품이 붉은 흙으로 제작되어 있었는데 아주 특별했다. 로즈 뵈레는 로댕의 본처에 해당하지만 역시 그리 행복하지는 못했다. 로댕의 무명 시절부터 함께했고 아들도 있었는데 로댕은 친자식으로 인정하지 않았다. 로댕의 잦은 외도에도 인내하며 로댕이 죽을 때까지 50년간 곁을 지킨

카미유 클로델의 사쿤탈라, 로댕의 비밀, 로댕의 걷는 남자

불행한 여자였다. 맞잡은 두 손을 조각한 것도 강렬하게 다가왔다. 제목이 비밀(Le Secret)이어서 더욱 마음을 흔들었다.

카미유 클로델을 모델로 한 3개의 작품이 있는 방에는 '영원한 봄'이 있었다. 두 연인이 서로를 끌어안고 열정적으로 사랑을 나누는 모습이 열정과 파괴를 보여준다. 카미유 클로델의 '사쿤탈라(Sakuntala)'는 로댕과의 꿈 같은 시간을 보내던 삶에서 가장 행복했던 시기에 제작한 죽음과 함께 존재하는 사랑을 그린 작품이다. 로댕과 짧았던 행복만을 누리고 오랫동안 정신병원에 갇혀 있다가 죽음을 맞이한 클로델이 떠올라 가슴이 짠해졌다. 클로델의 또 다른 작품 '중년'은 자신의 처지를 그대로 나타내고 있다. 본처는 로댕을 끌고 가고 있고 클로델은 떠나는 로댕을 잡으려고 하는 모양인데 로댕과 클로델의 손은 이미 떨어져 있다. 클로델이 결코 로댕에게 뒤지지 않는 조각가였음을 엿보게 된다.

카미유 클로델의 중년, 로즈 뵈레가 로댕을 끌고 가고 클로델은 로댕을 잡으려고 한다

반 고흐의 탕기 영감, 로댕의 입맞춤이 정원에 있으니까 더욱 빛을 발한다

로즈 뵈레를 모델로 한 작품 꽃장식 모자를 쓴 소녀, 극적인 자세가 멋진 웅크린 여인

2층에 있는 로댕의 컬렉션도 관람객을 놀라게 한다. 반 고흐의 작품
이 3점이나 되고(탕기 영감, 아를의 다리가 있는 경치, 아를의 밀밭), 르
누아르와 뭉크의 그림도 있다. 알퐁스 르그로(Alphonse Legro, 조각가
이자 화가)가 그린 로댕의 대형 초상화와 조각상으로 로댕이 체격이 제
법 큰 사람이었고 구레나룻을 길게 길렀다는 것을 알게 되었다.

클로델의 웅크린 여인을 찾지 못했다. 받침대가 있는 로댕과 달리 클
로델은 받침대를 쓰지 않고 조각 자체로 균형을 잡는 것으로 제작했고,
로댕은 극적인 자세를 위해 받침대를 쓴 것만이 다르다. 보는 즐거움은
로댕이 자연스러움은 클로델이어서 비교해 보는 즐거움이 있다. 무명
시절의 로댕을 만나 로댕이 죽을 때까지 헌신한 로즈 뵈레는 눈부실 정
도의 미인은 아니었으나 모자로 자신을 꾸밀 줄 아는 현명하고 착한 사
람이었음을 알 수 있다.

로댕을 예술계의 나쁜 남자 중 제일 나쁜 남자로 욕했으나 한편으로
는 이해도 된다. 사람은 간사하기 때문이다. 뵈레는 교육을 제대로 받지
못한 여성이었고 글을 읽고 쓸 수도 없었다. 이런 그녀를 성공한 로댕
은 고맙고 불쌍하다고 생각하기보다 부끄러워하기 시작한 것이다. 자
신을 위해 재봉사와 세탁부로 일하며 자신을 돌봤는데 말이다. 둘 사이
에 낳은 아들이 어린 시절 창문에서 떨어져서 둔재가 된 후, 생활에 찌
들어 뵈레의 얼굴에 주름이 늘어가자, 자기 아내보다 젊고 현명하고 자
신의 재능을 알아보는 카미유 클로델에게 끌리고 만 것이다. 돈이 없어
서 결혼하지 않고 있다가 이제는 뵈레가 너무 자신에게 어울리지 않는
것으로 보여서 계속 결혼을 미루고 살았다. 마치 신교육 초창기의 일본

유학파 학생이 부모님이 정해준, 시골에서 고생하는 전처를 버리고 신여성과 결혼하는 사태와 너무 비슷했다.

클로델은 여성이었지만 독창적인 작품을 제작해서 예술계를 놀라게 했다. 조각의 거장 미켈란젤로나 그 이전 로마 그리스 시대의 작품을 참고하지 않고 자신의 느낌대로 작품을 제작했다. 클로델의 작품은 로댕처럼 극적이지 않고 편안하고 자연스러운 느낌을 준다고 비평가들은 말한다. 인간 내면의 외로움, 열정, 친밀감 등 감정들을 아름답게 표현하는 것이다. 클로델의 '사쿤탈라'는 걸작이었지만 그 당시 로댕이라는 남성 조각가에 가려서 제대로 평가를 못 받은 점도 있었다. 로댕의 '키스'와 닮았다고 비판을 받는 등. 여성 예술가, 특히 여성 조각가가 거의 없던 시절에 활동했던 클로델의 어려움을 엿볼 수 있는 대목이다. 그리고 같은 작업실에서 생활하는데 어찌 서로 작품 제작에 영향을 받지 않을 수 있을까.

어쨌든 막장 드라마의 주인공 같았던 클로델은 로댕과 헤어진 후 악몽의 세월을 살게 되었고 끝내 정신병원에서 생을 마감하게 된다. 화가로서 고흐의 삶이 안타깝다면 조각가로서는 클로델이라고 생각한다. 그녀의 작품을 보면 그녀의 재능이 끝까지 꽃피지 못한 것이 너무나 아쉽게 다가온다. 클로델의 '왈츠'도 '중년' 못지않게 멋지다. 서로의 몸을 밀착한 남녀가 키스하듯 황홀한 춤을 추는 작품은 크기도 제법 커서 놀라게 된다. 화가와 달리 조각가는 육체적인 힘도 필요했을 텐데 가녀린 몸집의 클로델이 이 작품을 만들었다는 것을 생각하면 클로델은 나름대로 강단 있는 여성이었을 것이다.

클로델과의 결혼을 계속 미루고, 로즈 뵈레와의 결혼도 미뤘던 로댕도 괴롭기는 마찬가지였을 것이다. 자신을 위해 고생해 온 전처를 버리는 것도 어려웠을 것이고 인생이 정말 녹록하지 않다는 것을 뼈저리게 느꼈을 것이다.

실내를 벗어나 안뜰 정원으로 갔다. 초콜릿 모양의 나무 사이로 생각하는 사람이 보인다. 또 다른 작품 입맞춤(키스)도 안쪽 깊은 나무 사이에 자리하고 있다. 5월이라 다른 꽃은 없고 분홍과 붉은색의 장미만이 초록의 물결 속에 고개를 내밀고 있다. 로댕 박물관의 옛 건물인 오텔 비롱(Hotel Biron, 비롱 저택, 프랑스는 시청사나 이런 건물에 Hotel이란 말을 붙임)은 퐁트누아 전투에서 공을 세운 장군 비롱이 루이 14세의 며느리로부터 이 저택을 사들이게 되면서 저택의 이름이 되었다. 오텔 비롱은 매각에 처해 있을 때, 장 콕토, 마티스, 무용수 이사도라 던컨 등이 임대로 머물렀고 로댕은 4개의 방을 작업실로 사용했는데 프랑스 정부에 요청하여(작품의 기증으로) 매각되지 않고 로댕 미술관(로댕 사후 2년 후)이 되었다.

일 드 프랑스 & 노르망디

1. 오베르 쉬르 우아즈, Auvers Sur Oise

'우아즈강에 있는 오베르'라는 뜻의 이 작은 마을은 반 고흐로 인해 온 세상에 이름을 알리게 된다. 기차역은 있는데 역무원도 역장도 없는 무인 역이다. 역으로 들어서는데 때마침 파리에서 오는 기차가 멈췄다. 오후 두 시가 넘은 시각이라 관광객은 거의 없었고 현지인들만 30명쯤 내렸다. 고흐도 이렇게 마을로 들어왔을 것이다. 파란 하늘이 예쁜 오베르 역에서 '인생은 짧고 예술은 길다.'라는 말을 음미해 보았다. 천국에서 오베르 마을을 바라보는 고흐의 마음은 어떨까? 생전에 고흐가 느꼈을 고독과 불안을 생각하니 마음이 아려왔다.

고흐는 인생의 마지막을 이곳에서 보내는데 70일 정도를 머무르면서 70점의 그림을 그렸다. 하루에 한 점꼴이니까 그림에 대한 그의 열정을 충분히 헤아릴 수 있었다. 고흐는 '라부 여관'에 숙소를 정하고 여관, 시청, 마을 뒤편에 있는 까마귀가 나는 밀밭을 그렸다.

예전에 왔을 때 기차역을 못 봐서 가이드에게 허락을 얻어 혼자 역을 구경하고 마을로 올라간다. 언덕 아래에 있는 집들의 담장과 마당에는

고흐가 일그러진 지붕과 벽으로 자신의 느낌을 살려 그렸던 오베르 교회. 도비니 정원 안내판이 있어 정원을 찾으려고 애를 썼지만 결국 찾지 못함

예쁜 꽃들이 피어있다. 우리나라도 유럽도 이런 작은 마을들은 여행객들에게 안정감과 평안함과 기쁨을 준다. 길을 잃을 염려, 돈을 뺏길 걱정, 교통사고의 위험 등으로 잔뜩 긴장한 마음이 스르르 없어진다.

짜잔! 고흐의 그림에 나오는 오베르 교회가 나타났다. 그림에서는 작은 이미지였는데 시골 마을에 있는 교회치고는 상당히 높고 웅장하다. 고흐는 이 교회의 사각지붕, 벽의 기둥, 종탑 등을 구불구불하게 그렸는데 실제의 모습은 당연히 가파른 수직이다. 고흐의 창의성과 느낌이 들어간 그림이 훨씬 아름답다.

교회를 지나 오솔길을 따라가니 집들이 없는 넓은 밀밭이 나타났다. 고흐가 마지막으로 그린 '까마귀가 나는 밀밭'에 나오는 곳이다. 익어가는 밀들이 자라는 곳에 듬성듬성 빨간 개양귀비가 있어 모네가 그린 양귀비가 있는 경치 그림의 분위기를 느낄 수 있었다. 황금빛 밀밭이 아니어도 좋았다. 밀밭 사이에 난 길을 따라가니 고흐가 그림을 그린 장소에 안내판과 그림이 있었다. '와! 책에서 보던 곳에 내가 실제로 서 있다니' 감동의 떨림이 밀려왔다. 밀밭 길을 지나 마을 공동묘지(Auvers Su Oise Cemetery)로 왔다. 묘지 담장 바로 아래에 고흐와 동생 테오의 무덤이 있다. 높은 제단이 없고 윗부분이 반원 모양인 작은 비석만 있는 무덤이다. 화려하고 멋진 조각상이나 제단이 있는 무덤이 아니어서 오히려 더 감동이었다. 무덤에는 담쟁이가 빼곡하게 덮여 있는데 담쟁이는 '우애'를 상징한다. 비석에 '(Ici Repose Vincent van Gogh, 여기에 누워 안식을 누리다 빈센트 반 고흐)'라는 문구가 보인다. "고흐님! 하늘나라에서 이곳을 보고 계시나요? 당신은 이 세상에서 고생하시고 외로우셨지만, 지금은 당신의 그림과 삶에서 위로받은 사람들이 모두 당신을 존경한답니다. 하나님과 늘 함께하시고 우리를 위해 기도해 주세요." 조용히 눈을 감고 기도하는데 눈물이 주르르 흘러내렸다.

까마귀 나는 밀밭 그림이 있는 곳, 동생 테오와 나란히 누워 있는 고흐의 무덤

어깨에 이젤을 메고 양손에 화구를 들고 있는 고흐 동상, 오베르 쉬즈 우아즈 역

떠나기 싫은 마음을 억누르고 마을로 내려간다. 작은 공원이 있는데 반 고흐 공원(Parc Van Gogh)이다. 러시아 출신 프랑스 조각가 자드킨(Ossip Zadkine)이 만든 고흐의 동상이 멋지다. 거친 나무껍질 같은 옷을 입고 있는 곱슬머리의 이 동상은 화구(세우는 이젤, 캔버스)를 양쪽 어깨에 메고 길을 걷는 모습이다. 오른손에는 필기구를 왼손에는 스케치북을 쥔 모습인데 눈동자를 표현하지 않아 왠지 지치고 외로운 모습으로 보인다.

고흐의 그림 모델이 된 시청사, 시청사 건너편에 고흐가 묵었던 라부 여인숙이 있다

고흐가 파리에서 기차를 타고 내린 오베르 쉬즈 우아즈 역, 파란 하늘과 잘 어울리는 건물

오베르 시청사와 라부 여관(고흐가 머물렀던 곳)을 봤다. 시청사는 아주 작고 전체가 뾰족한 느낌을 주어서 시청이라기보다 작은 우체국 같다. 고흐가 권총으로 자살한 라부 여관(Auberg Ravoux)은 들어가지 않고 광장 벤치에 앉아서 쳐다만 보았다. 1층은 레스토랑으로 2층은 박물관으로 사용되고 있다. 너무 작고 입장료도 내야 하는 번거로움이 있어 일행들은 모두 들어가지 않았다.

고흐가 마지막 생애를 보냈던 작은 숙소 라부 여인숙

돌아가는 길에 드넓게 펼쳐진 밀밭이 있어서 고흐 생각을 떨칠 수 없었다

　돌아가는 길은 마을 공동묘지를 거쳐서 가는 길인데 끝 모를 밀밭이 펼쳐지고 있었다. 아직 푸른 밀밭도 있고 금빛으로 익은 밀밭도 있다. 이런 광경들이 여행에서 더욱 큰 기쁨을 준다. 유명 관광지가 아니라도 감동을 주는 곳은 세계 곳곳에 있다. 그래서 힘이 들더라도 떠나봐야 한다. "텔레비전에 다 나오는데 뭘, 우리나라에도 좋은 곳 많은데 굳이?" 이런 대화에 대한 답이 이곳에서 나왔다.

2. 베르사유, Palace of Versailles

파리에서 RER C라인 기차를 1시간 정도 타고 가면 베르사유 리버
고슈역(Gare de Versailles Chateau Rive Gauche)이 나온다. 물론 우리가
호화로움의 극치 베르사유 궁전(Chateau de Versailles)을 보기 위함이
다. 역사도 멋지고 들어가는 길도 큰 나무 그늘이 있어 분위기가 예사
롭지 않다.

광장 입구에 있는 루이 14세의 기마상

궁전 통로를 나와 물의 정원에서 만난 포세이돈상

입구 광장부터 관광객들이 많다. 말을 탄 루이 14세의 청동 기마상을 지나면 테두리가 금색인 철문이 있다. 안쪽에는 전체가 금빛인 철문이 또 있다. 휴가철이라 매표소 앞에는 입장하려는 사람들로 장사진을 이룬다. 일행이 두 팀으로 갈라졌다. 개인 비용으로 궁전 내부를 볼 팀과 정원과 운하를 보는 팀이다. 주어진 시간에 두 곳 모두 볼 수 없어서 고르라는 것이다. 망설이지 않고 정원과 운하를 보기로 한다. 궁전 내부는 언젠가 집사람과 같이 프랑스에 와서 보리라고 생각하면서.

그리스 신화에 나오는 라토나 여신과 그의 자녀들이 분수대에 올려져 있다

　궁전의 아치 통로를 지나면 물의 화단이 나온다. 아래 정면으로는 분수대와 대운하가 보인다. 재미있었던 것은 두 개의 거울이었다. 궁전 바로 뒤에는 대형 오목거울이 있고 아래에 있는 정원으로 가기 전에는 대형 볼록거울이 있다. 일그러져 보이는 모습, 거꾸로 비치는 모습, 작게 비치는 모습이 모두 즐겁다. 관광객들은 자기 모습이 들어간 거울을 보고 사진을 많이 찍는다. 꽤 멋진 아이디어다. 포세이돈을 비롯한 여러 인물 조각상을 가장자리에 배치한 물의 정원은 개방감을 자랑한다. 이곳을 기준으로 오른쪽으로는 개선문의 숲, 넵튠 분수, 오벨리스크 숲 등이 있고 왼쪽으로는 오랑주리 정원, 맨 끝 저 먼 곳으로는 스위스 경비병 호수 등이 있다.

분수로 내려가기 바로 전 광장에는 둥근 볼록거울이 높게 서 있다

볼록거울을 내려와서 첫 번째 만난 분수는 라토나(Latona's Founda-tion)다. 라토나는 제우스와 결혼하여 아르테미스와 아폴론을 낳은 그리스 신화에 나오는 여신이다. 둥근 분수대 둘레에 라토나와 자녀들을 조각해 놓았고 맨 아래층에는 거북이와 악어의 입에서 물이 뿜어져 나왔다.

라토나 분수 앞에 서면 저 멀리 대운하가 조망된다. 길에는 멋진 조형물과 석상이 있다

물의 정원 왼쪽에 있는 오랑주리 정원, 뒤에 스위스 경비병 호수가 보인다

네 마리의 말이 끄는 마차에 오른 아폴론, 대운하에서 보트를 빌려 여유를 즐겨본다

두 번째 분수는 아폴론 분수다. 태양의 신 아폴론이 네 마리의 말이 끄는 마차에 올라탄 모양이다. 물 아래에서 위로 올라오는 모양인데 말들의 자세가 굉장히 역동적이고 붉은 주황빛을 띠고 있어 존재감이 대단하다. 궁전만 끝판왕이 아니라 정원도 규모로 보나 예술적으로 보나 흔히 볼 수 있는 정원이 아니다. 대운하 끝 근처에 있는 별궁, 그랑 트리아농(큰 궁전), 프티 티리아농(작은 궁전)은 루이 14세가 정부 메트롱과 연인 퐁파두르를 위해 각각 지은 것이다. 베르사유 궁전을 제대로 보려면 서너 번 방문해야 가능할 것 같다. 총면적이 여의도의 2.7배 정도의 규모이니 말이다. 너무 넓어서 자전거를 대여해서 보는 것이 좋다.

여선생님 두 분, 청년과 함께 노를 젓는 배를 타고 대운하를 돌아본다. 궁전 안에 1,670m 길이의 운하가 있는 것이다. 단거리 카약 경기를 할 수 있는 크기다. 청년이 젓다가 어리바리한 내가 노를 젓기도 했다. 속도가 확실히 차이가 나고 방향 전환이 매끄럽지 못하다. 하지만 여선생님이 깔깔 웃으며 좋아하니 부끄러움도 없어지고 노 젓는 것이 재미있다. 겨울에는 스케이트나 썰매장으로도 이용된다고 하니 운하는 사계절 제 몫을 톡톡히 하는 셈이다.

루이 13세 시절 사냥용 별장이었던 곳이 루이 14세에 의해 바로크 양식의 호화로운 왕궁으로 개조되고 1682년 파리에 있던 궁전과 법원을 이곳으로 옮겼다. 1789년 대혁명 시기에는 민중의 압력으로 왕가가 다시 파리로 가게 되었고 이곳은 한동안 방치되다가 1837년 루이 필립에 의해 박물관(회화와 조각 작품 6만여 점)으로 용도가 바뀌어 지금에 이른다.

40대 중반에 단체 배낭여행으로 베르사유 궁전을 본 후에 17년이 지난 60대가 되어 다시 보게 되었다. 희망대로 이번에는 아내와 함께하는 여행이다. 역에서 내리자마자 베르사유 궁전에 관한 이야기를 아내에게 알려준다. 한두 개로 끝내야 하는데 해설이 많았나 보다. 고두심의 "잘 났어. 정말!" 표정으로 아내가 핀잔을 준다.

휴가철이 아닌 5월이어서 예전에 왔을 때보다는 관광객이 조금 적다. 하지만 궁전 내부를 보기 위해서 20분 정도 기다려야 했다. 화려한 궁전을 본다는 생각에 가슴이 두근거린다. 주변을 자세히 보니 황금 철문뿐만 아니라 건물 테두리에도 금빛 장식이 되어있어 햇빛에 건물이 번쩍번쩍 빛을 낸다. 호화판의 끝판이니 가짜는 아닐 터이고 저 많은 금을 가져와서 장식한 권력에 혀를 내두른다.

실제로 본 내부는 처음부터 끝까지 감탄사를 연발하게 했다. 와! 인간이 이렇게까지 화려하고 정교한 공간을 만들 수 있을까. 소개할 게 너무 많아 고민이 된다. 중요한 것만 해도 다른 여행지보다 많을 것이다. 왕실 예배당은 천장화와 장식, 천장을 받치는 하얀 기둥이 이루는 조화가 최고다. 고개를 쳐들고 봤다가 좌우를 봤다가 사진을 찍고 정신이 어질하다. 아내가 재촉하지 않았다면 10분은 거뜬히 봤을 것이다.

황금 장식, 파이프 오르간, 흰 대리석 기둥이 세련미를 자랑하는 왕의 예배당

천장화 '헤라클레스의 예찬', 루이 14세가 강하고 용감한 자신을 표현하려고 함

천사들이 월계관을 비너스에게 씌워주려는 천장화가 있는 비너스의 방

보라빛 대리석 가운데에 있는 루이 14세의 흉상

붉은 벽지로 장식된 마르스의 방

　왕의 아파르트망(왕의 거처)에는 7개의 방이 있다. 관람한 순서로 말하면 아폴론의 방, 머큐리의 방, 마르스의 방, 디아나의 방, 비너스의 방, 풍요의 방, 헤라클레스의 방이다. 전쟁의 방과 평화의 방 사이에 궁전 최고의 스타 거울 갤러리가 있다.

　위인의 흉상이 많은 방에는 대리석의 특별함이 발길을 붙잡는다. 조각의 섬세함은 차치하고 어깨에 두른 망토 대리석 색깔이 신비하다. 보라색, 분홍색, 연한 노란색, 주황색이 섞인 깎지 않은 원석을 봐도 옷감이라고 느낄 정도다.

　여행 프로그램에서 다섯 번도 넘게 봤던 거울의 방이다. 관광객이 전진하지 않고 머물러 있어서 복잡하고 사진 찍기가 불편하다 길이가 무려 73m가 되는데 357개의 거울이 있으니 방 이름으로 정해진 것이다. 북쪽 왕의 침실과 남쪽 왕비의 침실을 연결하는 통로(The Mirror Room)이다. 화려한 천장화, 장식까지 빈틈이 없는 이곳은 때때로 무도회장으로 이용되었다. 새롭게 안 사실은 보불전쟁에서 승리한 프로이센의 빌헬름 1세가 독일 제국의 출범을 선포한 곳이었고 제1차 세계대전의 종식을 위한 베르사유 조약이 체결된 역사적인 장소였다는 것이다. 화려함에만 주목했던 자신이 부끄러웠다.

수많은 거울, 금빛 장식, 천장에 걸린 샹들리에로 꾸며진 거울의 방

절대 권력의 태양왕 루이 14세 초상화, 로마 장군의 복장을 한 젊은 시절의 루이 14세

왕비의 아파르트망(왕비의 거처)에는 귀족의 방, 근위대의 방 등이 있었다. 수를 놓은 꽃무늬 장식이 많은 벽지와 침대가 우아함을 자랑한다. 19명의 왕자와 공주가 이곳에서 태어났다. 신기한 관행이다. 신하와 귀족들이 왕비의 출산 과정을 지켜본단다. 왕후 마리 앙투아네트는 루이 16세의 왕비였다. 루이 14세의 왕비로 착각하고 있었다. 무식함이 넘친다.

태양, 궁술, 의학, 음악의 신 아폴론이 태양의 전차를 몰고 있는 모습, 아폴론의 방

말을 타고 적을 무찌르는 모습이 표현된 루이 14세 대형 기마상 부조

수를 놓은 꽃문양으로 가득한 왕비의 침실, 신하들이 출산 과정을 지켜본 장소다

마지막으로 보았던 프랑스 역사박물관의 위용도 좋았다. 대혁명 이후 1830년 왕이 된 루이 필립이 박물관으로 개조한 곳인데 대관식의 방과 전투 갤러리가 있다. 외국 여행을 하다가 뭔가 알고 있는 것이 발견되면 기분이 좋아진다. 자크 루이 다비드의 나폴레옹 황제의 대관식 그림이 있다. 허걱! 루브르에도 있는데 복제품은 아닐 것이고 다시 그렸을 것 같다. 현장에서 검색을 해본다. 다비드가 다시 그린 것은 맞았는데 그림에 나오는 여형제 중 한 명의 드레스를 분홍색으로 다르게 그렸다고 한다. 전투 갤러리 양쪽 가장자리에는 하얀 대리석으로 만든 위인의 흉상이 방 끝까지 배열되어 있고 벽에는 프랑스 전쟁 역사를 좍 훑어볼 수 있는 대형 그림들이 벽에 걸려있다. 그동안 베르사유 궁전을 TV로 분명히 몇 번 본 적이 있는데 어떤 프로그램도 전투 갤러리는 보

여주지 않았던 것 같다. 새로운 발견이다. 전쟁의 역사를 나타낸 것이라 이 방에는 당연히 나폴레옹이 주인공이다. 각종 전투에서 싸우는 장면, 다친 병사들을 위로하러 온 장면, 군중의 환호에 손을 들어 답하는 장면 등 프랑스 최고 영웅의 찬가를 담은 그림을 마음껏 구경했다.

베르사이유역 건물마저 예술 작품이다

왕비를 알현하기 위해 신하들이 대기하던 곳으로 사용된 귀족의 방

고전주의의 대가 다비드의 나폴레옹 황제의 대관식 그림이 있는 대관식의 방. 루브르박물관에 있는 작품과
같은데 왼쪽 분홍색 드레스로 나타낸 부분만 다르다

　오늘은 시간의 여유가 있어 자유 시간을 40분 받았다. 궁전을 나와 베르사유 시내를 돌아다녔는데 차도 별로 다니지 않고 차분하고 예쁜 건물과 작은 성당들이 있어서 산책하기에도 그만이었다. 이 골목 저 골목을 내 마음대로 다니는 해방감이 참 좋다. 자유 여행의 실력을 기르면 이런 여행을 많이 할 수 있는데 아직 많이 부족하다.

프랑스 전쟁의 역사를 망라해 대형 그림으로 표현해 놓은 전쟁의 방

3. 사르트르, Chartres

자신의 철학을 '실존주의'라고 명명한 작가이자 사상가는 알았지만 같은 이름의 도시가 프랑스에 있다는 것은 몰랐다. 파리에서 남서쪽으로 90km 떨어진 소도시로 센강의 지류인 뢰르강(L'Eure)을 접하고 있다. 산과 바다가 없고 '프랑스의 곳간'이라 불리는 보스평야(Beauce)의 중심지에 있다. 로마 제국 시대 갈리아족 중 카르누테스 부족의 이름에서 도시의 이름이 유래했다.

왼쪽의 고깔모자 모양의 건물이 급수탑이고 가운데에 사르트르 대성당이 보인다

시내로 접어들자마자 궁전 같은 건축물이 나타났다. Marceau 고등학교의 부속 교회(La Chapelle Lycee Marceau Chartres)다. 라푼젤 동화 속에 나오는 탑 모양의 건물도 신기했는데 옛 급수탑(給水塔)이다. 사르트르에 오는 관광객은 빠짐없이 이 도시에 있는 대성당을 보러 온다. 유럽에는 수많은 성당이 있고 프랑스에도 도시마다 성당이 있는데 왜 성당 하나를 보기 위해 이곳에 들를까?

사르트르 최대의 스타 대성당. 다보탑과 석가탑을 연상시키는 비대칭의 두 탑

파사드와 기둥에 빽빽하게 들어찬 조각상. 기둥의 인물은 길쭉하게 표현해 놓았다

　가이드의 설명과 성당 곳곳을 둘러보고서야 그 까닭을 알 수 있었다. 1145년에 짓기 시작한 성당은 1194년의 화재로 상당 부분을 잃게 되었고 1221년 대부분 재건되었다. 특이한 점은 재건 당시에 수만 명의 자원자가 몰려왔단다. 사르트르 대성당(Cathedrale Notre Dame de Chartres)은 성모에게 헌정된 성당이다. 시내로 들어올 때부터 계속 보였던 탑이 이 성당의 탑이었다. 옛 탑(106m)과 새 탑(115m)인데 불국사의 다보탑과 석가탑이 연상된다. 옛 탑은 13세기 이전에 지어진 것이고 새 탑은 벼락을 맞아 부서진 것을 16세기에 재건축한 것이다. 비대칭으로 옛 탑은 화려하고 새 탑은 단순하다.

사르트르 블루라는 특별한 이름까지 가지고 있는 대성당의 푸른 스테인드글라스

성당 내부에 또 다른 벽이 있고 여기도 성인과 교황 등 많은 인물상이 있다

성당 서쪽의 정문에는 묵시록(요한계시록)의 일곱 봉인 책을 들고 있는 예수의 모습이 있고 인물상 기둥에는 이스라엘 족장, 예언자, 성인들이 있다. 가늘고 길게 늘어진 신체와 옷 주름이 눈길을 끈다. 안으로 들어오면 화려한 스테인드글라스가 반긴다. 이 성당은 재건 당시 신기술을 도입하여 신랑(新廊, 건물을 받치는 기둥이 있는 통로)에 120개의 창문을 만들고 많은 스테인드글라스를 만들었다. 특히 푸른색이 찬란해서 '사르트르 블루'라는 이름까지 갖고 있다. 둥근 장미창과 원통 모양의 수많은 채색 창으로 빛이 쏟아져 들어오니 어찌 감탄하지 않을 수 있을까? 내부로 조금 더 들어오면 '성모 승천상'이 있다. 거기다 제단 쪽에는 멋진 샹들리에도 밝게 빛난다. '환상의 끝판왕'이다.

카미유 코로가 그린 사르트르 대성당, 위트릴로가 그린 사르트르 대성당

왼쪽에 양손을 들고 있는 작품은 성모가 하늘로 올라가는 성모 승천상

사실, 전설을 별로 좋아하지 않는다. 과장된 면이 많고 진실이 아닌 것도 많기 때문이다. 이 성당에는 예수를 낳을 때 마리아가 입고 있던 옷(사실은 천 조각일 것이다)이 보관되어 있다. 화재 당시에 수도사가 재빨리 지하로 가지고 가서 화를 면했다. 이런 사실까지 더해서 이 성당은 프랑스의 유명한 순례지가 된 것이다.

성가대석의 칸막이도 대성당의 명물이다. 예수의 생애를 담은 조각이 죽 배열되어 있어서 차근차근 확인하며 보는 재미가 있다. 성모에게 헌정된 성당이어서 200개의 성모상이 곳곳에 배치되어 있다. 꼭대기 첨탑과 지하도 무료로 관람할 수 있다.

이 성당만을 보러 사르트르에 오는 이유를 알게 되었다. 이 성당은 프랑스 최초로 유네스코에 등재된 곳이고 최고의 순수 고딕 양식의 건축물이기 때문이다. 또한 많은 화가가 이 성당을 그렸다는 것을 알게 되

벼룩시장이 열리고 있다. 머그컵 손잡이 모양을 닮은 생 아이냥 성당

었다. 알고 있는 화가는 위트릴로와 카미유 코로다. 위트릴로는 몽마르트르와 파리 시내를 중심으로 그림을 그린 줄로만 알고 있었다. 결론은 프랑스를 떠나지 않았다는 것이고 파리 이외에 여러 도시를 그린 것이다. 여행으로 편협한 상식을 바로잡았다.

성당 밖에서 얼마 떨어지지 않는 곳에는 시장이 있다. 농수산물 시장인데 이날은 생선, 채소, 과일, 고기는 없고 모두 벼룩시장에 나오는 물품뿐이다. 인형, 도자기, 책, 그림 등 품목도 다양해서 무척 즐거웠다. 거리 곳곳에는 여러 양식의 아름다운 건축물이 있어 사진을 많이 찍었다. 독일의 하프팀버(목재 골조가 외부로 노출된 건축 양식)식 건물도 있고 지붕의 경사가 급한 건물들이 많다. 연한 파스텔톤 색깔의 건물도 예쁘고 색깔이 바랜 건물마저도 아름답다. 돌아오는 길에 본 '생 아이냥(Saint Aignan)'도 뺄 수 없다. 머그컵 손잡이처럼 생긴 성당 벽이 특이했다. 돌이 반듯하게 깔린 바닥에 서 있는 성당인데 시간이 없어서 내부 구경은 포기하고 돌아서야 했다.

4. 몽생미셸, Mont Saint Michel

불어 '미셸'은 영어로 '미카엘'인데 '성 미카엘의 산'이란 뜻이다. 미카엘은 성경에 나오는 대천사이다. 이전 이름은 몽 통브(Mont Tombe)다. 몽생미셸은 오랜 세월의 풍파를 겪으며 지금에 이른 곳이라 전설과 이야기가 너무 많다. 이 요새 사원은 708년, 오베르 주교에게 대천사 미셸(Saint Michel)이 나타나 산꼭대기에 예배당을 지으라고 전했다는 이

야기에서 시작된다. 966년 노르망디 공작 리차드 1세가 몽생미셸을 베네딕트 수도원에 넘겨주었고 11세기에는 요새로 쓰인다. 13세기에는 화재로 파손된 곳을 복구하고 많이 증축했다.

14세기 100년 전쟁 기간에는 영국이 몽생미셸을 3번이나 공격했지만, 이 요새는 정복되지 않았고 그 당시 북서 프랑스에서 영국 통치로 넘어가지 않은 유일한 지역이었다. 15세기에는 전쟁으로 무너진 곳을 고딕 양식으로 재건하고 대혁명 시기에는 감옥으로 쓰였다. 19세기 말에는 해안과 요새를 잇는 제방 도로가 건설되고 베네딕토 공동체가 다시 들어와 유명한 성지 순례지이자 관광지로 변한다.

버스 정류장에서 요새 입구까지는 약 350m, 도보로 6분 거리인데 무료 셔틀버스를 많이 이용한다. 요새의 아랫부분은 사람들이 살고 있고 꼭대기 부분은 사원 지역이다. 몽생미셸은 조수간만의 차가 큰 것으로도 유명한데, 밀물과 썰물의 바닷물 높이의 차이가 15m나 된다. 밀물의 세력이 아주 클 때는 섬과 본토를 잇는 도로가 바닷물에 완전히 잠기게 된다.

주차장에서 매표소로, 매표소에서 셔틀버스를 타는 곳으로 이동한다. 셔틀버스에 내려 바라보는 요새는 '천공의 섬'이다. 다리를 건너 '왕의 문'을 통과하면 그랑 뤼(그랑 거리)부터 본격적인 탐방이 시작된다. 옛날 순례자들에게 값이 싸면서도 배부른 음식을 위해 달걀을 최대한 부풀려 만들었다는 요리 가게가 있다. 글을 모르는 이들을 위해 그림으로 만든 간판이 그대로 남아있어 정겹다.

　　중간 지점(갯벌 쪽으로 원형의 전망대가 있고 지그재그 계단이 시작
되는 곳)에 왔다. 성안에서 요새 꼭대기를 바라보고 지나온 가게와 갯
벌을 본다. 꼭대기 탑에는 황금빛의 미카엘 천사가 있고 요새의 가파
른 벽이 웅장하다. 수도원 밖으로 드러나 있는 외부 계단(그랑드 그레)
을 오르면 좁은 통로를 통과한다. 감동이다. 수도사들의 생활 모습을 찍
은 대형 사진이 통로에 많이 걸려있는데 장면 하나하나가 예술이다. 수
도사들을 볼 수 없는 순례자, 관광객을 위한 선물이고 궁금증을 해결해
준다. 빨리 올라가자고 재촉하는 아내의 요구에도 불구하고 지긋이 바
라보고 사진도 제법 찍었다.

달걀을 크게 부풀린 오믈렛을 만든 할머니 사진이 있는 요새로 가는 길

통로를 지나면 수도원 앞의 공중 광장이 나온다. 수도원이 있는 곳을 제외하고는 3면을 볼 수 있는 곳이다. 요새를 둘러싼 모래와 진흙이 섞인 자갈돌이 없는 갯벌이 그만이다. 물이 살짝 고인 곳에 하늘이 비쳐 환상적이라고밖에 표현이 안 된다.

성당이 아닌 수도원이라 어두컴컴하지만 이게 수도원의 분위기라 생각하면 오히려 감동이다. 낮인데도 조명을 밝힌 공간도 있다. 빽빽한 기둥이 많은 곳은 코르도바의 메스키타를 떠올리게 한다. 화려한 장식이 없고 벽돌만으로 된 벽, 단순한 스테인드글라스가 되려 매력이다. 127개의 기둥과 꽃이나 나무가 없는 파란 잔디로 이뤄진 안뜰도 대단하다. 대형 물레방아 모양의 거중기(요새로 물건을 들어 올리는 시설)와 오베르의 이마를 누르는 미카엘의 모습이 있는 부조 작품이 관광객의 발을 묶는다.

그림으로 표현한 철제 간판들이 좁은 골목과 함께 중세의 분위기를 풍긴다

간단한 음식을 먹는 수도사들의 식사 시간, 수도사들의 기도를 드리는 모습

수도사들은 순례자나 관광객들과 분리되어 이런 사진이 없으면 어떻게 생활하는지 알 수 없는데 통로에 수도사의 생활 장면을 담은 대형 사진이 있어서 좋았다

대천사 미카엘이 왼손 엄지로 오베르의 이마를 누르고 있는 모습의 부조

꿈속에서 미카엘의 여러 번의 명령을 대수롭지 않게 여기던 오베르에게 어느 날 대천사가 다시 나타나 손가락으로 오베르의 이마를 눌렀단다. 아침에 일어난 오베르는 꿈속의 장면을 떠올리고 이마에 손을 대 보니 쑥 들어간 흔적을 발견하게 된다. 겁이 난 오베르는 거친 바위 위에 예배당을 짓기 시작했다는 전설이다.

요새 위에 있는 광장에서 수도원을 올려다본 경치, 꼭대기에 황금빛 미카엘이 있다

돌아갈 때는 원형 전망대 옆으로 난 성곽 끝을 걷는 길로 간다. 갯벌도 보고 성 맨 바깥에서 요새 안의 가게들과 수도원을 바라보니 몽생미셸이 또 새롭다. 썰물 때여서 갯벌을 걷는 관광객들이 많다. 투박한 성벽에 소금기가 붙어서 산에서 보는 석화(石花)와 비슷하다.

처음 출발했던 곳으로 와서 점심을 먹는다. 식당 주변에 갤러리가 있는데 야외에 젖소, 돼지, 말 등의 대형 조형물이 많다. 색도 동물이 가진 색이 아니라 화려한 색으로 꾸며놓아 새로운 느낌이 최고다. 갯벌을 가로지르는 파세렐 다리에서 몽생미셸을 멀리서 바라보는 것 또한 무한한 감동이다.

요새 위에 있는 광장에서 몽셀미셸의 측면을 바라본 모습, 갯벌마저 환상적이다

꽃, 나무가 없고 파란 잔디와 열주 회랑만 있어 더 감동적인 요새 위의 수도사 정원

단순한 스테인드글라스의 차분한 매력

물건을 요새 위로 운반하던 거중기

물이 살짝 고인 갯벌에 하늘이 비쳐서 신기한 색깔을 뽐낸다. 갯벌을 걷는 사람도 많다

"프랑스 여행에서 제일 좋았던 곳이 어디였나요?"라고 묻는다면 주저 없이 대답하겠다. 몽생미셸이 최고였다고. 날씨, 여행자의 취향과 컨디션, 여행지의 매력 등에 따라서 순위가 바뀌고 여행지가 별로인 곳은 없기에 사실 이런 질문에 대답하기가 무척 곤란하다. 그럼에도 즉각 대답할 수 있는 것은 '삼박자'(날씨, 시간, 여행자의 상태)가 정확히 맞아떨어져서다.

요새의 끝 가장자리로 내려오면서 되돌아본 경치, 크게 굽어올라가는 계단이 보인다

셔틀버스로 요새에 접근해도 되고 걷거나 자전거를 타고 요새로 갈 수도 있다

구름이 살짝 걸린 파란 하늘이 맑아서 셔틀버스에서 내리자마자 한 컷 찍어보았다

호텔과 식당, 카페, 갤러리가 모여 있는 요새 시작점에는 멋진 조형물이 가득하다

5. 옹플뢰르, Honfleur

파리를 관통하여 흐르는 강이 센강인데 그 후에 어디로 가는지 몰랐다. 파리에서 북서쪽으로 똑바로 가면 옹플뢰르가 나오는데 센강은 옹플뢰르로 흘러간다는 것을 알게 되었다. 센강 하류와 영국 해협이 연결되는 지점, 잉글랜드와 마주하고 있기에 중세부터 군사적 요충지였고 무역이 활발한 도시였다. 지금은 르아브르에 현대식 항구가 개발되어 정박 항구의 역할은 넘겨주고 관광 항구로 변모했다. 쿠르베, 외젠 부댕, 모네 등 예술가들이 사랑한, 엽서 속 풍경이 재현되는 예쁜 항구 도시다.

넓은 바다가 접한 곳에 관람차가 멀리 보인다. 구시가지로 들어가기도 전에 멋진 레스토랑, 카페가 있는데 소금 창고로 보이는 길쭉한 건물이 눈에 띈다. 나무가 늘어선 곳은 예전에 성벽이 있던 곳이다. 세관 운영에 비용이 많이 들자, 성벽을 부수고 선착장을 늘여서 돈을 벌었다.

색깔과 모양이 제각각인 벽돌로 짜 맞추어 지은 소금 창고 그루니에

　구항구에 있는 소금 창고 그루니에(Greniers a sel)는 지금 전시회를 열거나 시민을 위한 모임 장소 등으로 이용되고 있는데, 벽의 돌들이 모양이나 색깔에서 제각각이다. 도시를 둘러싸고 있던 성벽을 무너뜨리고 난 이후에 그곳에서 돌을 가져와 건축한 것이다. 시가지로 들어서니 훨씬 더 멋있는 건축물이 많다.

　성 카트린 성당(Eglise Saint Cathrine)의 두 개의 네이브(Naves, 가장 크고 넓은 성당의 내부)가 위용을 자랑한다. 아이러니한 종탑은 참 재미있다. 종탑은 대체로 성당과 붙어있는데 이곳은 떨어져 있다. 아마도 화재 발생 시 불이 번지는 것을 방지하기 위함일 것이다. 종탑의 지붕은 크기도 달라 대칭이 아니다. 오른쪽을 증축해서 기존 지붕에 갖다 붙인 것이다. 종은 정면이 아니라 뒷면에 걸려있다. 처음 종을 뒤쪽에

둔 것은 종을 칠 때의 흔들림으로 종이 지붕으로 떨어짐을 방지하려고
그렇게 한 것이다. 하지만 후일 입구가 좁다고 오른쪽에 지붕을 붙임으
로써 이 지혜는 아무런 효과가 없어지게 된다. 떨어지면 역시 갖다 붙
인 오른쪽 지붕에 떨어지게 되니까.

성 카트린 성당의 두 개의 네이브가 위용을 자랑하는 모습

서유럽에서 목조 성당을 처음으로 보았다. 규모도 상당히 커서 놀랐다

어긋난 지붕이 재미있는 종탑, 나무로 된 천장과 기둥이 따뜻함을 전해준다

성당 건물에 푹 빠지게 되었다. 지금껏 유럽에서 목조로 된 성당을 본 적이 없고 나름 규모도 커서 매력이 넘친다. 오랜 세월로 꼬질꼬질한 목재의 느낌이 너무 좋다. 안으로 들어가 보니 천장이 다른 성당들보다 낮아서 따뜻함과 친근감이 든다. 나무 의자에 앉아 천장을 보니 배를 뒤집어 놓은 모양이다. 옛날부터 Nord인(바이킹)의 영향으로 이 지역은 조선 기술이 발달했고 성당 건설자들이 대부분 조선업에 종사해서 이런 모양이 되었다. 도끼 등을 이용한 도구로 이렇게 큰 목조 성당을 만들었다고 하니 유명 건축가의 설계로 지은 건물보다 더 애정이 간다. 백년 전쟁 중에 석조 성당이 파괴되었고 15세기 후반에 목재로 지은 성 당인데 프랑스에서 가장 큰 목조 성당이다. 1460년에 첫 건물을 짓고 1496년에 본당을 남쪽으로 증축했다. 알렉산드리아의 성 카타리나에게

헌정된 성당인데 본당과 분리된 종탑의 현관에 바퀴와 칼을 든 성녀가 나무에 조각되어 있다.

항구 주변의 집들은 청석 돌판(푸른 빛을 띤 회색)으로 된 지붕이다. 바람에 지붕이 날아가지 않도록 하는 지혜다. 다닥다닥 붙어있는, 가로는 좁고 세로로 긴 건물들이 항구의 요트와 어울려 엽서 속 풍경을 만들고 있다. 이 멋진 광경을 보려고 수많은 관광객이 몰려와 거리와 광장은 북적댄다.

요트가 가득 들어찬 항구, 해양 박물관으로 쓰이는 교회, 생 에티엔이 왼쪽에 보인다

총독의 건물(지금은 박물관)은 옛날 성벽이 총독의 집까지 이어진 곳이어서, 지금은 총독의 집은 없어졌는데도 그대로 부른다. 하지만 건물 왼쪽에 성벽의 흔적은 분명하게 남아있다. 옹플뢰르에서는 총독의 건물 옆에서 찍는 경치가 최고다. 제방 위에 조각 작품도 있어 양쪽 어디로 찍어도 바다, 요트, 붙어선 건물들이 있는 엽서 풍경을 만들 수 있다. 특히 오른쪽에 있는 교회(Saint Etienne)를 넣어 찍으면 좋다. 교회는 옹플뢰르의 역사와 문화를 보여주는 해양 박물관(Musee de la Marine)으로 쓰인다.

구항구의 집들은 제각각의 모양과 색깔인데 붙어있는 목조건물 사이에 석조건물이 있는 곳이 많다. 화재 발생 시 불이 넓게 퍼지지 못하게 하려는 의도에서 지은 것이다.

성벽의 흔적이 있고 박물관으로 쓰이는 총독의 집, 총독의 집은 없어졌고 이름만 남음

예술 작품이 있는 곳에서 바라본 옹플뢰르 항구, 흐린 날씨지만 여전히 멋지다

항구 안쪽으로 와서 총독의 집 쪽으로 바라본 경치, 식당과 카페로 쓰이는 파라솔

프랑스 관광지에는 회전목마가 자주 보인다. 항구와 어울린 회전목마도 나름 멋지다

6. 도빌, Deauvill

　파리에서 가장 가까운 항구 도시로 노르망디 해변에 있는 마을이다. 쇼핑, 카지노, 산책으로 유명하고 축제로도 유명하다. 루이뷔통, 에르메스 등 유명 브랜드 가게들이 즐비한 명품 숍 거리가 있고 해변을 따라 고급 주택가들이 늘어서 있다. 폴로, 서핑, 요트, 승마, 테니스 등 다양한 스포츠를 즐기는 곳이다.

　가난한 여행자는 명품 가게나 카지노에는 관심이 없다. 이 마을에서는 오로지 해변을 걷는 것에 집중한다. 2km의 해변 산책로(Promenade des Planches, 프롬나드 데 플랑쉬)는 유명 스타들도 걷는 명품 길이다. 바람이 많이 불지만 화려한 색상과 예쁜 매듭의 파라솔과 450개의 부스(탈의실, 유명 영화감독과 배우들의 이름이 새겨져 있음)가 있는 광활한 비치는 도빌 최고의 관광지가 된다. 매년 9월 10일 미국 영화제가 개최되는데 이때는 할리우드 스타들도 많이 이 해변을 걷는다. 섭섭해하지 마시길, 아시아 영화제도 열려서 한국 영화도 상영한다니까. 단, 깨진 조개껍데기가 많아서 슬리퍼를 신고 걸어야 한다.

카지노에는 관심이 없으나 건물의 아름다움에는 눈길이 간다

부르주아들과 스타들의 휴양지답게 으리으리한 건물들이 많다

청춘 시절 내 영혼을 마구 흔들었던 프랑스 영화 '남과 여'에서 주인 공 남녀가 해변 데이트를 즐기는 장면이 이곳에서 촬영되었다. 코미디 프로그램에서 남자와 여자가 좋아하는 장면을 보여줄 때면 늘 깔아주 었던 "따라라라라 따라라라라라" 배경 음악이 머리를 맴돈다.

비는 오지 않는 먹구름이 낀 흐린 하늘이다. 보통 이런 날씨에 여행하 는 것을 싫어하는데(사진 찍기에 적합하지 않음) 오늘은 딱 영화 장면 날씨라서 기가 막힌다.

파리 부르주아들 여행 스타일이 되는 곳이 도빌인데 인기가 대단한 카지노가 있다. 극장, 영화관, 바, 클럽이 함께 있어서 나이 확인을 위한 신분증이 필요하다. 세련된 이미지를 주는 또 하나의 이유는 코코 샤넬 덕분이다. 예전 샤넬이 도빌에 작업실을 열고 스포티한 패션을 선보였 는데 편안하면서도 세련된 의상으로 선풍적인 인기를 모았다.

영화 '남과 여'의 촬영지였던 도빌 해변, 영화에 나오는 날씨와 흡사하게 흐렸던 날씨

왼쪽에 있는 부스는 탈의실인데 스타들의 이름이 새겨져 있다. 해변을 볼 수 있는 카페

사실 도빌은 그저 그런 평범한 마을이었다. 1860년 나폴레옹의 이복 형제 샤를 드모니에 의해 휴양지가 되면서 탈바꿈한다. 옹플뢰르나 에 트르타처럼 역에서 내려 버스로 갈아타지 않아도 되는 것도 큰 장점이 다. 도심지와 명품 가게는 살펴보지도 않았으나 영화 속 장면과 너무나 같아서 가슴이 저렸던 그날의 도빌은 죽을 때까지 잊지 못할 것이다.

판자가 깔린 길에는 해변 쪽에도 길 왼쪽에도 멋진 카페가 있다. 산책보다 카페가 좋아!

7. 바르비종, Barbizon

바르비종은 바르비종파 화가들이 살던 마을로 유명하다. 바리비종파 화가들이란 주로 1830~1875년 사이에 활동했던 밀레, 테오도르 루소, 카미유 코로, 샤를 자크, 샤를 도비니 등을 말한다. 피카소가 좋아했던 앙리 루소와 달리 퐁텐블로 지역의 풍경화를 많이 그린 테오도르 루소가 바르비종파에 속하니 헷갈리면 안 된다. 우리나라도 정선 이전의 작가들은 실제 경치를 그리지 않고 머릿속에 있는 관념적인 경치를 그렸던 것처럼, 프랑스에서도 밀레를 비롯한 바르비종파 화가들 이전에는 역사화의 배경으로 그려지던 관념적인 풍경화에 머물고 있었고 풍경화 자체도 회화의 중요한 장르로 취급받지도 못했다. 1824년 파리에서 존 컨스터블, 윌리엄 터너 등 있는 그대로의 자연을 표현한 영국 화가들의 전시회를 계기로 일부 젊은 프랑스 화가들이 실제 경치를 그리게 된다. 이의 가장 대표적인 화가가 장 프랑수아 밀레다.

밀레는 파리에서 첫 번째 아내와 사별한 후 새로 꾸린 가정을 이끌고 1849년 조용한 농촌 마을인 바르비종으로 이주한다. 처음에는 몇 주간

모자이크로 된 밀레의 이삭줍기 그림이 벽에 걸린 바르비종, 하늘의 구름마저 예술이다

만종 작품과 그 당시 농민들이 썼던 나막신, 조각과 명화 복제품이 가득한 아틀리에

복제품 이삭줍기 그림, 밀레는 잠시 머물 예정이었던 바르비종에 죽을 때까지 살게 된다

머물 예정이었는데 어쩌다 보니 죽을 때까지 이곳에서 살게 되었다. 이곳에서 전원 풍경과 일하는 농민들의 모습을 화폭에 담았다. 만종, 이삭줍기, 씨 뿌리는 사람 등 여러 명작이 이곳에서 탄생했다. 60년~70년대 우리나라 시골 이발소에는 밀레의 작품이 거의 한 점씩 걸려있었던 것으로 기억한다.

밀레가 가족과 함께 살던 집이 기념관(아틀리에)으로 쓰이고 있었다. 밀레의 원작품은 유명한 미술관으로 대부분 옮겨져 판화로 제작한 작품이 전시되어 있었다. 밀레가 쓰던 화구(팔레트, 붓 등), 만종에 나오는 농민들이 신던 나막신, 원본 작품 몇 점(목자와 소들, 마그 풍경)이 눈에 들어왔다. 테오도르 루소의 원작품이 좋았다. 한국어로 된 설명서도 있고 이곳을 방문한 김종필 총리의 사진도 있었다. 그만큼 한국인들이 많이 오고 이 기념관에서 한국인을 배려한 것으로 보여서 기분이 좋았다. 고흐와 밀레의 작품을 비교해 보도록 자료를 모아놓은 스크랩 북도 재미있었다. 평범한 존재인 농민을 그린 밀레를 고흐는 대단히 존경해서 밀레의 여러 작품을 모작했는데 모델들의 방향만 살짝살짝 바꿔 그린 것이다. 휴식이란 그림에서 농민이 왼쪽을 향해 비스듬히 누운 그림을 고흐는 오른쪽으로 누운 모습으로 그렸다.

바르비종에는 바르비종파 미술관도 있다. 이 미술관은 밀레가 활동하던 당시, 가난한 화가들을 여러 방면으로 지원했던 간 아저씨의 여인숙을 바르비종 시가 사들여서 개조한 것이다. 밀레도 처음 집과 아틀리에를 구하기 전까지 이 여인숙에 머물렀다. 밀레의 아틀리에 근처에는 테오도르 루소의 아틀리에도 있다. 1847년 루소가 죽는 날까지 머물면서 작품 활동을 했던 집이다. 루소의 유명 작품도 대부분 주요 미술관이나 박물관으로 옮겨졌다고 한다.

테오도르 루소의 헛간을 개조해 만든 성당, 아늑하고 따뜻한 분위기가 좋았다

밀레의 작품을 모사한 고희의 작품이 있는 스크랩북, 마을에 있는 갤러리의 앞마당

마을이 너무 예쁘고 꽃도 많이 피어있어 자유 시간에 미술관 방문을 모두 포기하고 마을을 산책하기로 했다. 레스토랑이나 카페보다도 갤러리가 더 많아서 깜짝 놀랐다. 물론 카페를 겸하는 갤러리도 있었지만 말이다. 그리고 입장료도 없이 자유롭게 볼 수 있는 갤러리도 몇 군데 있어서 좋았다. 오히려 지금 이곳에서 예전보다 더 많은 예술가가 활동하고 있는 것으로 보였다. 만종(l'Angelus)이란 간판이 너무 많아서 헷갈렸다. 숙소 이름, 빵 가게, 카페 등 곳곳에 밀레의 작품 이름을 내걸고 있어서다.

마을 길 맨 끝에 있는 시청사, 뒤로는 퐁텐블로 숲이 펼쳐진다. 입구의 박력 있는 사자상

배경이 된 밭 가장자리에 있는 밀레의 만종, 오른쪽 유채꽃, 왼쪽 등나무꽃

밀레가 만종을 그렸던 밭

8. 지베르니, Giverny

예술 기행 4일 차인 오늘은 온통 클로드 모네를 생각해야 한다. 오전에 지베르니에 갔다가 오후에는 다시 오랑주리 미술관으로 향하는 일정이기 때문이다. 지베르니 모네의 정원을 가고 싶어서 몇 년을 벼렸는데 꿈꾼 지 10년이 지나서 이제야 가게 되었다. 자유 여행은 못 하면서 욕심은 많은 여행자의 비애라 할 수 있다. 날씨도 제법 괜찮아서 아침부터 마음이 들떴다. 5월의 프랑스 고속도로 주변은 온통 아카시아꽃과 라나스 덜꿩나무꽃(설구화)으로 하얗게 덮인다. 간혹 개나리꽃과 비슷한 노란 꽃이 피는데 줄기가 개나리보다 더 튼튼하고 가시가 살짝 보였다. 1960년대와 70년대 민둥산이 너무 많아서 척박한 땅에 잘 자라는 아카시아를 많이 심었는데 세월이 흘러 산이 푸르게 되자 아카시아는 볼품없는 나무로 취급받았던 때가 있었다. 아카시아꽃은 꿀이 많이 나오는 꽃으로 유명하다. 이상 기후로 벌이 자꾸 줄어든다는 뉴스를 본 적이 있는데 아카시아꽃이 있어서 그나마 그 피해를 줄이고 있는 것은 아닌가 하는 생각을 했다. 프랑스 도로변의 아카시아는 크기도 대단해서 하얀 포도송이를 주렁주렁 달고 있는 것으로 보였다. 한마디로 환상적이었다.

지베르니는 프랑스 북부 외르주(州)에 있는 지역(코뮌)이다. 마을은 엡테강과 합류하는 센강의 오른쪽에 있다. 구석기시대부터 사람이 거주하여 살기 시작한 곳이라는데 클로드 모네가 정착하고부터 더욱 유명해졌다. 지베르니 마을에 도착하기 전에 제법 큰 마을이 나왔는데 베르농(Vernon)이란 곳이었다. 주택도 많고 기차역도 있으며 마을 앞에 있는 강에는 크루즈 선박도 정박하고 있었다. 파리에서 기차를 타고 오면 이곳에서 내려서 다시 셔틀버스를 타고 지베르니 마을로 가야 한다.

일행을 태운 버스가 주차장에 섰다. 넓은 들판 가장자리에 주차장이 있는데 자전거를 타고 베르농에서 지베르니로 들어오는 청년들이 보였다. 밭 가장자리에 울타리가 있고 베르농으로 가는 길이 보였다. 찻길이 아닌 온전히 걷거나 자전거로 베르농으로 가는 길이다. 걷고 싶은 마음이 끓어올랐다. 아쉬운 마음에 사진만 찍고 얼른 일행을 따라갔다. 베르농과 지베르니를 연결하는 녹색 셔틀버스는 물의 정원과 꽃의 정원, 모네의 집 그림과 사진으로 버스를 덮었다. 주차장과 마을 사이로 작은 도랑이 있는데 맑은 물이 흐르고 있었다. 모네는 분명 이 물길을 이은 수로를 만들어 물의 정원을 만들었을 것이다. 마을 입구에는 꽃과 나무를 예쁘게 가꾼 정원 카페가 있었다. 돌아올 때 한 번 들러봐야지 하고 그냥 지나쳤다.

마을로 들어가서 지베르니 모네의 집으로 가는 골목에 왔는데 벌써 골목길은 관광객으로 가득했다. 아마도 첫 입장 시간에 모두 맞추어온 것으로 보였다. 좁은 골목길을 완전히 메우고 있었다. 하긴 계절의 여왕 5월의 지베르니 정원이니 손님이 많을 수밖에 없을 것이다. 나중에 알았는데 이 골목으로 들어가는 것은 단체 입장객 입구였고 개인은 정문으로 들어가는 시스템이었다.

앗! 천천히 한 걸음씩 전진하다가 노란 아카시아꽃을 발견했다. 꽃이 아카시아와 거의 흡사한데 아카시아가 아니었고 금 사슬 나무로 나왔다. 미국 자이언 국립공원과 경북 칠곡 신동에서 붉은 아카시아를 본 경험이 있어서 조사하다가 이 금 사슬 나무를 알게 되었다. 우리나라에도 특별한 정원에 가끔 기르고 있는 것으로 나타났는데 유럽에서는 제법 자주 볼 수 있다. 5월의 프랑스는 꽃 칠엽수 천국이다. 초를 켠 등잔이 아주 큰 나무에 주렁주렁 걸린 모습과 흡사해 존재감이 여간 아니다. 거기다 가끔 흰색이 아닌 붉은 꽃 칠엽수는 더욱 감동을 준다. 지베르니 정원의 담벼락에는 붉은 꽃 칠엽수가 피어있었다. 공항의 검색 대기 줄처럼 기다리고 있어도 지루하지 않았다. 10시에 문을 여는 모양이

노란 아카시아로 보이는 금 사슬 나무, 등잔처럼 보이는 붉은 꽃 칠엽수

었다. 10분이 더 지나니 우리 일행이 입장할 수 있었다. 관광객이 너무 많아서 멋진 배경 사진 찍기는 포기하고 예쁜 꽃 사진 찍기에 집중하기로 했다.

모네의 집(Maison de Claud Monet)은 나중에 보기로 하고 물의 정원(Le Jardin d'eau)으로 향했다. 대나무가 있고 우리나라 시골처럼 도랑에 물이 흘러서 신기했다. 모네도 고흐처럼 자포니즘(Japonism, 일본 문화를 프랑스어로 부르던 말)에 심취해서인지 정원에 있는 녹색 다리도 일본식이다. 못에 수련을 심은 것도 동양의 문화다. 연못 양쪽에 다리가 있는데 보라색 등나무꽃이 핀 다리에는 사람들로 꽉 차 있다. 사진 찍기가 어려운데도 여성들은 예쁜 꽃과 사진을 찍으려고 발버둥을 쳤다. 얼른 다리를 지났는데 아내는 등나무 사이로 기어이 얼굴을 내밀었다. 옆에 다른 사람이 들어가는 별로 좋지 않은 사진이 될 것을 예상하면서도 그냥 한 장을 찍어줬다. 연못 가장자리에는 예쁜 꽃들이 앙증

아름다움의 극치를 보여주는 물의 정원, 못 가장자리 앞쪽에 하얀 유채꽃이 보인다

흰색과 보라색의 등나무꽃, 보라색 유채꽃, 녹색의 일본식 다리가 있는 물의 정원

5월인데 아직도 튤립이 피어있고 분홍색 외벽과 녹색의 덧문이 예쁜 모네의 집

맞게 피어있다. 대부분은 이름을 모르고 하얀 유채꽃과 노란 붓꽃은 알
수 있었다. 꾸민 듯 안 꾸민 듯 자연스럽게 피어있지만 모두 재단에서
철저하게 관리한 덕분이다. 텔레비전에서 본 적이 있다. 일년 내내 예쁜
정원을 만들기 위해 여러 사람이 고민하고 노력하는 과정을 말이다. 계
절별로 꽃을 종류에 따라 바꾸어 심는 일도 쉬운 일이 아니다. 6월, 7월
이 아니어서 수련이 아직 피지 않았으나 수련잎이 물 위에 떠 있는 것
만으로도 아름다웠다. 담장에 핀 노란 줄 장미는 황홀 그 자체였다.

　모네의 집 안에 있는 꽃의 정원은 좁은 길을 따라서 잘 관리되고 있
었다. 담벼락의 그늘진 곳에는 아직도 튤립이 피어있고 보라색 붓꽃과
장미꽃이 예뻤다. 지베르니 집으로의 입장은 더 복잡했다. 배낭을 다른
사람에게 걸리지 않게 앞으로 고쳐 매고 집으로 입장했다. 모네의 작업
실이 있었던 방인데 벽에는 공간을 거의 남기지 않고 빽빽하게 명화가

1층 모네의 아틀리에, 햇빛이 잘 들어오고 벽면에는 명화가 빼곡하게 걸려있다

걸려있고 한쪽 면 전체가 통유리로 되어있어 햇빛이 잘 들어왔다. 그림은 모두 복제품일 가능성이 높으나 품질이 좋아서 위화감을 느낄 수 없었다. 사람들로 바글바글한 상태였지만 계단으로 오르면서 방의 내부를 찍을 수 있었다.

2층에는 모네의 침실이 있었는데 하얀 레이스가 덮인 침대가 놓여 있고 구스타브 카유보트의 '비 오는 파리 거리' 그림과 우키요에가 걸려 있었다. 모네가 수집한 우키요에도 대부분 유명한 작품이었다. 주방은 전체적으로는 밝은 노란색이었고 부엌은 파란 문양이 있는 타일로 되어있었다, 실내에 놓인 의자, 커튼, 주방 기구들, 모네와 가족들이 썼던 오래된 가구와 도구들이 멋지게 배치되어 있었다. 정원이 보이는 창을 찍으면 모두 엽서에 나오는 장면이 되었다. 차례를 기다려서 아내를 창 옆에 세우고 나름 예쁘게 사진을 찍었다.

가족의 침실, 보랏빛의 양탄자, 오래된 가구들, 벽난로, 명화가 차분하게 배열되어 있다

전체적으로 노랗게 장식된 꽃병이 있는 주방, 푸른 타일과 커튼이 있는 부엌

붉은 줄무늬가 예쁜 튤립, 흰색과 보라색 유채꽃, 터널처럼 만들어진 꽃의 정원

　밖으로 나와서 모네의 집 건물을 올려다보았다. 벽은 분홍색이고 창문의 덧문은 짙은 초록색인데 의외로 너무나 예뻤다. 다리도 녹색이고 덧문도 녹색인데 지베르니 마을의 덧문은 모두 녹색으로 되어있다. 프랑스는 이렇게 지역마다 건축의 모양이나 색깔을 유지하는데 이런 점들이 무척 부럽다.

이제는 꽃의 정원(Le clos Normand)을 요리조리 걸으면서 천천히 구경한다. 모네의 집 바로 앞에는 붉은 튤립이 가득 피어있었다. 흰색 유채꽃, 황금색 유채꽃, 경상북도 영천생태지구공원에서 알게 된 보라색 유채꽃이 물의 정원보다 훨씬 많아서 기분이 좋았다. 좁은 길에 쳐놓은 쇠사슬 울타리도 녹색으로 되어있었다. 정원 안에도 아침에 입장할 때 보았던 금 사슬 나무가 있었다. 키가 작은 나무였지만 노란 꽃은 사슬처럼 매달려 있었다. 아내에게 자랑삼아 노란 아카시아와 닮은 꽃나무라고 알려줬다. 예전에 붉은 아카시아를 찍어서 보여준 적도 있었다. 노란 바탕에 연두 줄무늬가 있는 튤립, 하얀 바탕에 빨간 줄무늬가 있는 튤립은 본 적이 없는 것이어서, 증명사진처럼 예쁘게 찍으려고 쪼그려 앉아서 찍었다. 보라색 꽃이 핀 등나무 아래에는 녹색 벤치가 있어서 여러 사람이 쉬고 있는데 빈자리가 없어서 그냥 쳐다보기만 했다. 꽃구경에 신이 났는지 아내는 다리가 아프다고 하지도 않았다. 등나무를 돌아 오르자, 코끼리 마늘꽃이 나타났다. 우리나라에서 보는 것보다는 키가 조금 더 작았다. 그런데 코끼리 마늘꽃이 보라색만 있는 게 아니라 흰색도 있어서 신기했다. 데그로니아눔(Degronianum, 石南花)이라는 진달래의 종류를 알게 되었는데 나무도 꽃도 우리나라 진달래보다 훨씬 컸다.

기념품 가게도 볼 만했다. 두 그루의 버드나무가 있는 큰 그림이 걸려 있고 모네의 여러 사진을 보는 것도 좋았다. 머그잔, 우산, 엽서, 책 등 기념품의 종류도 참으로 다양하고 질도 좋았다. 지베르니 정원에 관한 책과 엽서 8장을 샀는데 웬일로 집사람이 또 책을 샀다고 잔소리하지

모네의 대형 물의 정원 그림, 모네의 사진 등이 있어 볼거리가 쏠쏠한 기념품 가게

않았다.

식당을 찾다가 다리가 아파서 그냥 카페에 들렀다. 콜라와 치즈에 찍어 먹는 빵을 사서 먹었다. 변변치 않은 가벼운 점심이지만 오후에 자유롭게 마을을 둘러볼 수 있는 시간이 생기기에 오히려 좋았다. 카페 야외에는 빨간 파라솔이 많고 꽃나무도 있어서 분위기가 좋았다.

흥겨운 마음으로 마을을 산책한다. 모네의 집 정면 쪽으로 난 큰길을 걷는 것이다. 모네의 집을 비롯해 주위의 건물은 대문과 창틀, 울타리 등을 모두 녹색으로 통일시켜 놓아서 깨끗한 느낌을 주었다. 돌벽 담에 싱싱한 담쟁이덩굴도 싱그러움을 더했다. 시계 방향으로 마을과 모네의 집을 한 바퀴 빙 돌아 산책하는 셈인데 진행하다가 언덕길로 살짝 빠졌다.

그런데 완만하게 비스듬한 이 언덕길이 너무나 예쁘다. 거기다 우리

산 쪽으로 완만하게 오르는 예쁜 언덕길에 솔잎대극이 무더기로 피어있다

담장 너머로 등나무꽃이 보이고 담벼락에는 줄 장미가, 아래에는 붓꽃과 솔잎대극이 있다

보다 앞서 오르는 사람도 두 사람뿐이었다. 담벼락 아래에는 솔잎처럼 갈라지는 잎이 특징인 솔잎대극(유포르비아)이 무리 지어 피어있었다. 초여름에 녹황색의 꽃이 피고 점차 오렌지색으로 변하는 정원 식물이다. 높은 담장 너머에는 보라색 등나무꽃이 있고 담벼락에는 줄 장미, 보라색 붓꽃이 흰색 유채꽃과 어울려 예쁨을 뽐내고 있었다. 아내와 나는 연방 감탄사를 내뱉으며 꽃에 다가가 보고 사진도 찍었다.

언덕길 끝까지 갔다가 다시 큰길로 내려와 걷는다. 지베르니의 정문 입구와 출구가 있는 곳이라 관광객이 길을 점령하고 있었다. 입구 산 쪽 방향으로는 작은 쉼터가 있는데 부처의 머리를 닮은 불두화가 동글동글하게 피어있고 등나무꽃도 흰 고리를 주렁주렁 늘어뜨리고 있었다. 모네의 집을 벗어나니 흰색과 분홍색이 어울린 큰 병꽃나무가 있는 주택이 나왔다. 병꽃나무꽃은 만개하여 반짝이는 별처럼 보였다. 마을을 둘러보는 산책길이 모네의 정원을 둘러보는 것만큼 즐거웠다.

세모 모양의 지붕이 있는 작은 갤러리(Galerie C.Demarez)도 무척 예뻤고 큰 나무 아래에 자리가 마련된 카페 겸 레스토랑에도 눈길이 갔는데, 야외에 빈자리가 없을 정도로, 손님으로 꽉 차 있었다. 밝고 파란 하늘에 하얀 구름이 걸린 날이라 모두 실내에 있지 않고 야외에 앉아 여유를 즐기는 모습이 평화롭게 보였다. 레스토랑 겸 호텔(La Musardicre)의 입구는 환상적인 아름다움을 보여주었다. 하얀 등나무꽃이 주를 이루고 빨간 줄 장미가 벽에 기대어 피어있는 모습이 너무 예뻤다.

흰색과 분홍색의 병꽃나무꽃이 파란 하늘 아래 별처럼 반짝이고 있는 지베르니 마을 길

하얀 등나무꽃이 대문 위에 걸려있고 붉은 줄 장미가 얼굴을 내민 레스토랑 겸 호텔

이제는 차가 다니는 길을 걸었다. 모네의 물의 정원으로 이어진 작은 물길 너머에는 넓은 초원이 있는데 30여 마리의 하얀 소 떼가 풀을 뜯거나 풀밭에 벌렁 드러누워 있었다. 차도 옆으로 흐르는 도랑물의 느낌이 너무 좋아서 50미터 정도 더 걸었는데 아내가 주차장 쪽으로 가자고 손짓해서 발길을 돌렸다. 이제는 모네의 집 뒤쪽과 산을 바라보며 주차장으로 걷는 셈이다. 물의 정원에 있었던 등나무도 살짝살짝 보이고 녹색의 문도 나와서 새롭게 주변을 구경한다. 아침에 단체 입장객이 들어갔던 문을 지나치자 카페 겸 레스토랑(Le Temps des Fleurs)이 나왔다. 꽃(Flower)이란 말이 들어간 만큼 제법 정원을 예쁘게 꾸며놓았다. 보라색 등나무꽃이 피어있는 헛간으로 보이는 곳에는 뜬금없지만 거북이가 그려져 있고 많은 꽃이 있었다. 일행 중 한 분이 화장실을 무료로 쓸 수 있으니 들어갔다 오라고 했다. 입구에는 모네의 모습을 그린 나무판도 있었고 화장실도 깨끗했다. 시간이 남았으면 화장실을 사용한 대가로 커피라도 한잔 사서 마셨으면 서로 좋았을 터이지만 그렇지 못해서 조금 미안했다.

이처럼 아름다운 정원을 또 볼 기회가 올 수 있을까? 수련이 피어있는 모네의 정원을 보고 싶은 마음이 있는데 지베르니가 아니어도 비슷한 느낌을 주는 정원이 있다. 일본 시코쿠(四國) 고치현(高知県) 기타가와무라(北川村)에 모네의 정원이 있다. 지베르니와 비교도 할 겸 기회를 마련해서 가볼 예정이다.

모네의 정원으로도 연결되는 작은 도랑 너머의 초원에 흰 소들이 한가롭게 놀고 있다

9. 에트르타, Etretat

텔레비전에서도 많이 봤고 인상주의 화가들의 작품으로도 많이 봤던 노르망디 지역의 에트르타로 간다는 생각에 마음이 들떴다. 하지만 숙소에서 버스로 4시간 정도를 달려야 하고 비가 내릴 것 같은 날씨에 걱정이 되기도 했다. 지베르니로 가는 길과 같은 길을 달리다가 버스는 방향을 바꾸어 달렸다. 에트르타가 가까워지고 있다는 것을 버스 창밖 경치를 보고도 알 수 있었다. 절벽 바위 형태의 하얀 암석이 드러나는 곳이 계속 나타났기 때문이다. 바닷가에 있는 절벽과 그냥 육지에 있는 절벽의 차이만 있을 뿐 기본 구조는 비슷했다.

드디어 마을 입구에 있는 주차장에 버스가 섰다. 잔뜩 흐린 날씨가 조금씩 나아지고 있어서 마음이 놓였고 주차장에는 어김없이 흰색과 붉은 꽃 칠엽수가 아름다움을 자랑하고 있었다. 마을로 들어가는 길도 무척 예뻤다. 돌벽으로 된 집들이 많고 약간 푸른빛을 띤 회색 건물이 많았는데 차분하다고 할까? 수수한 색깔의 집들이 고상하게 보였다. 넓은 바다가 나타났다. 9일간의 예술 기행에서는 처음으로 바다를 본다.

햇빛이 비치는 날씨가 아니어서 바닷물은 약간 흐린 민트색이었다. 아직 추운 날씨여서 바다에 들어가는 사람은 아무도 없고 요트가 해변에 많이 놓여 있고 갈매기들이 가끔 산책길 기둥에서 쉬고 있었다. 해변에서 왼쪽으로 엄마 코끼리 절벽(Falaise d'Aval, 팔레즈 다발, 하부 절벽)이 보이고 반대쪽으로는 아기 코끼리 절벽(Falais d'Amont, 팔레즈 다몽, 상부 절벽)이 멀리 보였다. 아빠 코끼리 절벽은(Falais La Manneporte, 팔레즈 라 만포르트, 큰 문) 팔레스 다발 너머에 있다. 가이드의 간단한 안내 후 자유롭게 둘러보고 마을 앞 주차장에서 만나기로 했다.

배에 이엉을 얹어 지은 집, 절벽 위의 교회와 핀셋 모양의 기념물이 보인다

해수욕장 경사면에 요트가 많이 올려져 있는 에트르타, 멀리 아기 코끼리 절벽이 있다

　모파상이 그의 작품에서 '물에 몸을 담그고 앉아 있는 코끼리'로 이곳 풍광을 묘사한 후부터 코끼리 바위로 더 많이 불리게 되었다. '여자의 일생' 작품이 이곳을 무대로 한 작품이고 빅토르 위고, 프로스트(Proust) 등도 이곳에 와서 흔적을 남겼다. 일반인에게 알려지기 시작한 것은 1777년 루이 16세의 아내 마리 앙투아네트의 식탁에 굴을 진상하면서부터였다. 19세기 중엽 기자이자 소설가인 알퐁스 카르(Alphonse Karr)가 이곳을 널리 알리면서 부자들의 별장 지대로 유명해졌다. 괴도 뤼팽과 셜록 홈스가 대단한 승부를 펼치는 곳으로 등장하는 곳이 에트르타다. '아르센 뤼팽(Arsene Lupin)'이 정확한 이름인데 작가 모리스 르블랑(Leblanc)보다 소설의 주인공이 훨씬 유명해져서 기념관도 '뤼팽의 집'으로 불리게 되었다.

5월인데도 유채꽃이 피어있고 갈매기가 많은 에트르타, 오른쪽은 엄마 코끼리 절벽

절벽 위로 오르면 해안에서 정확하게 볼 수 없었던 뾰족한 바늘 바위가 잘 보인다

엄마 코끼리 절벽에 오르면 반대편에 마을에서 보이지 않던 아빠 코끼리 절벽이 보인다

5월인데도 아직 남아있는 유채꽃을 보며 엄마 코끼리 절벽을 오른다. 줄무늬가 있는 회색빛을 띤 하얀 절벽은 코 부분이 없어도 거대한 코끼리의 몸체를 많이 닮았다. 오를수록 반대편 아기 코끼리 절벽이 더 분명하게 나타났다. 엄마 코끼리 절벽 위에 오르면 코가 제일 뭉툭한 아빠 코끼리 절벽이 나타난다. 코와 몸체 사이의 틈도 넓고 몸도 제일 크다. 우리나라 관광객 중에는 이 바위를 물을 먹고 있는 말로 보아서 말바위라고 부른 분도 있었다. 아빠 코끼리 절벽으로 오르다 보면 엄마 코끼리 절벽 바로 옆에 있는 해변에서는 완전하게 보이지 않던(바로 옆에 있지만 엄마 코끼리에 가려서) 뾰족한 바늘 바위(Aiguille)가 잘 보인다. 모리스 르블랑의 소설 작품(기암성)에서 뤼팽이 보물을 숨겨두었다고 하는 바위다. 코끼리 바위를 비롯한 이 모든 모양은 석회암이 바닷물과 바람의 침식으로 이뤄진 지형이다.

에트르타는 노르망디 지역의 센 마리타임(Seine Maritime) 주에 있는 프랑스 코뮌이다. 옛날에는 작은 어촌이었는데 19세기에 유명한 해변 휴양지가 되었다. 로마 시대부터 잘 알려진 항구였던 에트르타는 이 시대의 흔적이 여전히 남아있었다. 동글동글한 몽돌 자갈 위에 배를 올리려고 사용한 권양기, 이엉을 얹은 낡은 배(배에 지붕을 얹은 집)가 있어서 신기했다. 터너, 외젠 부댕, 쿠르베, 클로드 모네 등 많은 화가가 해안가와 절벽을 그렸다. 1840년부터 파리나 영국에서 온 기업가, 은행가, 부유한 상인, 언론인들이 에트르타로 몰려와 마을 중앙과 고지대에 멋진 빌라를 지었다.

아래에서 기다리고 있는 아내를 위해 얼른 절벽을 내려왔다. 이제는 왔던 길을 다시 걸어 아기 코끼리 절벽으로 향한다. 몽돌이 깔려 있어서 걷기가 힘들다. 발이 조금씩 빠지기 때문이다. 보기에는 가까운데 절벽 맨 끝에 도달하기에는 시간이 더 걸렸다. 거기다 높은 절벽에 감탄해서 사진을 찍으려고 자꾸 멈추니까 시간이 더 지체되었다. 마지막 부분에 도달했을 때는 아무도 따라오지 않았다. 끝에 도착하니 또 하나의 반전이 있었다. 아기 코끼리 절벽이 이어진 곳에 움푹 들어간 절벽이 또 있었고 철제 사다리로 동굴에 가볼 수도 있었다. 길이가 상당히 길었는데 작은 터널이 뚫려 구멍이 나 있었다. 천연 터널이 아니라 사람이 절벽을 뚫어서 만든 구멍으로 보였다. 혼자 동굴을 독차지하고 멋진 사진을 찍었다.

이제는 아기 코끼리 절벽 위로 올라간다. 이 절벽 위에 교회 건물도 있다. 꺾어지는 계단을 오르고 좁은 길을 오르니 초원이 나타났다. 고

아이 코끼리 절벽에서 바라본 경치, 청회색 지붕이 많은 에트르타, 해변, 엄마 코끼리

모네가 그린 에트르타 경치, 왼쪽은 아발의 수문, 항구를 떠나는 낚싯배, 오른쪽 만포르트

산 지대에 자라는 에델바이스 종류도 보이고 키 낮은 들꽃도 피어있는
데 바람이 조금 세게 불었다. 그러나 모자가 날아갈 정도는 아니어서
다행이었다. 1856년에 지어진 '노트르담 드 라 가르드' 교회는 바다에

모네, 아몽 항구와 해변, 사실주의의 대가 쿠르베가 그린 폭풍우가 지나간 에트르타 절벽

분홍색 아카시아, 수양버들처럼 늘어진 아카시아, 안동 '兜溪精舍' 앞의 붉은 아카시아

서 생활하는 어부들의 안전을 기원하는 교회인데 외벽 공사를 하고 있었다. 핀셋 모양으로 생긴 기념물이 있어서 조사해 봤더니 1927년 대서양 횡단에 도전했던 Nungesser와 콜리(Coli)를 기리는 것(Monument Nungesser et Coli)이었다. 그들은 대서양 횡단 중에 비행기가 실종되어 세상을 떠났다. 빛이 바다에 흡수되는 투과량에 따라 시시각각 다른 색깔을 보여주는 에트르타의 바다, 그 바다를 다시 한번 볼 날을 기대해 보았다.

유럽의 붉은 지붕이 식상하다면 노르망디 지역에 가보라고 권하고 싶다. 동화 마을 알자스와는 아주 다르다. 청회색의 지붕이 아름답다고 하기보다 고상하게 보인다. 프랑스는 지방마다 지붕과 창문의 규격과 색깔이 건축법으로 규정되어 있어서 이곳은 프랑스 다른 지역에서 결코 볼 수 없는 경치를 보여준다. 물론 반 목재 구조(하프팀버)의 건물도 있는데 이곳은 전체가 아니라 2층부터 그런 구조로 되어있어서 그것도 특이했다. 미식가라면 홍합을 비롯한 해산물 요리를 먹으면 좋을 것이다. 숙소까지 다시 4시간을 버스로 가야 하지만 멀리서 온 보람을 느끼게 해준 에트르타였다.

놀라운 사실 한 가지가 있다. 숙소 근처에서 분홍 아카시아와 수양버들처럼 늘어진 아카시아를 발견했다. 붉은 아카시아는 미국 자이언 국립공원 캠프장에서 본 뒤로 경북 칠곡 신동에서, 안동 도계정사(兜溪精舍) 앞에서 본 적이 있으나 분홍 아카시아와 수양버들처럼 땅으로 늘어뜨려지는 아카시아는 처음 보았다. 프랑스를 사랑한 보너스로 보여준 것 같았다.

PART 3
아키텐 &
메디피레네

1. 툴루즈, Toulouse

프랑스 제4의 도시 툴루즈로 간다. 파리, 마르세유, 리옹 다음으로 큰 도시다. 아주 흐린 날씨라 경치가 눈에 들어오지 않는다. 도시로 진입 하려는데 '두미뒤 운하(Canad du Midi)'가 나왔다. 운하를 따라 플라타너스를 비롯한 큰 나무들이 있어 산책하기에 좋을 듯하다. 그러나 이런 소박한 감상은 금세 버려야 했다. 길이가 무려 240km나 된다. 가론

작은 운하로 보이지만 길이가 24km나 되고 세계문화유산에 등재된 곳이다

강에서 지중해까지 연결된 운하이고 세계문화유산으로 등록된 운하다. 17세기 대규모 토목공사로 조성된 곳인데 갑문, 다리, 터널 등 수많은 건축물과 함께 있어 문화유산이 되었고 인근 도시 카르카손까지 크루즈(유람선)를 즐길 수 있다. 자전거를 타고 달리는 곳으로도 유명하다.

툴루즈는 '장미의 도시', '분홍빛 도시'로 불리는데 오늘은 붉은 벽돌이 그냥 나무줄기 색깔(고동색)로 보인다. 가론강에서 채취한 붉은 점토로 만든 벽돌을 사용해서 건물을 지어서 그렇게 되었다. 멀리 성당의 종탑이 보인다. 툴루즈에서 제일 유명한 생 세르넹 성당(Basilique Saint Sernin de Toulouse)이다. 유럽 최대 규모의 로마네스크 성당이다. 65m 높이의 종탑이 있고, 곳곳을 장식하는 조각이 멋지다.

65m 종탑은 첨탑을 제외한 몸통이 옥수수로 보인다. 흐린 날씨로 성당도 우울해 보인다

비가 그쳤지만 짙은 구름이 끼어 도시가 우중충해 보인다. 기대가 무너지니 마음도 무겁다. 그냥 일행을 따라 뚜벅뚜벅 걸어간다. 엄청 넓은 캐피톨 광장에 왔다. 시청 건물이 매우 길다. 프랑스의 시청이라면 'Hotel de Ville'라 적혀 있어야 하는데 'Capitolium'이라 적혀 있다. 옛날 툴루즈의 정치를 담당했던 의원들이 '캐피톨'이라 부른 데서 유래했다. 벽은 분홍색이고 기둥은 연한 분홍색이다. 햇빛이 비치는 날에는 화사한 느낌이 대단할 것 같다. 시청 안으로 들어가지 않는다. 날씨도 별로이고 알비(Albi)에 볼 것이 더 많으니 이곳 광장만 둘러보고 돌아가자고 한다. '시청은 궁전으로 미술관으로 착각할 정도로 볼 게 많은데' 대꾸도 못 하고 참는다. 시청에는 벽면 한 곳을 채울 만한 그림도 많고 찬란한 천정과 내부 장식은 베르사유 궁전을 연상케 한다고 한다.

'Hotel de Ville'가 아니라 'Capitolium'이라고 적혀 있는 툴루즈 시청사

광장에서 가론강 쪽으로 가면 퐁 생 피에르 다리(Pont Saint Pierre)가 있다. 가론강은 조류에 따라 물결이 강을 거슬러 흐르는 진귀한 장면을 볼 수 있는 희귀한 강이다. 강 건너편에 커다란 돔 건물의 눈에 띈다. 'De la Grave 병원'에 있는 돔인데, 자세히 말하면 병원에 속한 성 요셉 예배당(Chapelle Saint Joseph De la Grave Dome)의 돔이다.

노을이 질 무렵, 커플들이 공원으로 마실 것을 가져와 느긋하게 생 피에르 다리와 돔을 감싸는 석양을 보는 것을 즐긴단다. 날씨가 별로 좋지 않아도 프랑스 여러 곳은 나름 괜찮았는데 툴루즈는 기대를 저버렸다.

가론강에 걸려있는 생 피에르 다리, 오른쪽의 돔은 성 요셉 예배당의 지붕 돔이다

툴루즈에서 알비로 왔으나 날씨는 여전히 흐리다. 알비 역시 핑크빛을 띤 붉은 벽돌로 지어진 건물이 대부분이다. 엄청나게 큰 닻이 있는 동상을 발견했다. 'Jean Francois Galaup de La Perouse' 동상이다. 라페루즈는 해군 제독 출신의 해양 탐험가였다. 알비 인근 귀오(Guo) 성에서 태어났는데 놀랍게도 우리나라 울릉도를 최초로 탐험한 사람이었다. 마르코 폴로, 바스코다가마 정도의 탐험가만

서양인 최초로 울릉도를 탐험한 라페루즈

알고 있었는데 프랑스에서 우리나라까지 탐험한 사람이 있었다는 것이 놀라웠다.

최종 목적지 세실 광장에 도착했다. 로트렉 미술관(Musee Toulouse

Lautrec)을 보기 위함이다. 알비가 예전에 툴루즈에 속해 있었는지 모르겠으나 미술관 벽에는 분명히 알비가 아니라 Toulouse Lautrec이라 적혀 있다. 로트렉이 명문 귀족 출신이라는데 툴루즈 지방 귀족이어서 이렇게 쓴 것일 수도 있겠다.

매표소로 가는 외관 벽에 로트렉의 어린 시절, 성인이 되었을 때의 큰 사진이 걸려있다. 다리가 무척 짧아 키가 아주 작다. 근친결혼으로 인한 유전적인 문제, 어릴 때의 다리 부상으로 다리가 더 이상 자라지 않고 상체만 자라 성인이 되어서 그렇다.

로트렉의 어릴 때의 사진과 성인의 사진이 매표소 입구 벽에 걸려있다

미술관 안으로 들어와 바라본 웅장한 세실 성당

티켓을 받아 안으로 입장한다. 광장의 세실 성당이 너무 웅장해서 놀랐는데 미술관도 웬만한 성에 견줄 만하다. 13세기 대주교의 거주 공간이었고 'Barbie Palace'라 불렸던 이 공간도 세계문화유산으로 등재된 곳이다. 바로 옆에 있는 세실 성당과 관계지어 보니 이해가 간다.

툴루즈에서의 실망이 조금씩 사라진다. 미술관에는 많은 작품이 있다. 동물을 좋아했던 로트렉이 그린 말 그림, 몽마르트르의 물랭 루주, 화려한 댄서들, 카바레 주인 등 로트렉의 작품을 제대로 수집했다. 나중에 알았는데 로트렉 어머니의 헌신으로 이렇게 미술관이 마련된 것이었다.

동물을 사랑한 로트렉이 그린 말 머리

재능을 인정해 준 캬바레 주인의 모습

아래층에는 다른 작가들의 작품들도 많았다. 마티스의 유명한 작품, 금붕어가 있는 창가 풍경이 있어서 깜짝 놀랐다. 그 밖에 훌륭한 조각 작품들도 많았고 미술관 건물 자체에 관한 사진이나 작품들까지 마련되어 있어 굉장히 만족했다.

2층 전시장 창밖으로 본 정원이 너무 좋아서 발걸음을 재촉한다. 정원의 담장 너머로 타른강이 흐르고 도시가 보인다. 정원은 기하학적 무늬로 꾸며져 있는데 미로처럼 사이사이로 걸을 수도 있다. 우람한 미술관의 측면도 볼 수 있어 사진 찍기에도 그만이다. 성 같은 미술관에 딸린 정원이라니.

기하학적 무늬로 꾸며진 미술관 안쪽의 정원, 담 너머로 타른강과 다리가 보인다

주인공 로트렉 이야기를 좀 더 해야겠다. 반 고흐의 삶이 고독과 고난의 삶이었는데 로트렉도 비슷한 삶을 살았다. 아버지의 외면, 타인의 조롱과 소외 등으로 고통을 겪는다. 고흐가 동생 테오의 도움으로 화가의 길을 걸었듯 로트렉은 어머니의 도움으로 화가가 된다. 어릴 때부터 파리를 오가며 그림을 배웠고 파리에 정착해서 작업을 할 수 있었다.

세탁부, 창녀, 심부름꾼 등 가난하고 소외된 이들에게 눈길이 간 로트렉인데 아마도 사회의 밑바닥을 살던 이들에게 동질감을 느껴서일 것이다. 능력을 발휘하지 못하고 멸시를 받는 귀족, 신체의 약점을 지닌 자신이 그들과 똑같은 외로운 존재였다. 그들은 로트렉의 모델이 되고 친구와 연인이 되었다.

미술사에서 로트렉의 업적은 회화 작품도 물론 중요하지만, 목판화로 제작한 포스터가 아닐까? 재능을 인정하고 술과 잠자리를 제공한 캬바레 주인 덕분에 로트렉은 수많은 포스터를 제작한다. 광고용 포스터이지만 지금 봐도 멋진 예술 작품이다. 100년이 넘어서 색이 조금 바래가는 것이 안타까웠다.

생 세실 성당(Cathedrale Saint Cecile)을 흔히 알비 대성당이라 부른다. 알비 중심가에 있는 알비의 대표적 건물(45m 높이)이어서 그렇다. 카톨릭 이단 세력을 진압하고 카톨릭의 위세를 보여주기 위해 지은 대규모 건축물로 남프랑스 특유의 고딕 벽돌 양식을 보여준다.

쇼크였고 전혀 알지 못했다. 그들이 이단이라 부르며 처형했던 세력은 사실 이단이 아니라 일종의 종교 개혁자들이었다. 루터보다 300여 년 전에 벌써 카톨릭의 병폐를 알고 성서에 따라 살려고 했던 사람들이었다. 그들이 거주하고 있던 지명에 의해서 '알비파'로 기존 카톨릭 세력이 이름을 붙였다. 성서의 참된 가르침에 따라 신앙을 실천하려는 자들이 박해(그리스도인에 대한 그리스도인의 박해)를 받아 죽은 것이다.

외부는 웅장하고 내부도 화려하다. 미술관에서 집중해서 작품을 보느라 진이 좀 빠졌고 가이드가 10분만 보고 나오라고 해서 포기하고 성당 벽에 기대어 쉬기로 했다. 대형 사진에서 외로워 보였던 로트렉 얼굴이 자꾸 아른거린다.

3. 바욘, Bayonne

　이번 여행은 대형 여행사에서 취급하지 않는 코스다. 스페인 북쪽과 프랑스 남쪽을 둘러보는 코스인데 바스크 지방이라고 한다. 피레네산맥을 끼고 프랑스와 스페인이 국경을 접한 곳이다. 프랑스에도 스페인에도 속하지 않는 독특한 정체성과 언어를 가진 지역이다. 이러한 상황으로 프랑스인데 스페인어를 사용하는 사람이 많다.

　바욘은 대서양에 접한 바다와 피레네산맥의 산도 즐길 수 있는 독특한 곳이다. 니베강을 끼고 그랑(Gran, 大) 바욘과 프티(Petite, 小) 바욘으로 나뉘고 두 곳을 잇는 다리가 많다. 론 알프스 지역의 안시 구도시의 느낌도 있다.

　강을 따라 쭉 내려가 본다. 흐린 날씨지만 강 건너편 경치는 괜찮다. 우리 일행 이외엔 아무도 없다. 다리가 나올 때까지 걸어서 그랑 바욘으로 가면 30분 정도 걸릴 것 같은데, 운동하기에 좋은 산책길이다. 우리는 다리 부근까지 갔다가 다시 돌아온다. 산책길에서 소개하고 싶은 것은 'Ecole Communale de Filles'다. 오래된 여학교 건물을 자연사 박

니베강이 흐르는 뒤쪽이 그랑 바욘 지역이다. 쁘띠 바욘에서 바라본 경치

물관으로 쓰고 있다. 연한 노란색 벽과 연한 푸른색의 조화가 좋다. 햇볕이 있는 날에는 화사함을 자랑하겠다.

최고 목적지 바스크 박물관으로 왔다. 산책길을 걷기 전에 보기로 한 곳이다. 루이 16세 시절 수녀원이었고 한동안 자선 병원으로 쓰이다가 1924년 박물관으로 개관했다. 화가 고야의 얼굴이 있는 현수막이 있어서 고야의 작품을 볼 수 있겠다고 생각했는데 바욘 지역에 있는 다른 미술관 전시를 홍보한 것이었다. 박물관은 건물 자체도 이 지방만의 스타일이라 좋고 전시물도 매우 많다.

그랑 바욘에서 바라본 쁘띠 바욘, 가운데 고야 얼굴이 있는 건물이 바스크 박물관이다

오래된 여학교 건물을 자연사 박물관으로 활용하고 있다

다양한 배들과 닻, 항해 기구 등이 옛날 해상 무역이 발달했음을 보여준다

　해상 무역이 발달한 마을답게 여러 모양의 배들과 닻, 항해 기구가 있다. 그 밖에도 회화 작품, 가구, 전통의상, 항해 기구, 장난감 등 종류도 다양하다. 3층 20여 개의 공간에 종류별로 배치를 잘해놓았다. 야수파 스타일의 선박과 항구의 풍경 그림이 좋아서 사진을 찍는다.

　바스크 전통 경기 중 하나인 펠로타(Pelota) 경기 그림과 도구가 특히 눈길을 끈다. 스쿼시와 비슷한데, 라켓에 해당하는 도구가 여러 종류가 있고 경기장도 다양하게 바꿀 수 있다. 심지어 벽에 튀어나오는 공을 아픔을 참고 맨손으로 하기도 한다. 고대 프랑스 경기 '쥬드폼'에서 유래했는데 16세기에 인기를 끌었으나 18세기 중반부터 바스크 지방을 제외하고는 인기가 떨어졌다.

바스크 지방에서 인기 있는 스포츠 펠로타 경기 모습

　다리를 건너 그랑 바욘 지구로 간다. 분명 시장 건물인데 카페로 쓰이고 있다. 짙은 녹색의 철조 건물이 존재감을 자랑한다. 높은 건물 사이의 좁은 골목길을 걸으니 생트 마리 대성당(Cathedrale Saint Maire)이 보인다. 고딕 양식의 13세기 건축물인데 화려한 첨탑과 거대한 회랑이 유명하다.

　바욘은 프랑스 초콜릿의 고향(시초)이다. 단 것을 좋아하는 관광객은 일부러 파리에서 먼 바욘까지 온다고 한다. 성당 근처 정육점에는 하몽(염장한 돼지 다리)이 걸려있고 생햄이 진열대에 수북하다. 피레네산맥에서 방목한 돼지에서 만든 것이라 품질이 좋다. 생햄에는 관심이 없지만 초콜릿 가게에는 가보고 싶은데 가이드는 설명만 하고 앞으로 간다.

시장 건물이 카페로 이용되고 있는 모습

13세기 고딕 양식의 생트마리 대성당, 앞부분이 커다란 원의 형태로 되어있다

4. 비아리츠, Biarritz

에스파냐에서 18km 떨어진 곳에 암석 해안 비스케이만(灣, 육지로 쑥 들어온 바다)을 끼고 있는 도시다. 이 도시는 작은 어촌 마을이었는데 나폴레옹 3세가 에스파냐 출신 유제니 왕후와 함께 휴가차 다녀가면서 유명한 휴양지로 변했다. 그 후 유럽의 왕족, 귀족들이 몰려오고 세월이 흐른 뒤에는 헐리우드 스타까지 합세했다. 작은 항구가 있긴 하지만 대부분은 관광업에 종사하고 물가가 비싸다.

가이드가 바다가 살짝 보이는 그런대로 괜찮은 숙소를 잡았다. 저녁에도 이른 아침에도 해변을 구경했다. 아침에 보는 연한 보라색과 분홍색의 하늘과 바다는 신비로웠다. 멀리 이웃 도시와 산도 보인다.

비아리츠는 별명이 너무 많다. 왕들의 휴가지, 서핑의 천국, 골프의 천국, 축제의 도시로 불린다. 프랑스 최초로 해수욕장이 생겼고 골프 코스가 16개나 되며 서핑 학교가 열리기까지 한단다.

도심지로 향하다가 제일 먼저 호텔 드 팔레(Hotel des Palais)를 본다. 나폴레옹 3세가 왕후와 함께 휴가를 보내기 위해 여름 별장으로 지은

나폴레옹 3세가 왕비와 휴가를 보내기 위해 지은 여름 별장이 유명 호텔이 되었다

것인데 지금은 유명한 호텔이 되었다. 호텔 자체의 골프 코스가 있고 미쉐린 레스토랑까지 갖추고 있다. 이 정도의 수준이니 G7 정상회담이 열렸다는 설명에 수긍이 간다.

도심지 끝에 있는 등대가 있는 곳으로 간다. 언덕에서 해안 절벽과 긴 그랑 플라주 해변, 도시의 건축물이 잘 보인다. 바다 가운데에 삐죽하게 솟아 있는 바위, 평평한 바위가 멋지다. 이런 바위들을 다리로 육지와 연결하여 산책을 즐기도록 하고 있다.

오후에 들른 곳은 아탈리아 곶(Point Atalaye, 육지가 바다로 튀어나온 곳)과 성모 바위(Rocher de la Vierge)다. 양쪽의 암석 절벽 사이에 작고 조용한 해변이 있다. 도심지에서 제일 가까운 비치다. 언덕에서 내려오니 해수욕장 뒤에 비아리츠 아쿠아리움(Le Musee de la Mer)이 있다. 하얀색의 외부 장식이 없는 깨끗한 건물이다. 부드러운 모래의 감촉

이 좋다. 조사해 보니 뽀흐 비유(Port Vieux)라는 이름이다. 옛날에 어부들의 작은 배를 대던 선착장이었나 보다. 어부들의 배가 있는 작은 항구는 아침에 본 바다 근처에 있다. 양쪽이 암벽으로 가려진 곳이라 아늑한 분위기가 좋다.

뽀흐 비유 옆에는 현무암이 줄처럼 낮고 길게 깔려있어 파도가 생기지 않는다. 노인이나 어린이들이 해수욕하기에 아주 좋다. 타이완 야류 해안의 바위와 흡사한 바위들이 있는 곳에 철교가 있다. 철교는 바다 위의 암석을 육지와 연결해 준다. 파리 에펠탑을 만든 구스타프 에펠의 작품이라는데 보기에 초라하다. 에펠 워크숍에 의해 지어진 작은 다리이니 큰 의미를 둘 필요가 없다. 바다 위 암석 위에 아기 예수를 안고 있는 성모 동상이 있다. 전설에 의하면 아탈리아 곶에서 빛줄기가 뻗어나와 폭풍우에 헤매고 있던 어선을 육지로 이끌었고 목숨을 건진 어부

에펠 워크숍으로 만들어진 철제 작은 다리와 아탈리아 곶 바위 꼭대기에 있는 성모상

여왕 바위가 있는 타이완의 야류 해변을 떠올리게 하는 신기한 모양의 바위

뽀흐 비유 해수욕장은 파도가 없고 수심이 낮아 노인과 어린이들도 안전하게 이용한다

아침 해가 돋을 무렵 걸어본 해변은 보라색과 분홍색이 섞인 오묘한 색깔이었다

들이 아기 예수를 안고 있는 성모 동상을 세웠다는 것이다.

우리가 밥을 안 먹으면 안 되는 거처럼 프랑스인은 휴가 없이는 살 수 없다고 한다. 학생은 두 달 정도, 성인들은 5주 정도의 휴가를 보낸다. 프랑스 3대 휴양지라는 피아리츠는 부르주아도 많이 오지만 나 같은 평범한 사람도 많이 오는 곳이다. 단, 물가는 비싸다는 것은 미리 생각해야 한다.

5. 포, Pau

생전 들어보지 못한 도시로 간다. 프랑스에서 대학원에 재학 중인 가이드도 처음 가보는 곳이라고 한다. 사실 이번 여행은 대구박물관 대학(대부분 60대 이상인 분)의 여행에 동참한 여행이다. 교사 출신 선배가 자리가 비었으니 신청하라고 권해서 참여한 것이다. 스페인과 접한 바스크 지역을 주로 여행한다.

컨벤션 센터로 쓰이는 왼쪽의 Beaumont 겨울 궁전, 시가지에 들어서면서 본 경치

역 근처(Le gave de Pau, Station Distric)에서 올려다보는 경관이 대단하다. 프랑스의 유명 관광지는 요새로 이루어진 곳이 너무나 많다. Pau도 예외 없이 요새라서 언덕으로 간다. 나중에 알았는데 푸니쿨라를 타고 올라갈 수도 있다.

하얀색과 베이지색이 아름다운 건물(Palais Beaumont)은 궁전 생활의 중심이어서 호화로운 연회가 많이 열렸으며 겨울 궁전(피한지), 카지노, 병원으로 이용되다가 2000년부터 컨벤션 센터로 이용되고 있다. 긴 건물에 두 개의 탑이 굉장히 멋지다.

분수대의 모자이크, 파란 물, 현대식 건물이 어울려 세련된 멋을 자랑하는 클레망소 거리

　　언덕을 다 오르면 광장이 나타나고 큰 길이 펼쳐진다. Boulevard des Pyrenees는 광장 가장자리에 있는 테라스인데 150km에 달하는 피레네 산맥이 조망된다. 성벽 끝으로 약 2km에 이르는 길이인데 한 잔 마시면서 쉴 수 있는 좋은 휴식 장소다. 피레네 대로를 걸으면 명동 거리가 떠오른다. 중세 성벽 위에 세련된 현대 거리가 있다.

　　특히 대로 중 클레망소(Place Clemenceau) 거리가 돋보인다. 파란 물이 수영장처럼 잠겨 있는 분수대, 갤러리, 명품 가게 등으로 세련의 극치를 보여준다. 도시로 들어설 때는 요새 느낌이었는데 갑자기 현대적 거리가 나타나는 급변화에 정신이 어질어질하다. 깔끔하고 깨끗한 거리가 2월인데도 5월의 따뜻함으로 착각할 정도다. 분수대 가장자리에 앉아서 걸어온 거리를 바라보니 파리에만 있는 줄 알았던 라파예트 백화점(Galeries Lafayette)이 보인다. 분수대 안쪽에 있는 분수대 가장자

포 성 박물관을 마주 보고 있는 나바레 전 의회 건물, Parlement de Navarre

요새, 궁전으로 쓰이다가 지금은 포 성 국립박물관으로 이용되고 있다

리는 여러 색깔의 타일로 장식해 놓았는데 스페인 바르셀로나의 구엘 공원의 느낌을 풍긴다. 광장과 인도에는 야자나무들이 줄지어 서 있다. 프랑스는 농업과 공업도 발달한 상당한 크기의 나라인데 관광 자원마저도 끝이 없다. '포'라는 들어보지도 못한 작은 도시가 이렇게 아름다우니 프랑스 여행을 제대로 하려면 정말 많은 시간이 필요할 것 같다.

거리 구경을 끝내고 다시 광장으로 왔다. Shateau Gardens(공원)에는 3월인데 꽃이 피어있다. Pau 최고의 스타, 포 성(Chateau de Pau)에 들어가는 데는 조금 기다려야 했다. 입장 인원을 조절하고 성의 관리자(가이드)가 안내를 해주기 때문이다. 지금은 성의 역사와 문화를 보여주는 박물관이지만 예전에는 요새, 궁전으로 쓰였다.

12세기에 지어진 성은 앙리 4세가 태어난 곳이다. Pau 성은 12세기

베아른 자작이 이 지역을 보호하기 위해 지은 요새로 시작한다. 그 후 1370년 가스통 페뷔스가 백년 전쟁을 대비해 높은 성을 쌓고 규모를 확장한다. 16세기 나바르 왕정이 들어서면서 쓰임새가 르네상스 궁전으로 바뀐다. '앙리 달브레' 왕과 '당굴렘' 왕비는 이곳에 머물며 공원 등 다양한 시설물을 짓는다.

이들의 오랜 후손 중에 앙리 4세가 있다. 그는 낭트칙령(카톨릭 이외 이단을 처벌하는 법을 폐지함)으로 신교도인 위그노와 카톨릭을 통합한 유명한 왕이다. 이로써 프랑스는 근대국가로 나아가게 된다. '선량왕 앙리'라는 별명이 붙게 된 이유다. 하지만 1620년 루이 13세가 Pau에 찾아와 카톨릭을 정신 종교로 선포하면서 낭트칙령은 무효가 된다. 개신교가 누리던 특권을 없애고 모든 시민에게 천주교를 강요했으며 Pau 성에 있던 가구와 미술품을 파리로 옮긴다(앙리 4세의 흔적을 없애려고).

성은 이후 왕족의 거처로 이용되다가 방치된다. 혁명기 이후에는 군인들의 막사로 쓰인다. 그러다가 나폴레옹 3세가 즉위한 뒤 옛 모습을 회복하게 되었고 1840년 문화유산으로 지정된다. 프랑스 정부는 앙리 4세 기념관으로 만들기로 하고 성 일부를 정비한다. 1929년에 포 성 박물관으로 개관되었다.

건물은 'ㄷ'자 'ㅁ'자 모양으로 가운데에 중정(中庭, 건축물 중앙에 있는 마당)이 있다. 프랑스 가이드의 설명을 프랑스에 살고 있는 한국인 대학원생 가이드가 간추려서 설명해 준다. 성 내 직원 가이드는 성(박물관)에 대한 대단한 자부심이 있었다. 수긍이 갔다. 왕과 왕비의

건물로 둘러싸인 안쪽에 우물이 있는 마당이 있다

방, 침실, 응접실 주방 등을 살펴보는 재미가 좋았다. 여러 유물, 19세기 회화, 앙리 4세에 관한 자료들이 전시되어 있다. 전시물 중 관광객들의 눈길을 제일 많이 받은 것은 태피스트리(Tapestry, 색실로 짠 그림)였다. 큰 벽면을 가득 채운 커다란 크기의 그림 카펫은 섬세하고 화려한데 색깔마저 선명해서 좋다. 다른 궁정이나 박물관에서도 많은 태피스트리를 본 적이 있는데 포 박물관의 태피스트리 상태가 제일 좋았다.

프랑스 남서쪽 제일 끝에 있고 아키텐(Aquitain)주 베아른(Bearn) 지방의 중심도시인 Pau가 너무 좋았다. 산등성이와 바다 사이에 자리 잡은, 19세기부터 세계 여러 나라의 귀족들이 즐겨 찾던 고급 휴양지인 이곳을 자랑하게 될 것 같다.

세계 제2차 대전 기념물과 생 마틴 교회

6. 루르드, Lourdes

    프랑스 남서부의 북쪽 오트피레네주에 있는 카톨릭 교회가 공식 인정한 성모 발현지다. 1858년 열네 살의 소녀 '베르나테트 소비루'에게 성모가 18번이나 나타난 곳으로 420m 피레네 산기슭에 있는 조그만 마을이다.

마사비엘 동굴 앞에서 미사를 기다리고 있는 순례자와 관광객들, 성모 마리아 대성당

차에서 내려 광장으로 가는데 사람들이 너무 많다. 성지여서 카톨릭 신자들이 많이 찾는다고 들었으나 이 정도일 줄은 몰랐다. 숙소에서 짐을 챙기고 나니 5시쯤이다. 저녁 시간 7시까지 자유롭게 행동하기로 했다. 너무 좋다. 길 잃어버릴 염려도 없고 맘대로 구경할 수 있으니 말이다.

광장으로 다시 가서 성모 마리아 대성당(Basilica of Our lady of the Rosary)을 본다. '무염시태(예수와 같이 성모도 원죄를 가지고 태어났다는 카톨릭의 교리, 하지만 성서 어디에도 이런 기록은 없음)' 성당이라고 부른다. 사실, 무염시태 성당이 따로 있는 줄 알았고 찾다가 포기했는데 여행 후에 알게 되었다. 무염시태 성당을 '로사리오 성당'이라고도 부른다. 헷갈릴 수밖에 없다. 1층은 지하 성당으로 가는 출입구이고 2층이 무염시태 성당으로 가는 출입구다.

바로 앞에도 묵주 기도 대성당이 있다. 묵주 기도 15단을 뜻하는 15개의 작은 성당들로 둘러싸여 있다. 성모 발현 후 30년이 지난 후 1889년에 비잔틴 양식으로 지은 것이다. 자주 보는 바실리카 양식이나 고딕 양식이 아니어서 특이하게 보인다. 이 성당 광장 앞쪽에 잘 깎인 잔디가 타원형으로 깔려있는데 이곳 아래에 성 비오 10세 교황 대성당이 있다. 지하 성당만 2개가 있는 셈이다. 하지만 성 비오 10세 교황 대성당은 어마어마한 규모를 뽐낸다. 폭이 800m, 길이가 200m로 2만 5천 명이 동시에 미사를 드릴 수 있는 크기다. 들어갈 기회가 없다. 내일 아침 식사 후 바스크 지방으로 간다고 들었기 때문이다.

십자가 뒤 가운데 잔디는 지하에 있는 성 비오 10세 교황 대성당의 지붕, 묵주 기도 대성당과 뾰족한 탑이 있는
성모 마리아 대성당은 한 개의 건물처럼 보인다

무염시태 성당 오른쪽으로 갔더니 사람들이 마사비엘 동굴(Massabi-
elle Grotto) 앞에 세 겹으로 줄 서 있었다. 동굴에서 미사를 올리고 있
다. 고개를 삐죽 내밀어 동굴을 봤더니 안쪽에 성모상이 있고 그 옆에
샘이 있는데 투명 유리로 덮어두었다. 샘 아래에는 꽃이 많이 놓여 있
었다.

다음 날 아침 새벽에 숙소를 나왔다. 이 유명한 곳에 와서, 어제저녁
슬쩍 본 것으로는 만족할 수가 없어서이다. 3월인데도 춥고 아직 나무
에 돋은 새싹이 없다. 성당 반대편으로 걷는데 앞쪽 산에는 전망대처럼
보이는 성이 있다. 지금은 박물관으로 쓰이는 루르드 성이다. 저곳에서
보면 루르드 마을과 강이 잘 보일 텐데. 잔디가 있는 옆길을 쭉 따라가

정문 오른쪽 천사상이 있는 곳에 성녀 베르나데트 박물관 입구가 있다

가운데 루르드 성, 갸보드포강 오른쪽 옆에 베르나데트 박물관의 벽면이 보인다

니 철문이 있고 문 가장자리에 하얀 천사상이 있다. 베르나데트 박물관 입구였다. 다리를 건너면서 도시를 통과하는 물길을 본다. '갸보드포'강이다. 마을을 통과하는 데도 폭도 제법 넓고 물의 양도 많다.

이제는 강을 건너서 성당이 있는 쪽을 바라본다. 정문에서는 몰랐는데 베르나데트 박물관도 강을 따라 굉장히 길게 조성한 건물이다. 오른쪽은 상점보다는 일반 주택들이 많다. 루르드는 파리보다 호텔 수가 많다고 한다. 어제저녁 도착했을 때 골목 곳곳이 호텔이었다는 게 생각났다. 그만큼 순례자들이 많이 온다는 증거이리라. 장애인, 중환자들을 데리고 오는 분들도 많다. 어제 휠체어를 탄 지인을 안내하는 분들을 봤는데 치유되기를 바라는 희망으로 오신 것 같다.

예전에 작은 문화 예술 전용 극장에서 다큐멘터리 형식의 영화 '루르드'를 본 적이 있어서 가이드 없이 마음대로 돌아다녔으나 장소와 그에 얽힌 이야기들이 어렵지 않았다.

7. 카르카손, Carcassonne

인터넷 검색창에 카르카손을 입력하면 보드게임 쇼핑몰이나 보드게임 소개 블로그가 많이 나온다. 카르카손이 게임의 배경으로 쓰인 까닭이다. 저녁 시간 전에 숙소에 도착했는데 가이드가 카르카손 성 가까운 곳에 숙소를 잡았다. 호텔 창문을 열면 거대한 성과 올드 브리지가 훤히 보인다. 사실, 여행하기 전까지 아키텐과 미디 피레네 지역의 도시들은 듣지도 알지도 못했다. 그런데 몽생미셸보다 더 규모가 큰 성이 카르카손에 있는 게 아닌가?

카르카손성과 오른쪽 올드 브리지, 퐁 뷰(Pont Viex)가 조명을 받아 멋지다

퐁 뷰에서 바라본 신시가지 방향의 다리, 론강의 별이 빛나는 밤이 떠오른다

저녁 식사를 빠르게 마치고 다리에 가본다. 오드강 양쪽으로 나뉜 시테(구시가지 지역)와 신시가지를 연결하는 다리다. 14세기에 완공된 다리인데 19세기까지 시테와 신시가지를 연결하는 유일한 다리였다. 강, 주변의 나무, 성벽이 보이는 곳이라 카르카손에서 제일 낭만적인 곳이다. 노을이 물들 때, 안개가 있을 때 가장 환상적인 경치를 보여준다고 한다. 다리 위에서 왼쪽을 향하니 가로등 불빛이 오드강에 길게 비춰서 고흐의 '론강의 별이 빛나는 밤'과 흡사한 경관을 보여준다. 조명에 빛나는 성과 다리가 있는 경치는 숨을 멈추게 하는 절경을 이룬다. 프랑스 여행의 확실한 자랑거리가 또 하나 생겼다.

다리 끝에서 돌아와 신시가지로 간다. 옛날 건물은 없지만 확실히 깔끔하다. 길쭉한 공원을 걸어가니 조명을 받아 하얗게 빛나는 건물이 있

공원을 걷다가 발견한 카르카손 미술관, 입장료도 필요 없는 미술관이라는데?

다. 카르카손 미술관(Musee des Beaux Arts de Carcassonne)이다. 그렇게 유명한 미술관은 아니나 다양한 장르의 여러 시대의 작품들이 골고루 비치되어 있고 무엇보다 무료로 관람할 수 있다. 예술을 심하게 사랑하는 나는 무료인데 시간이 안 맞아 들어갈 수 없음에 한숨을 내쉰다. 아쉬운 마음에 문 앞까지 가봤다.

다음날 카르카손 성으로 향한다. 어제보다 날씨가 더 안 좋다. 잔뜩 흐린 날씨로 어젯밤 빛났던 성에 비해 아침에 보는 성은 감흥이 조금 떨어진다. 왕이 거주한 곳이라는데 궁전의 이미지보다 거대한 요새 느낌이 훨씬 강하다. 52개의 작은 탑과 이중벽을 가진 거대한 규모의 요새다. 다리를 지나 올라가는 비탈길에는 성, 기사와 보병들이 적과 싸우는 모습을 그린 벽화가 있어 전혀 심심하지 않다.

숙소에 짐을 내려놓자마자 창문을 열고 바라본 퐁 뷰와 카르카손 성

  카르카손은 '카르카스(Carcas)의 종소리(Sonne)'란 뜻인데 이름에 흥미로운 전설이 담겨있다. 옛날 샤를마뉴 대제가 군대를 이끌고 카르카손을 포위했다. 그 당시 이곳은 무슬림 사라센의 지배를 받고 있을 때였다. 카르카손 주민들은 5년 이상 지속된 공격으로 식량이 거의 바닥난 상태를 맞았다. 그때 카라카스 공주가 지혜를 발휘한다. 사라센 지역이 돼지고기를 잘 먹지 않는 것을 이용한 것이다. 돼지에게 밀을 잔뜩 먹인 후 가장 높은 탑에서 돼지를 아래로 던지게 했다. 샤를마뉴 군대는 돼지의 배 안에 잔뜩 들어있는 밀을 보고 아직도 먹을 식량이 많다는 인상을 받았고 군대는 철수했다. 이 승리에 기뻐한 카르카손 주민들은 도시의 모든 종을 울렸다. 이런 이유로 도시 이름이 생겨났다는 것이다.

카르카손은 프랑스 랑그도크 루시옹(Languedoc Roussillon) 지역의 요새 도시로 오드(Aude)주의 주도이며 도시 전체가 1100년대에 지어진 성벽으로 둘러싸여 있다. 성의 역사는 기원전 122년으로 거슬러 올라간다. 로마가 이곳을 점령하고 있던 켈트족을 몰아내고 성을 짓기 시작한다. 그 후 십자군 전쟁이 일어나 조금 파괴되었고(카르카손으로 피신한 이교도 카타리파를 제거하려고 13세기 교황이 전쟁을 선포함) 루이 9세가 성과 주위를 둘러싼 원형 성벽(두 번째 원형 성벽)을 쌓아 지금에 이르렀다.

바깥쪽 벽의 길이는 1,650m, 안쪽 벽의 길이는 1,250m이다. 중세에 지어진 성으로는 프랑스에서 규모가 가장 크다. 몽생미셸 다음으로 관광객들에게 인기가 많은 곳이라고 하는데 우리나라 관광객은 너무 멀어서 잘 오지 않는다고 한다. 고깔 모양의 지붕이 있는 탑이 많아서 동화 속에 나오는 건물 같고 파리에 있는 콩시에르주리와 닮은 점이 있다. 요새 바깥쪽에 있는 탑의 지붕은 주황색이고 요새 안에 있는 탑의 지붕은 푸른색이어서 쉽게 자신의 위치를 알 수 있다.

입구 성문에 붙어있는 건물은 로마 시대의 유물, 로마네스크 벽화, 중세의 무기 등을 전시하는 라피테르 박물관이다. 크로아티아 두브로니크 성처럼 성벽 위를 걸을 수도 있다. 성 안쪽에 골목이 있는 마을이 있는데 '시테'라 부른다. 바, 카페, 상점 등이 좁은 골목 양쪽으로 늘어서 있다. 화려한 장식이 없고 흐린 날씨여서 중세 시대로 제대로 되돌아간 분위기다.

입구 성문에 있는 라피테르 박물관, 로마의 유물, 벽화, 중세의 무기 등을 전시한다

　　시테 구경을 끝내고 생 나제르 대성당(St Nazarius Basilica)을 구경했
다. 1069년 건축을 시작하여 1130년 완공한 로마네스크 성당이었는데
14세기에 다시 고딕 양식으로 개축되면서 로마네스크와 고딕 양식이
혼합된 성당이 되었다. 화려한 스테인드글라스가 대단하다.

로마네스크와 고딕 양식이 혼합된 성 나제르 대성당, 스테인드글라스가 대단하다

성 안쪽 깊은 곳으로 들어가니 성안에 있는 또 다른 성(요새), 콩달
(Chateau Comtal) 성이 나왔다. 원형 성벽이 2중으로 되어있으니 콩달
성 안쪽은 3중 벽을 가진 요새라 하겠다. 12세기 말에 세워진 카르카손
을 다스리던 영주가 살던 곳이다. 무슨 이유인지는 모르겠으나 문이 잠

파리에 있는 콩시에르주리를 닮은 콩탈성의 탑들, 원뿔 모양의 지붕이 예쁘다

겨 있어서 들어갈 수 없었다. 구경을 마치고 성을 돌아 나오는 곳에 공동묘지가 있었다. 제법 큰 십자가 모양이 무덤 위에 많이 서 있고 성탑도 함께 보이는데 으스스한 장면의 영화를 찍을 수 있는 멋진 장소가 되겠다고 생각했다.

카르카손성 안쪽에 있는 시테, 흐린 날씨여서 중세의 분위기가 짙게 나타난다

8. 페르피냥, Perpignan

페르피냥(Perpignan)은 프랑스 남서부 랑그도크 루시옹 지역에 있는 피레네조리앙탈주(Pyrenees Orientales)의 주도이다. 스페인 국경지대에 있고 테강과 바스강이 도시를 가로지른다. 옛날 루시옹 지역과 마요르카 왕국의 수도였고, 동쪽으로는 지중해, 내륙으로는 피레네산맥에 인접해 있는 작은 도시이다. 프랑스에 속해 있으나 스페인 카탈루냐(Catalane) 문화가 많이 남아있다.

도시로 들어오는 입구에 아비뇽 시가지에서 봤던 경치와 비슷하게 플라타너스 가로수가 멋지게 도열하고 있다. 노란색과 붉은색이 세로로 교차하는 카탈루냐 깃발이 자주 보이고 조금 무서운 표어(카탈루냐의 해방을 위한 운동에 페르피냥 주민들이여 동참하라!)가 적힌 현수막도 건물에 붙어있다.

마조르크 왕궁을 보러 가는 길인데 관공서처럼 보이기도 하고 박물관처럼 보이기도 하는 건물이 나타났다. '오 데임스 프랑스(Aux Dames de France)'라는 글씨가 건물 정문에 적혀 있다. 조사해 보니 상점과 사

하늘로 쭉쭉 뻗은 플라타너스 가로수가 존재감을 발휘하는 도시로 들어가는 입구

살바도르 달리 기념물이 있는 '오 데임스 프랑스' 건물

무실의 상업 복합 건물이었다. 일종의 백화점이라고 보면 된다. 사실은 건물 앞에 있는 조형물(초현실주의 화가 살바도르 달리 기념 작품)에 끌려 사진을 찍다가 이 건물에도 눈길을 주게 된 것이다. 괴짜이자 천재인 달리를 후세 작가가 나름 재미있게 만들었다. 프랑스 대학원에 재학 중인 현지 가이드에게 왜 달리 기념물이 이곳에 있느냐고 물었더니 예전에 살바도르 달리가 '페르피냥을 세상의 중심'이라고 말했다고 한다. 이건 자다가 홍두깨 두드리는 소리(갑자기 김밥 옆구리 터지는 소리)? 이유를 물어보니 자신도 상세한 것은 모른다고 했다. 뭔가 말한 전후 상황이 있었겠으나 파리도 뉴욕도 아닌 이 작은 도시를 '세상의 중심'이라고 말한 달리는 괴짜임이 분명하다. 예상컨대 페르피냥이 프랑스와 스페인 사이에 있다는 것을 강조해서 말한 듯하다.

페르피냥은 프랑스인의 발음으로는 '빽삐냥'이라고 부르는 것 같다. 우리나라 소리에 없는 영어의 'R'을 발음할 때 혀를 목구멍으로 감아서 소리를 내는 것처럼 두 입술을 붙였다가 떼면서 흉내 내는 것이 재밌어서 여러 번 소리를 냈더니 일행들이 마구 웃어댔다. 페르피냥으로 들어오는 길에는 프랑스어가 아닌 카탈루냐어와 스페인어로 적힌 표지판들이 있었다. 주민들의 성향에 따라 프랑스어, 카탈루냐어, 스페인어를 쓰는 모양이다.

마조르크 왕궁은 13세기 마조르크 왕의 거처로 지어졌다. 왕궁이라기보다 요새라는 인상이 짙게 풍긴다. 에스파냐 북부 카탈루냐의 중세 건축을 잘 보여준다. 유럽 다른 나라나 프랑스에서 많이 보아온 요새, 궁전들과 완전히 다른 모습이다. 장식이 없는 외벽은 단순하고 투박하

왕궁 입장 전 정원에서 바라본 경치, 거대한 성벽과 멀리 피레네산맥이 보인다

다. 전체적으로 단순한 스타일이나, 웅장하다. 궁전에 들어가기 전 청동 조각상들이 있는 성벽 가장자리에 서면 시내가 한눈에 조망된다. 도시에 높은 빌딩이 없고 높이가 거의 같은 건물들이 들어찬 모습이다. 멀리 눈이 덮인 피레네산맥까지 볼 수 있어서 멋진 사진을 찍을 수 있었다. 성벽과 궁전 사이에 있는 정원에는 매우 큰 청동 조형물들이 여러 점 있었는데 작품 수준이 상당했다.

장식이 없는 왕궁의 외벽은 투박하지만 웅장하다

계단을 오르며 바라본 마조르크 왕궁의 모습, 벽은 모두 붉은 벽돌로 되어 있다

고흐가 고갱을 맞이하려고 준비한 의자와 흡사한 의자가 전시실에 놓여 있다

비밀 통로처럼 생각되는 좁은 통로가 있고 내부에는 가구들이나 물건들도 박물관으로 옮겼는지 거의 없다. 심지어 멋진 종교화나 역사화도 없다. 다른 궁전과 달리 볼 것이 없으니 오히려 뭔가를 찾으려고 눈에 불을 켠다. 하나는 찾았다. 고흐가 고갱을 맞이하려고 꾸민 방에 갖다 놓은 의자와 흡사한 의자 두 개가 놓여 있다. 아를에서 발견해야 할 것을 에스파냐 프랑스 국경지대에서 보다니. 왕을 알현하는 곳, 만찬 장소, 보물을 진열하는 곳 등 다양한 공간이 있었지만 그다지 마음을 움직이게 하지는 못했다.

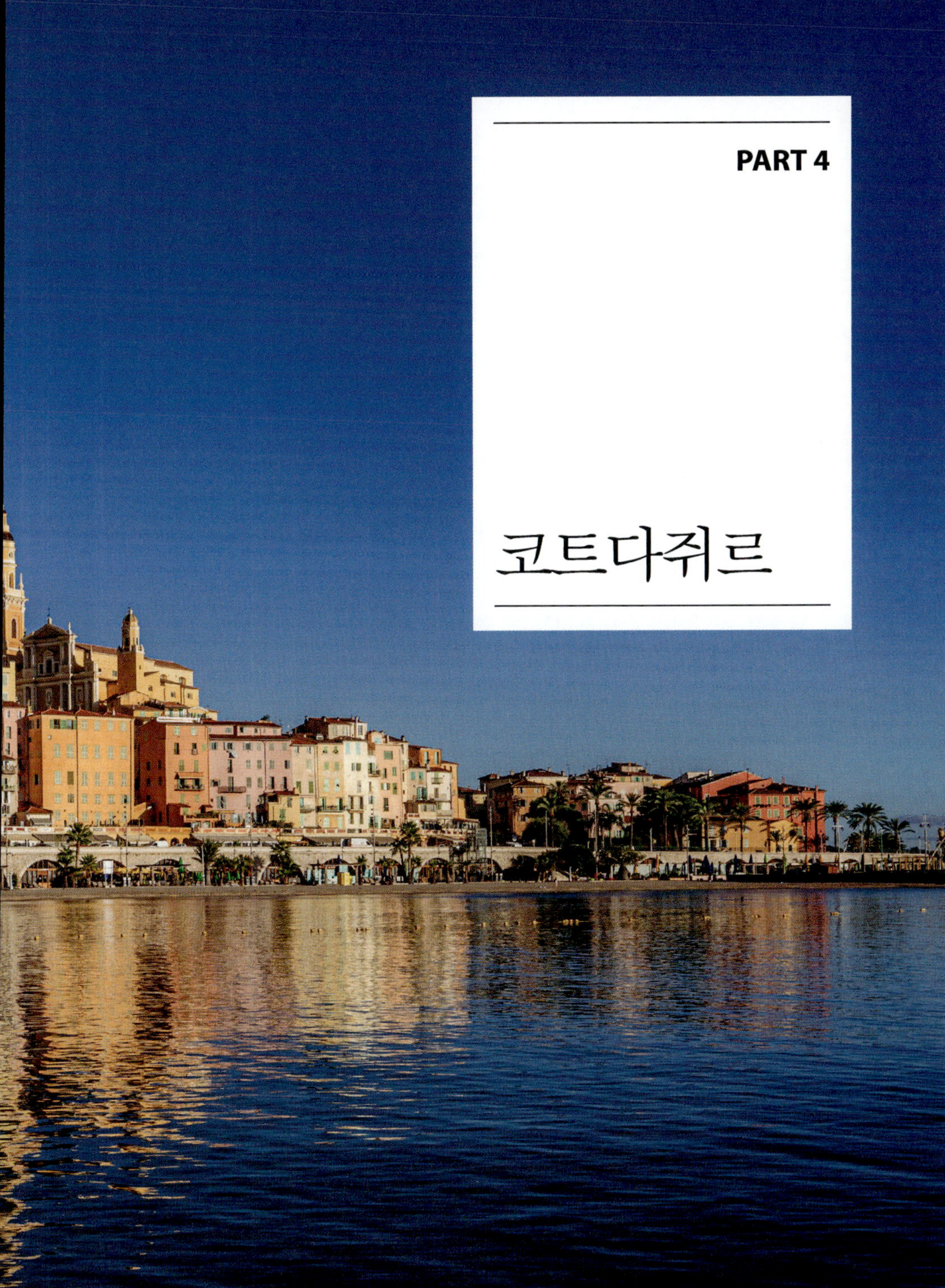
PART 4
코트다쥐르

1. 엑상 프로방스, Aix en Provence

여행사들의 프랑스 광고에는 자주 프로방스라는 말이 나온다. 프로
방스는 옛 지명인데, 설명을 보니 굉장히 복잡하다. 가장 쉽게 프랑스
남동부 지역이라고 이해하는 게 좋겠다. 베르동 협곡을 빠져나오는 데
시간을 너무 많이 소비했다. 협곡을 가로지르는 다리가 없으니 알파벳
U자를 뒤집어 놓은 막대자석 모양으로 돌아 나와야 하니 어쩔 도리가
없었다. 협곡을 빠져나오니 이제는 '발랑솔(Valensole)'의 거대한 라벤
더밭이 나온다. 5월이라 당연히 보라색 꽃은 없고 짙은 녹색의 잔치가
벌어진다. 보라색으로 물들 7월이 되면 많은 관광객이 몰려오는 곳이
다. 이런 여정으로 엑상 프로방스에 도착했을 때는 저녁이 되어버렸다.

구시가지로 들어가는 입구에는 거대한 성벽과 망루(포대 겸용)가 있
다. 500년이 넘은 플라타너스(양버즘나무)도 양쪽으로 줄지어 있다. 퐁
텐 드라 로통드(Fontaine de la Rotonde, 로통드 분수)가 있는 곳에서 미
라보 거리(Cour Mirabeau)가 시작된다.

젊은이들은 엑상 프로방스를 줄여서 엑스(Aix)라 부른다. 엑스는 고

대 라틴어 '아쿠아(물)'에서 따온 것이다. 따라서 엑상 프로방스는 '물이 많은 곳'이란 뜻이 된다. 로마의 집정관 가이우스 섹티우스가 지하수를 발견하여 도시를 건설하기 시작한 것부터가 엑스의 시작이다. 이 도시는 물과 떨어질 수 없는 관계이고 도시에는 분수가 100개가 넘는데 똑같은 모양의 분수는 하나도 없다고 한다. 이런 까닭으로 엑스는 나폴레옹이 프랑스를 통일하기 전, 옛 프로방스 공국의 수도였고 학생들이 많은 활기찬 도시다.

로통드 분수에는 많은 것들이 담겨있다. 12마리의 청동 사자상, 백조를 타고 있는 천사들, 세이렌(어부를 홀린다는 요정)이 분수를 둘러싸고 가운데 높은 꼭대기에는 삼미신(三美神)이 있다. 미라보 거리를 바라보는 여신은 정의(법)를, 아비뇽을 바라보는 여신은 예술을, 마르세유를 바라보는 여신은 농업을 상징한다. 모습을 보면 쉽게 이해가 된다. 법의 여신은 한 손은 돌판에 두고 왼손에는 두루마리를 쥐고 있다. 농

미라보 거리 입구에 있는 로통드 분수대, 위에는 삼미신이 올려져 있다

업의 여신은 낫을, 예술의 여신은 하프가 옆에 있고 젖가슴이 관능적이다. 로통드는 '세 가지 은총의 샘'이란 뜻도 가지고 있는데, 상당히 큰 규모(너비 32m, 높이 12m)로 로터리의 구실도 한다.

1650년 마차를 위한 광장으로 시작된 미라보 광장은 화려한 바로크 양식의 건축물(귀족들의 저택들)과 분수, 카페와 레스토랑이 줄지어 있는 엑스의 최대 번화가이다. 대로(大路)는 길이 440m, 폭 42m의 규모인데 루이 14세의 재상 마자랭이 17세기에 건설한 것이다. 세잔이 친구 에밀 졸라와 헤어지기 전까지 자주 들렀다는 레 두 가르송(Les Deux Garcons)이 아니라 조금 섭섭했지만, 볼테르(Le Cafe Voltaire) 맞은편에 있는 괜찮은 레스토랑에서 늦은 저녁을 먹어서 아쉬움을 달랜다. 라임 나무로 그늘진 예쁜 테라스에 손님들이 가득하다.

엑스는 폴 세잔의 도시이기도 하다. 생 폴드 방스는 샤갈, 아를은 고흐, 니스는 마티스, 이런 식으로 프로방스의 도시들은 예술가들로 연관

라임 나무로 그늘진 예쁜 카페 볼테르, 손님들로 꽉 차 있다

왼쪽은 시청사, 아래로 통로가 있는 종탑, 어김없이 엑스의 자랑 분수대가 있다

되어 있다. 거리 바닥에는 말굽 모양으로 된 세잔 표식이 박혀 있어 세잔의 생가(生家)나 생 빅투아르 산을 그리던 곳 등을 방문할 때 편하다.

높은 시계탑과 국기가 걸려있는 시청사가 있는 리셀므 광장(Place Richelme)에 왔다. 시청 앞에 있는 작은 광장이니 쉽게 시청광장이라고도 부른다. 1505년 건설한 시계탑 꼭대기에는 종이 설치되어 시계가 귀하던 시절, 시간마다 종을 쳤다. 도시 전체에 시각을 알린 것이다. 주말이 되면 광장에 꽃시장이 열린다. 시계탑 아래로 통로가 있다. 섹스티우스 요새로 가는 길이란다. 옛날에는 시계탑 앞에 작은 광장이 없었고저 통로로 사람들이 왕래했다는 것을 알 수 있었다. 구시가지 대부분의 건축물은 황토색이나 황금색이다. 높은 건물 사이로 골목길이 있으니 걸을 때 안쪽으로 빨려 들어가는 기분이 든다.

쇼핑 거리의 중심을 벗어나 조금 한적한 골목으로 들어와 보니 큰 술 잔 모양의 분수가 있는 광장(Place d'Alvertas, 알베르타 광장)이다. 정말 똑같은 분수가 하나도 없다. 파리의 방동 광장을 닮은 곳이고 18세기 귀족들의 집들이 모인 곳이어서 인기가 많다.

앞장서 걷던 가이드가 엑스의 마지막 코스이자 중요한 곳이니 설명을 잘 들으라고 한다. 성 소뵈르 성당(Cathedrale Saint Sauveur)이다. 겉으로 보기에 규모가 그리 크지 않아서 그런지 대단한 곳이라는 느낌이 없었는데, 조사해 보니 정말 대단한 성당이었다. 프랑스 최초의 카테드랄(주교가 있는 성당)이고 1400여 년에 걸쳐서 지은, 오랜 역사(약 2000년)를 지닌 성당이었다. 가우디가 지은 에스파냐의 성 가족 성당이 제일 긴 건축 역사를 가진 성당이라고 알고 있었는데 상식이 깨져버렸다. 생 소뵈르는 '거룩한 구세주(Savior)'라는 뜻이니 예수에게 헌정한 성당이라고 보면 된다. 이 성당에서 세잔의 장례식이 열렸다.

로마 시대, 아폴로 신전이 있었던 자리(고고학자의 추정)에 지어졌다. 호두나무를 재료로 구약의 예언자들과 성인들을 조각한 입구는 가장 아름다운 정문을 가진 성당으로 소개되고 있다. 내부는 화려하지 않으나 르네상스 시대의 종교화와 조각 작품은 꽤 멋지다.

6세기에 지었다는 성당 입구의 세례당은 같은 장소에 있던 로마 신전에서 가져온 것이라 추정된다. 가장 전통적인 팔각형 모양의 세례당이고 가운데에 침수 세례반(사람을 물에 담그는 장소)이 있다. 이 구멍으로 세례당 아래에 있던 로마 포럼(회의 장소) 포르티코(열주랑, 열주로 지붕을 버티고 한쪽이 개방된 건축 부분, 콜로네이드)의 일부분을 보여준다.

큰 술잔 모양의 분수가 있는 알베르타 광장, 주위에는 호화주택들이 늘어서 있다

성 소뵈르 성당의 종탑, 입구에 있는 세례당, 자기의 잘린 목을 들고 있는 성 미트레

짙은 녹색과 황금색으로 된 파이프 오르간이 엄숙함을 더하고 입구 벽과 제단 뒤에 있는 스테인드글라스가 품위를 더한다. 라파엘로의 '그리스도의 변용(변모, 모습을 바꿈)'과 전체 구도가 같은 그림이 있어서 기뻤다. '아는 만큼 보인다.'가 적용되는 경우다. 이 성당은 기원(起源)이 특이하고 정문 입구의 조각상들도 각각 대단히 재미있고 특별한 이야기를 담고 있다.

밤이 되어서 여기서 오래 머무를 수가 없었다. 하지만 교회 정문의 여러 조각상 중 내 눈을 특별히 끄는 것이 있다. 베인 자기의 목을 자신이 들고 있는 조각상이었다. 차 안에서도 숙소에 와서도 계속 성당과 이 조각상에 관한 기록을 살펴보았다.

성 소뵈르 성당의 내부, 라파엘로의 그림과 흡사한 예수 변용 그림이 있다

예수의 부활과 승천 이후 기독교에 대한 탄압이 심해지자, 막시맹(영어로 막시미누스)이 베다니(예루살렘 부근의 작은 마을)에서 방향타도 없는 작은 배를 타고 막달레나 마리아와 함께 프로방스 지방(마르세유라고 말하고 있음)에 무사히 도착했다는 것이다. 그리고 지금의 성당 자리에 작은 예배당을 지어 거룩한 구세주(예수)에게 헌정했다는 것이다.

이 예배당은 8~9세기 사라센의 침입으로 파괴되었다는 것이 성당의 유래이다. 프랑스에만 있는 전승이라고 하는데 이상한 곳이 있다. 막시맹이 나사로(죽었다가 예수의 명령으로 살아난 자)의 청지기(집사)였는데 나사로와 그의 여동생(베다니의 마리아와 마르다)을 데리고 왔다고 해야 이치에 맞는데 베다니의 마리아를 막달레나 마리아로 바꾼 게 아닐까? 어쨌든 막시맹은 엑스의 초대 교주가 되고 그가 세운 예배당이 성 소뵈르 대성당의 기원이다.

자기의 목을 들고 이 성당의 제단까지 와서 죽었다는 성 미트레(미트리우스, 미트리오)의 전설은 더 기이하다. 데살로니카(그리스)의 부유한 집에서 태어난 미트레는 24살이 되었을 때, 부모를 떠나 프로방스로 가서 자선을 실천하며 가난하게 살고자 했다. 갈리아 지방 나르본(Narbonne)으로 가서 그곳 집정관의 집에서 일하게 된다. 미트레는 어느 날, 집정관의 부도덕함(여러 여자와 관계를 맺고 사는 것)을 비난했는데, 이에 화가 난 집정관은 거짓 소문(미트레가 몰래 포도를 따서 포도주를 만든 후 가난한 이들에게 나눠줌)을 퍼뜨린다. 억울한 미트레가 신에게 기도하니 포도가 다시 달리게 되었다. 이것을 본 집정관은 미트레가 마법을 부린다고 고발했고 미트레는 참수를 당하게 된다. 그는 참수된 후 자기의 머리를 들고 엑스의 성모 마리아 성당 제단까지 간 후에 숨을 거두었다. 성 미트레는 프랑스에서 성인으로 추앙받는다고 한다. 저녁에 잠깐 본 엑스였지만 많은 이야기를 담고 있는 곳이라는 것을 알게 되어 보람을 느꼈다.

2. 아비뇽, Avignon

14세기 교황청(Palais des Papes, 팔레 데 파프)이 있었던 프랑스 남부 론강 둑에 있는 웅장한 중세도시다. '교황의 도시'라고 불리는데, 1309년 교황 클레멘스 5세가 로마에서 아비뇽으로 거처를 옮겼기 때문이다. 고등학교 역사 시간에 '아비뇽 유수(幽囚, 잡아 가둠, Avignonese Captivity)'라고 배웠다. 그를 이은 6명의 교황도 모두 프랑스 사람이었고 모두 아비뇽에 머물렀다.

탑과 포대가 있는 튼튼한 성벽으로 둘러싸여 있다. 중세 성문을 통해 도시로 들어가면 세계 최대의 고딕 양식 궁전인 교황청, 미술관, 박물관, 가게, 빌딩들이 모여 있다. 궁전은 교황의 거처이자 적의 침입을 막는 요새다. 성벽은 높이가 8m, 길이는 5km에 이르고 교황청 건물은 높이가 50m, 벽 두께는 4m나 된다. 교황청은 1417년 로마로 다시 복귀한 후에는 교황청이 관리하는 지방 도시가 되었다. 1789년 프랑스 혁명 이후에는 병영으로, 19세기에는 감옥으로 쓰이기도 했다. 그런 역사로 인해 내부에는 화려한 가구와 장식품이 거의 없다고 한다. 구시가지 외부만 돌아보고 빌 뇌브 레 자비뇽(론강 건너에 있는 마을)까지 돌아보는 2층 관광버스를 타기로 했다.

교황청 바로 옆에 있는 아비뇽 대성당(Cathedrale Notre Dame des Doms d'Avignon)으로 간다. 대성당 가는 길 앞으로는 팔레 데 파크 광장의 프티 팔레 미술관이 있다. '프티 팔레(Petit Palais)'는 작은 궁전이라는 뜻인데 대주교(추기경)의 저택으로 쓰이던 곳이 오랫동안 빈 상태로 있다가 1976년 미술관이 되었다. 13~14세기 이탈리아 작가들의 작품과 프로방스 예술가들의 작품을 전시한다.

한 프레임에 담기도 힘든 교황청

황금빛 성모상이 있는 아비뇽 대성당

대성당에서 제일 눈길을 끄는 것은 종탑에 서 있는 성모 마리아상이다. 높이가 6m, 무게가 4.5톤이 되는 황금 조각상이다. 다소곳한 자세의 일반적인 마리아상과 다르게 두 손을 모두 들어 올리고 있는데 한 손은 아비뇽에 축복을 내리고 다른 손은 아비뇽을 보호하는 자세로 아래에 있는 십자가에 달린 예수를 내려다보고 있다.

4세기에 건축한 성당은 웅장한 교황청에 보조를 맞추기 위해 여러 번 보강 공사를 했다. 12세기에 더 크게 확장되지만(황금빛 마리아상 등), 너무나 웅장한 교황청의 비위를 맞추기에는 아직도 상당히 부족하다. 아비뇽 대주교가 미사를 보고 교황이 쉬는 장소인데 다행스럽게도 관광용 성당이 아니라 지금도 미사를 보는 살아있는 성당이어서 좋았다. 대성당에는 교황의 무덤(교황 요한 22세와 베네딕토 12세의 무덤)과 종교적 예술품이 있는데 다른 성당에 비해서는 장식품이 적다. 돌계단

추기경의 저택으로 쓰였던 쁘티팔레 미술관

을 올라가면 작은 광장이 나오는데 이곳에서 건너편을 조망할 수 있다.

교황청 오른쪽으로 가면 일반 시민들이 생활하는 지역이다. 오페라 극장, 각종 박물관, 수녀원, 관광청 사무소, 갤러리, 예배당이 있어 볼거리가 무척 많다. 보행자만 다닐 수 있는 쇼핑 지구에는 현대식 부티크와 매장이 가득해서 깜짝 놀란다. 교황의 도시라고 들어서 성안에 이런 것들이 있을 거라고는 생각지 못했다. 구시가지 입구에서 인기를 끄는 곳은 생 마르트르 성당(Temple of St. Martial)이다. 작은 공원도 있고 철이나 돌로 된 조형물도 예뻐서 사진을 많이 찍었다. 일행들의 사진을 찍어주다가 꽃밭 얕은 물에 빠져서 양말을 쥐어짜서 신었다. 처치(Church)라 하지 않고 템플(Temple)이라고 적힌 것이 계속 마음에 걸린다.

무료로 전시 작품을 볼 수 있었던 Musee Lapedaire, 성당을 개조한 박물관

성당이었던 곳을 개조한 박물관으로 들어간다. 입장료도 없다. 진품인지 복제품인지는 알 수 없지만 이집트의 벽화, 페르시아의 대형 항아리, 추상화 등 볼거리가 많다. 검색해 보니 'Musee Lapedaire'라고 나오는데 건물벽에는 어려운 다른 글자들이 적혀 있다.

'빛의 채석장' 광고가 걸린 건물을 보고 있는데 완전히 빨간 옷을 입은 멋쟁이 여성이 걸어온다. 자세히 보니 아가씨가 아니라 할머니였다. 본능적으로 인사를 하고 사진을 부탁했다. 흔쾌히 허락해 주셨다. 지금껏 제법 유럽을 다녀봤지만 이렇게 과감하게 차려입고 외출하는 분은 처음 보았다. 주관이 뚜렷하고 용감한 분이라고 생각된다.

과감한 패션의 할머니와 한 컷, 이층 버스를 타고 거리를 내려다본 모습

아비뇽에는 골목 구석구석을 누비는 미니 열차(Petit Train)가 있고 론강 건너(빌 뇌브 레 자비뇽이라 부르는 지역)까지 돌아보는 관광버스도 있다. 관광버스 2층에 느긋하게 앉아 구경을 시작한다. 거대한 플라타너스(양버즘나무)가 '잘 다녀오세요.'라고 인사를 하는 듯하다.

'필립의 탑(Phillippe le bel Tower)'이 나타났다. 필립 왕이 교황을 감시하기 위해 세운 탑이다. 심복을 시켜 교황(보니파시오 8세)의 빰을 때리고 성안에 가두고(모셔 왔다고 하지만) 감시(클레멘스 5세부터)까지 하는 탑을 세운 것을 보니, 권력에 대단히 집착한 왕이었다고 생각되었다. 다음으로 산탄도레(Saint Andre Fort, 생 안드레 요새)를 봤다. 14세기에 건설한 중세 요새인데 세계에서 가장 아름다운 요새라고 한다. 버스에서 내려서 돌아보고 싶은 마음이 너무 간절했다.

처음 출발했던 곳으로 다시 돌아와 이제는 걸어서 성 밖으로 걸어간다. 골목에 있는 건물인데 제법 멋있어 보여 쳐다봤더니 분명히 'Hotel De Ville'이라고 쓰여있는데, 호텔이 아니고 시청사 건물이란다. 지금

사진을 찍어주다가 얕은 물에 빠졌던 마르트르성당, 처치라 하지 않고 템플이라고 함

도 관공서로 쓰이고 있었다. 이와 경우가 또 하나 있었다. 'Banque De France'라고 되어있는데 은행이 아니고 와인 가게로 변해있었다.

성 밖 구경의 하이라이트는 생 베네제 다리(Pont Saint Benezet)다. 아비뇽 다리(Pont d'Avignon, 퐁 다비뇽)라는 별칭으로 더 많이 알려졌다. 우리나라 초등학교 음악 교과서에 나오는 '아비뇽 다리 위에서'라는 노래로도 유명한 다리다. 아비뇽에 다리를 지으라는 계시를 받았다는 생 베네제의 이름에서 다리의 이름을 지었다. 22개의 아치가 있는 900m 길이의 론강을 가로지르는 다리였는데, 홍수로 자주 파괴되어 복구를 반복하다가 1669년 홍수 이후로 복구 작업을 하지 않는다. 4개의 아치만(3개는 강 위에 1개는 도로 위에) 남아있다. 15세기의 민요(Sur le Pont d'Avignon)에서 19세기 동요로 발전된 노래는 프랑스 문화에서

4개의 아치만 남은 성 베네제 다리, 가운데에 두 개의 예배당이 있다. 프랑스인 모두가 부르는 '아비뇽 다리 위에서'라는 노래의 현장이다

빠질 수 없는 중요한 것이다. 인사하고 춤추고 노래하는 모습을 담고 있는데 단순한 멜로디, 반복되는 노랫말이 특징으로 프랑스 유치원과 초등학교에서 모두 배우는 노래다. 다리 가운데에는 성 니콜라스(강과 어부의 수호자)와 성 베네제의 예배당(성 베네제의 무덤이 있음)이 1, 2층에 마련되어 있다.

천재교육 교과서에 실린 프랑스 동요, 와인 가게로 이용되는 은행 건물

피카소의 작품 '아비뇽의 처녀들'에 나오는 장소는 이곳이 아니라 바르셀로나의 지역 이름인데 같은 소리여서 오해하기 쉽다. 아비뇽은 7월이 되면 종합 예술 축제(페스티벌)가 열리는데 세계 최대의 연극제로 3주 동안 열린다. 깜짝 놀란 것은 교황청 안뜰, 쿠르 되뇌르(Cour d'Honeur, 명예의 뜰)에서도 공연이 펼쳐진다는 것이었다. 한여름 웅장한 요새를 배경으로 연극이 펼쳐진다니 상상만으로도 짜릿하다.

필립 왕이 교황청을 감시하기 위해 론강 건너편에 세운 필립의 탑

14세기에 건설된 세계에서 가장 아름다운 요새라 불리는 생 안드레 요새

셔틀버스에서 바라본 크루즈 배가 있는 론강과 교황청과 대성당이 있는 아비뇽 요새

3. 아를, Arles

반 고흐가 머물렀고 원형극장이 있는 곳 정도로만 알았던 아를은 옛 로마령 갈리아의 주요 도시였다는 사실이 놀라웠다. 고대 로마 시대에서 4세기 때까지는 인구가 10만 명에 달했다. 그러나 역사는 그보다 훨씬 오래전인 리구리아인이 도착한 기원전 800년경으로 거슬러 올라간다. 기원전 123년 로마가 정복하기 전까지는 페니키아인의 주요 항구였다. 8세기에 이슬람의 지배를 받은 적도 있고 독립 왕국인 아를 왕국의 수도였던 곳이다. 지금도 아를에는 로마 시대의 광장, 사원, 극장, 원형 경기장, 공동 목욕탕 등이 남아있어 까마득한 옛날의 모습을 보여준다. 아를은 카마르그(Camargue) 습지 근처에 론강을 끼고 있는 도시인데 로마 유적과 무엇보다 고흐로 인해 세계적으로 유명한 곳이다. 고흐는 1888년 2월부터 약 1년 3개월간 이곳에 머물렀지만 300여 점의 작품을 완성한다.

고흐의 론강의 별이 빛나는 밤의 배경인 된 론강, 지중해로 흘러가는 유럽의 유일한 강

리옹에도 론강, 아비뇽에서도 론강, 아를에서도 론강이 계속해서 나오길래 어느 정도의 크기인지 살펴보았다. 스위스 알프스에서 발원하여 제네바호수에 머물렀다가 프랑스 남동부를 따라 지중해로 빠지는 813km 길이를 가진 강(유럽에서 유일하게 지중해로 흘러가는 강)이다. 볼가강(제일 긴 강), 다뉴브강(두 번째로 긴 강)만 알았던 지식에 론강을 더했다.

어젯밤 저녁을 먹고 시간이 남아서 여행 동선도 살펴볼 겸 대략 구경을 하고 오늘 다시 여행을 시작한다. 숙소를 조금 지나면 관광 안내 센터가 보인다. '팸플릿'을 얻으러 센터에 들어가려고 하는데(조사하고 검색하기가 귀찮아져서) 일행들은 벌써 횡단보도를 건너려고 한다. 할 수 없이 포기하고 후다닥 뒤를 따랐다.

　　오벨리스크가 있는 레퓌블리크 광장(Place de la Republique, 공화국 광장)은 크립토포르티쿠스 지하동굴을 가진 시청사, 성 안나 성당, 생 트로핌 성당 등이 있는 아를의 중심 광장이다. 기단 포함 20m 높이의 오벨리스크는 4세기경 콘스탄티누스 황제의 명으로 아를의 로마 극장 앞에 세워졌는데 두 동강이로 부서지는 수난을 겪다가 루이 14세에 의해 지금의 자리로 옮겨진 것이다. 윗부분을 보면 두 동강이를 붙인 흔적이 보이고 몸통에 깨진 부분이 많다. 이집트에서 가져온 것이 아니고 아를에서 만든 것이며 아랫부분은 분수로 이용하고 있다.

　　그냥 평범하게 보이는 시청사는 베르사유 궁전의 거울의 방과 정원을 설계한 쥘 아르망 망사르가 설계한 건물이다. 레퓌블리크 광장은 로마 제국 시절 포럼(토론이나 대화를 나누던 공공장소)이 열리던 곳이 있었고 광장 아래에는 크립토포르티쿠스(Cryptoporticus, 산책을 위한 시원한 장소를 제공하려고 지은 지붕이 있는 복도나 통로), 지하동굴이

오벨리스크가 있는 공화국 광장, 파란문이 있는 성 안나 성당, 국기가 있는 시청사

2층으로 가는 계단 입구에 사자 2마리가 있고 왼쪽의 문은 지하동굴로 가는 문이다

있다. 원통형 아치 천장으로 된 회랑 형식의 지하동굴은 예전에 피난처, 시장, 창고로 사용되었고 지금은 갤러리로 이용된다. 여름에도 추위를 느낄 정도라고 한다.

성 안나 성당(Eglise Saint Anne d'Arles)은 17세기 후기 고딕 양식으로 지어진 마리아의 어머니 안나에게 헌정된 성당이다. 정문 바로 위 감실(龕室, Niche, 종교시설에서 신위나 작은 성체 등을 모셔두는 곳)에 작은 성모 마리아상이 모셔져 있었는데 어찌 된 일인지 지금은 미네르바(지혜의 여신) 흉상이 놓여 있다. 이 성당은 프랑스 대혁명 이후 성 트로핌 대성당에 대성당의 지위를 넘겨준다. 지금은 아레나 미술관이란 이름으로 국립 사진 학교 미술관으로 이용되고 있다.

아를의 중세 건축물을 대표하는 것은 성 트로핌 대성당(Cathedrale of

Saint Trophime d'Arles)이다. 5세기에 짓기 시작하여 12세기에 증축을 하고 15세기에 완성한 성당이다. 12~15세기 아를 왕국의 수도 시절 많은 사람을 수용할 수 있는 성당이 필요해서 15세기에 마무리 지은 것이다. 11세기 초, 아를이 산티아고로 가는 순례길에 들어야 할 순례지가 되면서 규모의 확장이 필요했다. 그래서 아를의 원형 경기장(갈로로마 시대에 지어진 건축물) 일부분을 떼어내 크게 확장하게 된다.

성 트로핌은 3세기 아를에 기독교를 전파한 인물로 아를의 첫 번째 주교가 된다. 1152년 공동묘지 알리스캉(Alyscamps)에 있던 주교의 석관과 유물을 이곳으로 옮기면서 그의 이름으로 성당 이름을 짓게 된다.

외벽, 기둥머리, 기둥 받침 등 빼곡하게 조각한 부조들로 가득한 성당 정면은 중세 르네상스 건축의 화려한 모범을 보여준다. 반원형의 박공(맞배지붕으로 만들어지는 삼각형의 벽면, Gable)에는 '최후의 심판' 부조가 있다. 예수 뒤쪽의 타원형 공간은 천국의 문을 뜻하고, 예수는 왼손에는 복음서를 잡고 오른손으로는 삼위일체를 상징하는 세 손가락을 들고 있다. 예수를 중심으로 날개 달린 사람, 독수리, 날개 달린 황소, 날개 달린 사자가 있고 부조 아래에는 12 제자가 있다. 에스겔의 환상에 연결 지어 마태, 요한, 누가, 마가의 네 복음서 저자들을 배치한 솜씨가 놀랍다.

이런 박공 부분만이 아니라 파사드(건축물의 주 출입구가 있는 정면부 전체, 박공이 포함됨) 전체가 정교한 조각으로 채워져 있는데, 놀라운 것은 조각 모두가 대단한 이야기를 담고 있다는 것이다. 로마네스크 성당 파사드의 끝판이라고 보면 되겠다. 기둥의 모습까지 합쳐서 전체

4 복음서의 저자들이 예수를 둘러싸고 있다. 쇠사슬에 묶여 지옥으로 끌려가는 사람들

를 보면 성당이라기보다 신전이나 개선문의 이미지를 풍긴다. 사도들과 성인들의 모습, 천국으로 들어가는 자와 쇠사슬에 묶여 지옥으로 가는 자들, 칼을 든 천사가 지키는 천국의 문 앞에서 울부짖는 자들까지 이야기는 끝이 없다.

사자 굴속의 다니엘: 출처는 위키피디아, '아를 카마르그'라고 적힌 아를 관광안내센터

　제일 좋았던 것은 기둥 받침에 있던 '사자 굴속의 다니엘' 부조였다. 사자가 양쪽에서 입을 벌리고 다가오는데 태연하게 턱을 괴고 생각에 잠긴 모습이 너무 재미있었다.

　성당 탐방을 마치고 포름 광장에 왔다. 시청광장 분위기와는 완전 딴판이다. '밤의 카페 테라스'의 배경이 된 고흐 카페가 있고 다른 많은 카페와 레스토랑이 커다란 파라솔 아래 펼쳐지고 있다. 반 고흐 카페는 노란색 벽과 차양으로 그림의 카페 모습과 다를 바가 별로 없다. 마침 사람들이 몰려오지 않아서 사진을 다양하게 찍을 수 있었다. 이 광장에는 프레데릭 미스트랄(노벨 문학상 수상자)의 동상도 있다. 시인이자 사전 편집자였는데 프로방스 사투리인 오크어로 많은 작품을 썼고 프로방스 문학 발전을 위해 평생을 바쳤기에 여기에 동상을 세웠다.

밤의 카페테라스의 무대가 된 반 고흐 카페, 낮과 밤의 분위기를 맛보았다

프리데릭 미스트랄 동상이 있는 포름 광장, 바로 앞에 반 고흐 카페가 있다

　　원형 경기장으로 가는 길에는 골목길이 눈길을 끈다. 색이 바랜 건물의 벽이 오히려 무척 예쁘다. 어젯밤에도 할아버지 두 분이 올라가는 얕은 계단이 있는 이 골목을 오래 봤다. 예쁜 꽃 화분이 없어도 골목들이 예쁘다. 아를의 숨겨진 매력이라고나 할까.

낮과 밤의 원형 경기장, 복구한 부분과 예전에 있던 부분이 차이가 있어 오히려 좋았다

아고라(그리스 도시에 있었던 열린 회의 장소) 유무에 따라 '그리스냐 아니냐?'를 알고 원형 경기장의 유무에 따라 '로마냐 아니냐?'를 안다는 말이 있다. 원형 경기장은 잔인한 오락을 즐기는 로마인의 경기장인데 이곳에서 아레나(Arena, 원형 경기장 한가운데 모래나 흙을 깔아놓은 곳)라는 말이 생겼고 '각축전이 벌어지는 무대'가 되어 경기장 이름에 많이 들어가는 말이 되었다. 원형 경기장은 겉모습으로 복구한 부분과 기존에 있던 부분을 단박에 알 수 있다. 색깔이 확실하게 차이가 나기 때문이다. 지금도 부활절 축제 기간 등에 투우 경기가 열리는데 프랑스의 투우 경기는 에스파냐와 달리 소를 죽이지 않고 소의 머리에 매달린 장식을 낚아채는 경기를 한다.

기원전 100년경에 로마인들이 아를에 들어와 경기장과 고대 극장 등을 짓고 이 도시를 자신들의 세력으로 두었다니 대단하다는 감탄밖에 나오지 않는다. 당시에는 '갈룰라 로마(갈리아의 작은 로마)'로 불리면서 로마와 흡사했다. 지어진 지 이천 년이 넘었는데 아직도 모습을 나타내고 있으니 당연히 세계문화유산이다. 로마의 지배 후에는 사람들이 경기장 안으로 들어와 교회와 주택을 짓고 살아서 많이 훼손되었던 것을 1825년, 역사 기념물로 지정된 뒤 건물들이 철거되고 복원 작업으로 지금에 이르고 있다. 고흐와 고갱도 알리스캉뿐만 아니라 이곳에 와서 그림을 그렸는데 경기장을 돌아가면 고흐가 그린 그림이 나온다. 밖에서도 안이 다 보이기에 돈을 주고 입장하지는 않았다.

경기장에서 50m 정도 걸어가면 고대 극장(Theatre Antique d'Arles)이 나타난다. 경기장보다 앞선 아우구스투스 시대에 지어진 곳이니 아를에서 역사가 가장 오래된 로마 건축물이다. 경기장이 2만 명을 수용한다면 극장은 1만 명을 수용하는 규모다. 경기장보다 훨씬 많이 파괴되어 있다. 그래도 철로 된 조명 시설이 있는 것으로 보아 지금도 자주 공연이 열리는 것 같다. 이곳도 들어가지 않고 주위를 돌면서 구경한다. 극장의 가장자리에는 무너진 돌기둥들을 정리해 놓았다. 깨어진 돌덩이지만 정교하게 새겨진 문양이 너무 멋지다. 새롭게 알게 된 사실은 계단의 객석이 신분에 따라 차등을 뒀다는 사실이다.

원형 경기장보다 파괴가 더 심한 고대 극장, 공연을 위한 조명설치가 보인다

아를은 고대와 중세에만 얽매여 있는 곳이 아니다. 현대적인 반 고흐 재단

자유 시간이 끝나고 이제는 가이드와 함께 론강(Rhone)으로 향한다. 물론 고흐의 '론강의 별이 빛나는 밤'의 공간을 보고 싶어서이다. 가는 길에 '반 고흐 재단' 건물도 보았다. 입구 양쪽 나지막한 벽에 'Vin Cent'라고 나누어서 쓴 글씨가 좋았다. 아를은 옛것만을 중시하지 않고 이런 현대적인 시설들도 잘 갖췄다. 아를에 '이우환 미술관'이 있다는 놀라운 사실도 가이드에게 들었다. 우리가 본 론강은 굉장히 넓었다. 고흐가 그린 지점에는 시설물들이 많아서 이곳에서 보는 게 낫다고 한다. 온종일 걸어 다녔으나, 피곤함이 없고 많은 곳을 돌아봤다는 만족감이 밀려왔다.

4. 생 레미 프로방스, Saint Remy Provence

고흐를 만나러 아침 일찍 떠난다. 정확하게는 생 폴드 모졸(Saint Paul Mausol) 수도원을 찾아간다. 아를에서 약 20km 떨어진 생 레미 마을에 있다. 이 마을은 지구종말론 예언가 노스트라다무스가 태어난 곳으로도 유명한데 마을에서 조금 떨어진 외곽에 있는 병원에 고흐가 입원하여 많은 작품을 남겨 세계의 관광객들이 끊이지 않고 찾는다. 이곳은 외부와 거의 단절되어 원래 수도사들이 수련하는 수도원이었는데 대혁명 시기 정신병을 치료하는 요양원으로 바뀐다. 베네딕트회 소속이었을 때에도 퇴마(退魔) 수도원이었고 지금은 환자들을 수용하는 병원, 수도원, 고흐를 기념하는 장소로 더 폭넓게 쓰이고 있다. 고갱과 다툰 후 귓불을 자른 고흐는 아를 시내의 정신병원에서 치료를 받다가 퇴원한 후 스스로 이곳에 온다.

1889년 이곳에 도착하여 1890 오베르 쉬즈 우아즈로 떠나기까지 53주간 동안 머물렀는데 유화 143점, 스케치 150점의 작품을 완성한다. 몸과 정신이 완전하지 않은 가운데에서도 많은 작품을 완성한 것이다.

고흐가 오베르 쉬즈 우아즈로 떠나기까지 머무른 생 폴드 모졸 병원 입구

수도원으로 걷는 길에는 올리브 나무가 많은데 고흐 작품에 나오는 올리브 나무와 연결하니 수긍이 가는 나무 모양이다.

수도원 정문을 통과하여 들어가니 보랏빛 붓꽃이 반긴다. 붓꽃이 있는 벽에는 어김없이 고흐의 작품(복제품)이 걸려있다. 이 통로 양옆으로 폭이 좁은 화단과 벽이 있는데 자화상을 비롯한 여러 작품이 걸려있다. 통로가 끝나는 부근 화단에 고흐의 전신 조각상이 있다. 양손에 해바라기와 붓을 들고 있는데 굉장히 말라 보인다. 고흐의 생애를 잘 파악한 작가가 제대로 만들어서 고맙기도 하고 만족했다. 요양원이지만 수도원을 개조한 것이라 입구를 통과하면 뜰을 둘러싼 회랑이 먼저 나온다. 1층에는 작품 전시도 하고 기념품을 판매한다. 여기에도 고흐의 흉상이 있는데 화단에 있었던 전신상을 제작한 동일 작가의 작품으로

양손에 해바라기와 붓을 들고 있는 고흐 동상, 고흐가 그린 아이리스 그림과 화단의 꽃

안뜰과 회랑이 옛날 수도원으로 쓰였던 곳임을 알려준다

보인다. 계단을 올라가니 고흐의 방이 있다. 철로 된 침대 하나, 의자 2개 그뿐이다. 벽에는 아마추어 화가가 그린 귀를 자른 고흐의 모습이 그려진 그림(작가의 이름도 제목도 없음)이 걸려있다. 창살이 있는 창문 너머로 라벤더밭과 붓꽃이 활짝 핀 화단, 화단 담 너머로는 빼곡한 올리브 나무가 보인다. 비록 변변한 가구조차 없는 방이지만 창밖 풍경이 고흐를 위로해 줬다고 생각한다.

　화단으로 나오니 붓꽃(아이리스)이 만개해 있다. 라벤더는 5월이라 그냥 짙은 녹색인 상태다. 측백나무가 있는 곳(숲) 앞에 '낮잠', '사이프러스가 있는 밀밭' 등 여러 작품을 세워놓았다. 정신병원이라는 말에서 '억압, 감금'이라는 느낌이 컸는데 둘러보니 '휴식, 평안, 자유로움'이 느껴진다. 강렬한 태양, 각종 나무와 꽃이 있는 시골 풍경에 매료되어 열정적으로 작품을 완성 해나간 고흐의 마음을 조금은 알 것 같다.

병원 건물 뒤에 있는 라벤더와 아이리스 꽃밭, 숲 근처에는 고흐의 그림이 많이 있다

글라눔 유적지에 있는 개선문과 영묘, 개선문의 벽과 지붕은 완전히 복구되지 않았다

　가이드가 근처에 로마 유적이 있다고 가자고 한다. 그렇지, 개선문 모양의 유적이 있다는 것을 들은 적이 있다. 얼마 걷지 않아 유적이 나왔다. 글라눔(Glanum) 개선문(Triumphal Arch)과 영묘(위인의 묘, Mausoleum of the Julii)였다. 개선문은 지붕과 벽의 조각상에 손상된 곳이 있는 반면에 영묘는 윗부분을 복구했는지 깔끔한 형태이다.

　앗! 유적이 이게 끝이 아니었다. 길 건너에 돌로 된 유적들이 많은 것이 아닌가. 바로 뛰어가는데 가이드와 나머지 일행들은 따라오지 않는다. 올 때까지 쉬고 계시라고 하고는 얼른 발걸음을 옮긴다. 흡사 로마에서 본 '포로 로마노'의 오 분의 일 축소판이다. 6세기에 건설한 갈로로마(Gallo Roma) 유적지다. 어떤 장소인지 정확하게 말할 수는 없으나 신전, 극장, 포럼 등의 자취인 것은 분명했다. 다른 관광객들이 제법 보였다. 수행한 가이드가 열심히 설명도 하고 듣는 태도가 진지했다. 영

글라눔 유적지의 하이라이트 갈로로마 유적지, 로마의 포로 로마노를 떠올리게 한다

어로 했으면 옆에 가서 조금이라도 엿들었을 텐데. 페루 마추픽추는 아직도 불가사의인데 이곳도 왜 사라지게 되었을까?

처음에는 리구리아인의 성소(聖所)였는데, 기원전 2세기(헬레니즘 시대)에 많은 마살리아(마르세유)인을 데려와 살게 하였고(植民化), 기원전 1세기 전반 G.마리우스 시절에 로마화(化)가 시작되어 로마의 도시가 된다. 이후에 이탈리아와 에스파냐를 연결하는 군사적, 통상적 중계지로서 번영을 누렸다. 로마의 내란기에 파괴되었다가 재건되어 웅장한 건조물이 축조되었으나 AD 270년대에 다시 파괴되었다고 한다. 이유를 알게 되어서 마음이 후련했다.

5. 레 보 드 프로방스, Les Baux de Provence

생 폴 드 모졸 수도원에서 1시간쯤 달리면 알필 산맥(Alpilles)에 속하는 바위산 꼭대기에 마을이 나온다. '고원 위의 요새 마을'이라고 표현하는 게 제일 잘 어울린다. 기원전 6,000년 전부터 사람이 살았던 곳이다. 절벽을 집으로, 좁은 구멍을 무덤으로 사용하고 제법 많은 사람이 살던 때도 있었다. 척박한 곳인데 웬만한 도시보다 역사가 더 오래됐다는 게 신기하다. 봉건 영주 보 가문(Beux, 남부 프랑스의 귀족)이 거주하면서 요새화되었는데 주변 중세도시에 대항하기 위해서였다. 암벽으로 둘러싸인 경이로운 풍경을 가진 마을은 당연히 프랑스의 아름다운 마을에 뽑혔다. 문화유산으로 지정된 건축물이 20개 이상이다.

우리는 마을 구경은 하지 않고 '빛의 채석장(Carrieres des Lumieres, 까리에르 드 뤼미에르)'만 본다. "아리까리가 아니고 까리에르, 다음 드를 크게 하고 최대한 혀를 굴러 뤼미에르입니다." 이름을 부르기가 너무 어려워서 연습하면서 이렇게 말했더니 모두 까르르 웃으며 흉내를 낸다.

이곳은 예전에 마을(Beux 마을)의 주택과 성을 짓기 위한 채석장(돌을 캐내는 곳)이었다. 채석 산업이 쇠퇴하고 1935년 채석장은 폐쇄되었으며 마을의 인구도 줄어들게 되었다. 21세기에 들어와 출구를 모색하다 2012년, 빛의 채석장으로 변모하게 되고, 세계적인 명소가 되었다.

주차장에서 내리면 뒤쪽으로 울퉁불퉁한 석회암 산이 나타난다. 오늘도 복권 당첨된 날이다. 전시가 반 고흐 작품이다. 매표소, 전시장으로 들어가는 통로 모두가 거대한 지하 광장의 모습이라 입이 쩍 벌어진다. 이집트의 신전으로 들어온 느낌이다. 사방을 둘러보면 세로가 긴 직사각형 기둥 모양이 많은 데 돌을 파낸 흔적이다. 언젠가 '1,500만 년 전의 돌을 만져보고 잘 지어진 영화관보다 더 매력적인 곳'이라고 이곳 관계자가 TV 프로그램에서 자랑하던 것이 생각났다. 두리번거리며 전시장에 들어와 자리를 잡는다. 벽에 기대어 서 있는 사람도 있고 바닥에 앉아 있는 사람도 있다.

빛의 채석장 입구에 들어와 바라본 경치, 석회암 봉우리가 멋지다

직사각형 모양의 돌을 캐낸 자국이 선명하게 보이는 동굴, 이집트 신전의 느낌이 난다

채석장 안에는 카페도 있다

갑자기 불이 꺼지고 쇼가 시작된다. 예술과 음악의 몰입형 체험 프로젝션이다. 대리석 바닥과 벽에 빛으로 이루어진 영상을 투사하고 영상에 어울리는 음악을 들려주면서 관람자가 온몸으로 느끼도록 하는 몰입형 미디어아트다. 영상을 비추는 프로젝터가 100개, 여러 개의 스피커가 설치되어 있다. 프로젝터는 경계 없이 곳곳(천장, 벽, 바닥)에 이미지를 비추고 이미지와 영상의 흐름에 맞추어 음악이 나오니 감상자가 다른 생각을 할 겨를이 없다.

해바라기, 붓꽃 작품이 바닥과 벽과 천장에 비치고 음악이 흘러 정신이 혼미해진다

　1시간 정도 쇼가 진행되었는데 마지막에는 고흐에게 영향을 줬다는 자포니즘(Japonisme, 19세기 중후반 유럽에서 유행하던 일본풍 사조) 예술이 나왔다. 이곳 작품은 제주도 '빛의 벙커'에 제공된다. 빈센트 반 고흐, 샤갈! 파리에서 뉴욕까지, 클림트 등 여러 작품을 선보였는데 매년 새로운 프로그램으로 진행된다고 하니 이곳이나 제주도의 빛의 벙커는 여러 번 가도 좋을 것 같다. 마치고 나올 때 지하동굴에 카페가 있었다. 적벽 뷰를 가진 카페가 시내에 있는 카페보다 더 멋졌다.

벽마다 나타난 고흐가 그린 인물화

채석장 안에 있는 카페에 너무나 가고 싶었는데….

해바라기 시리즈에서 '생트마리 드라메르의 바다'로 최애 그림이 변했다

6. 베르동 협곡, Gorges du Verdon

프랑스 남동부 알프 드 프로방스에 있는 협곡을 보러 간다. 정확하게 말하면 베르동 지역 자연공원(Parc Naturel Region du Verdon)이다. 유럽의 그랜드 캐니언이라 불리는 협곡, 호수, 산림을 포함한 드넓은 생태 지역이다. 베르동 강이 깎아 만든 협곡은 약 25km 길이, 깊이 최대 700m의 거대함을 자랑한다.

갈레타 다리(Pont du Galetas) 근처에 주차했다. 좁은 협곡에 민트색 물이 흐르고 위로는 하얀 석회암에 키가 작은 푸른 나무들이 있다. 최고의 경치다. 협곡과 생 크루와 호수(Lac de Sainte Croix, 댐 건설로 만들어진 호수)에 카약과 보트를 즐기는 분들이 많다. 다리 양쪽을 오가면서 사진을 찍었다. 가이드의 제안으로 여행 코스를 바꿔 온 곳인데 쉽게 올 수 없는 멋진 곳에 와서 기분이 좋다.

이곳은 수상 활동(수영, 카약, 패들 보트, 카누), 트레킹, 암벽 등반, 패러글라이딩, 드라이브 등 자연을 즐기는 다양한 액티비티가 가능한 곳이다. 특히 암벽 등반은 전문가들만 할 수 있다는 생각이 컸는데 이곳

갈레타다리에서 좁은 협곡을 바라본 경치, 민트색의 호숫물이 확 눈에 띈다

에는 초보자들도 즐길 수 있는 구간도 많고 400m가 넘는 전문가 코스도 있단다. 암벽 등반 코스가 무려 1,500개나 있다니 겁쟁이인 나도 해보고 싶다는 마음이 들었다.

우리는 D23 도로와 D952 도로를 타고 협곡을 완전히 일주할 계획이다. '루트 데 크레스(Route des Cretes)'를 통과하는데, 곳곳에 많은 전망대가 있지만 10인승 승합차가 주차할 만한 곳이 별로 없어서 세 번 주차하고 경치를 구경했다. '능선길'이란 뜻인데 수백 미터 높이의 절벽 위를 달리는 길이다.

베르동협곡의 넓은 부분을 바라볼 수 있는 최고의 전망대인 것 같다

맨 처음 주차한 곳은 경사진 넓은 바위가 있는 곳이다. 가슴이 콩닥거려서 바위 끝에는 가지도 못하고 중간 지점에서 인증샷을 찍었다. 깊고 좁은 협곡 사이 연한 푸른색 물감을 풀어놓은 것 같은 계곡물, 파란 하늘과 구름, 우리가 갈 협곡 너머의 길까지 뚜렷하게 보인다. 세상은 참으로 넓고 멋진 곳이 많다. 이런 명소를 이름도 모르고 있었다. 가이드에 의하면 이 협곡은 세상에 알려진 지 그렇게 오래되지 않았다. 1782년에 협곡에 대한 첫 번째 기록이 나오고 그 후에도 별로 기록이 없다가 100년 정도 지난 뒤에 여행 책자에 소개되기 시작했다.

두 번째로 멈춰 선 전망대에서는 협곡이 300도 정도로 완전히 꺾여 돌아가는 모습과 양쪽이 모두 높고 가파른 산이 멋지다. 우리 일행만이 있어서 주변을 돌아다니며 구경할 수 있었다. 이곳에서 길은 드디어 방

협곡의 계곡이 완전히 꺾여서 돌아가는 모습이 보인다. 한반도 지형과 비슷하다고 할까?

향을 바꾼다. 중간에 다리가 없어서 계곡이 끝나는 곳까지 진행해서 돌아가는 것이다.

D23 도로가 끝나는 지점에 빨류 슈흐 베르동(La Palud Sur Verdon) 마을이 있다. 하얀 석회암 산이 병풍처럼 옆으로 죽 이어진 아래에 마을이 있다. 드라이브 길에서 본 마을이 너무 예뻐서 차창 밖으로 계속 사진을 찍었다. 복권 당첨이다. 여행하다 보면 가끔 이런 행운의 순간이 오는데 예기치 못한 기쁨이라 여행의 피로감이 싹 날아가게 된다.

D952 도로에서 마지막으로 구경한다. 갈레타 다리가 바로 아래에 보이니까 완전히 협곡을 한 바퀴 돌아나온 것이다. 빛이 투과된 협곡의 물은 봐도 봐도 질리지 않는다. 프랑스인들은 터키옥(玉) 색(Turquoise Green Colour)이라고 부른다.

빨류 슈흐 베르동 마을, 바위산이 병풍처럼 길게 마을 뒤에 서 있다

협곡을 완전히 한 바퀴 돌아서 처음 출발했던 갈레타다리가 보이는 전망대에서 본 경치

2억 년 전 무렵 프로방스 지역이 바다였을 때 형성된 퇴적층이 융기하면서 석회암 절벽이 만들어졌고 강에 의한 침식으로 지금의 모습에 이르렀다. 영겁의 세월이 흐른 흔적이다. 100년도 못 사는 우리네 인생, 천 년을 살 것처럼 바둥거리지는 말아야겠다. 미움은 일찍 버리고 사랑을 적극적으로 표현하며 살아야겠다고 다짐한다.

베르동 협곡을 지나 D5 도로를 달릴 때는 탄식의 한숨이 나온다. 라벤더로 유명한 발랑솔 고원을 지나기 때문이다. 7월이면 보라색 잔치가 벌어지는 곳인데 지금은 둥근 녹색 잔치다. 사실, 고원이라고 해도 해발 500m에 지나지 않는다. 프랑스 라벤더로 유명한 마노스크와 발랑솔 마을이 모두 이 발랑솔 고원에 속해 있다. 면적은 무려 $800km^2$에 이른다. 우리나라도 라벤더를 재배하는 곳이 많아졌다, 하지만 대부분 관상용으로 기르는 것이 대부분인데, 각종 제품(오일, 화장품, 아이스크림 등) 생산으로 연결되었으면 좋겠다. 곧 가능할 것 같기는 하다. 외국의 야생 블루베리(서양의 산딸기)도 재배에 성공하는 나라 아닌가? 여러 지방에서 라벤더를 많이 키우고 있어서 관광지로 정착한 곳은 많다.

7. 무스티에 생트 마리, Moustiers Saint Marie

아두강에 의해 깊게 파인 협곡 옆에 있는데 '천공의 성(635m 높이에 위치)'처럼 보인다. 5세기 이탈리아에서 이주한 수도승들이 암벽의 구멍에서 수행하며 수도원을 만든 것이 마을의 시작이다. '무스티에'가 수도원이고 '생트 마리'는 성모 마리아이니 '성모 마리아를 모시는 수도원' 뜻이다. 수도원 이름이 그대로 마을 이름이 되었다.

마을 한가운데에는 로마네스크 양식의 종탑이 돋보이는 성모승천성당(Eglis Notre Dame de l'Assomption)이 있다. 주차 공간이 없어서 가이드는 일행을 내려놓고 먼저 마을로 올라가라고 한다. 협곡 옆에 있는 축대가 대단하다. 협곡을 가로지르는 차도가 있는 다리는 스페인 론다에 있는 '누에보 다리'의 느낌이다. 벽에 급수 시설이 멋지다.

"모두 별은 찾았지요?" 낮에도 별이 있는 마을이라고 설명을 들었는데 깜빡 잊어버렸다. "쌤, 마음이 착하지 않은 것 같은데요?" 가리키는 계곡 위의 방향으로 고개를 쳐들고 눈을 게슴츠레 뜬 후에야 겨우 찾았다. 별은 크기가 1m, 무게 150kg이나 되지만 너무 높은 곳에 매달려 찾기가 힘들다.

십자군 원정 시기, 사라센군에게 잡힌 블라카(Blacas, 마을 출신의 기사)가 살아서 고향에 돌아가게 되면 성모 마리아에게 은혜의 표시로 별을 걸겠다고 했는데 소원이 이루어져서 약속대로 별을 걸었다는 전설에서 별이 유래되었다. 높은 절벽 양쪽 끝에 225m의 쇠사슬에 가문을 상징하는 16개의 가지(끝)가 있는 별이다. 11번이나 떨어진 것을 복구했다.

절벽 건너편에 로마네스크 양식의 종탑이 돋보이는 성모승천성당의 모습

절벽 사이에 있는 별을 찾으려면 눈을 게슴츠레하게 뜨고 가운데를 잘 봐야 한다

스페인 론다의 누에보 다리를 떠올리게 하는 절벽, 도로가 있는 다리에서 잘 보인다

절벽 사이에 별이 보이고 노트르담 보부아르 성당으로 가는 마지막 계단이 보인다

　자유 시간이 30분밖에 주어지지 않아서 허겁지겁 산을 오른다. 262개의 계단을 오르면 노트르담 보부아르 성당이 나온다. 높은 곳에서 내려다보는 경치가 최고다. 보부아르 성당까지 갈 시간이 없어 조금 아래에서 눈으로만 확인한다.

　이 마을은 '파이앙스' 도자기로 유명하다. 갤러리는 별로 없고 대부분 공방과 수공예품 상점들이다. 우윳빛의 백자다. 17세기 말부터 생산하여 굉장한 인기를 얻었는데 영국의 값싼 본차이나가 들어오면서 쇠퇴의 길을 걷다가 1873년 문을 닫았다. 그로부터 50여 년이 흐른 후, 시인이자 역사학자인 '마르셀 조안논'에 의해 되살아났다. 마을에서 가장 높은 건축물, 로마네스크 양식의 종탑은 종을 칠 때 흔들려서 두껍게 덧붙인 벽이 눈길을 끈다.

무스티에 생트마리의 수도 시설, 오래된 올리브 나무와 절벽 사이의 별이 보인다

남프랑스 여행에서 둘러본 마을은 대부분 아름다운 마을에 선정된 곳이었다. 이렇게 남발해도 되나 했는데 그게 아니었다. 선정되기 위한 조건이 까다로웠다. 마을 사람들이 선정되기를 원해야 하고 유네스코 세계유산이 2개 이상이 되어야 신청할 수 있다는 것이다. 마을 이름도 마음에 들어서 계속 중얼거리며 외웠다.

PART 5
프로방스

1. 생폴드방스, Saint Paul de Vence

마을 입구부터 대단한 광경이 펼쳐진다. 클라라 성녀(생폴드방스의 수호성인)에게 헌정된 샤펠 생 클레어(Chapelle Saint Claire)가 있고 멋진 조각상도 있다. 광장을 지나면 우람한 성벽이 나타난다. 성벽 앞에 마을 전체를 안내하는 지도를 보니 마을이 길쭉한 고구마 모양이다. 자유롭게 돌아보기로 결정이 났기에 어떤 동선으로 진행할지 고민한 끝에 성벽 끝으로 한 바퀴 돌고 와서 다시 안쪽 길로 가기로 했다.

프랑스 리비에라(유명한 해안 지역)에서 중세의 모습을 잘 간직하고 있는 역사 도시다. 사실 이곳은 포도와 올리브를 재배하는 평범한 마을이었다. 1388년 국경이 새롭게 정의되면서 전략적 요충지로 인식된다. 그로부터 100년 후, 16세기에 프랑수아 1세의 지시로 성벽이 조성된다. 여러 채의 집이 철거되고 철거된 집의 사람들이 마을을 떠나야 했지만, 16세기 이래로 약간의 변동만 있었을 뿐 마을을 그대로 유지하여 역사적인 곳이 되었다.

1911년, 마을은 한 번 더 크게 변한다. 이웃 도시를 오가는 버스 라인

샤갈의 그림 배경으로 많이 나온 생폴드방스, 공동묘지 입구에 샤갈의 묘가 있다

이 생기면서 요새가 아닌 예술가들이 사랑하는 마을로 바뀐 것이다.

1, 2차 대전으로 사회가 황폐해지고 혼란해지자 많은 예술가가 프랑스 남쪽으로 오게 되는데 생폴드방스는 샤갈의 마을로 유명하다. 물론 다른 예술가들도 이곳에 와서 작품 활동도 했고 지금도 거주하면서 작품을 제작하고 있지만 20년간의 말년을 이곳에서 보낸 샤갈이 마을의 대표가 된 셈이다. 어쨌든 이 마을은 어느덧 '예술가의 마을'로 변모했다.

성벽 안쪽의 길을 걸으며 성 안쪽의 생폴드방스와 바깥쪽의 마을들을 번갈아 쳐다본다. 성이 굽어지는 곳에 마을의 공동묘지가 보인다. 정원으로 꾸미는 것이 유럽의 묘지 문화다. 사이프러스(실 편백나무)가 있는 묘지 정문 입구에 샤갈의 무덤이 있다. 유대인들은 고인을 추모할 때 조약돌을 가져다 놓는 습관이 있는데 샤갈의 무덤 위에도 많은 조약돌이 있어 금세 찾을 수 있다. 무덤에 돌을 올리는 의식에는 "우리는 당신을 알고 앞으로도 영원히 기억할 것이다."라는 뜻이 담겨있다. 러시아의(정확하게는 러시아와 국경을 접한 벨라루스) 비테프스크(첫 번째 고향)와 함께, 샤갈의 두 번째 고향이 된 이곳은 많은 샤갈 작품에 배경으로 자주 등장한다.

성벽 입구로 다시 돌아와 마을 안쪽 길은 걷는다. 안내 센터를 지나니 골목 양쪽에 여러 갤러리가 있다. 다른 소도시나 성벽 마을에도 갤러리가 많았으나 좁은 지역으로 치면 이곳이 제일 많은 것 같다. "이렇게 많은 갤러리의 작품이, 거기다 고가의 작품이 팔릴까?" 가끔 사진을 찍지 말라고 하는 곳도 있었지만 신나게 구경했다. 아주 작은 작품이나 엽서도 있어 가난한 여행자들도 한두 개는 살 수 있다. 르네상스 스타일의 작품은 없고 대부분 현대 예술이어서 놀랐다.

그림보다 액자가 더 화려한 폴롱 예배당, 이렇게 크고 화려한 액자는 처음 보았다

꼭대기에 작은 성당이 있어 들어갔다. 폴롱 예배당(Chapelle des Peni-
tents Blancs)이었는데, 원래는 '순결한 고해자 예배당'으로, 2000년대
에 복원되면서 '장 미셸 폴롱'이 내부 장식을 맡았는데, 그의 업적을 칭
찬하는 뜻인지 그의 이름을 따왔다. 정면 제단보다 옆벽이 더 화려하다.
황금빛 액자와 장식들이 최고였다. 골목길의 좁은 부분은 한 사람만 지
나갈 만큼 좁다. 구불구불 이어진 골목길 그랑 거리(Rue Grande)에는
17세기에 만든 분수대, 미슐랭 가이드가 선정한 레스토랑, 예술가의 아
틀리에, 공방, 갤러리 등 볼거리가 넘쳐난다.

마을에는 수많은 갤러리가 있는데 작품을 사지 않고 구경해도 되는 곳이 많다

　점심을 위해 마을 입구로 내려왔다. 황금 비둘기 호텔이라는 라 콜롱브 도르 호텔이 여기에 있다. 옛날 예술에 높은 안목이 있던 주인 폴 루(Paul Roux)가 가난한 예술가에게 숙박, 음식을 제공하고 돈 대신에 작품을 받아 지금도 전시하고 있는 유명한 호텔이다. 배우 이브 몽탕('고엽'이란 상송도 부름)과 시몬 시뇨레가 이곳에서 처음 만났고 결혼식도 여기에서 열렸으며 유명 예술가(샤갈 이외에도 피카소, 마티스, 호안 미로, 조르주 브라크 등)의 작품이 식당에 걸려있다. 사전 예약이 없으면 입장이 어려운 모양이다. 우리는 긴 녹색 테라스가 멋진 식당에서 식사했는데, 장소가 넓고 성벽을 볼 수 있어서 나름 좋았다.

생폴드방스에서 바라보는 마을들도 한결같이 멋지다. 성벽과 이웃 마을 그리고 산!

성벽 끝을 걷다가 마주한 경치, 근처에 마을 공동묘지가 있는 곳이다

성벽 다른 곳에서 본 이웃 마을, 오른쪽 멀리 설산이 살짝 보인다

마을 안에서도 길이 두 군데나 있어 요리조리 골목을 돌아보는 재미가 좋다

오른쪽 큰 사이프러스 나무 뒤쪽 건물이 유명한 황금 비둘기 호텔이다

마을 입구에 있는 생폴드방스의 비너스라 불리는 조각품과 생 클레어 교회

우물과 사진기가 있는 골목

갤러리가 너무나 많은 생폴드방스의 아기자기한 골목길

　생폴드방스는 마을 자체가 야외 미술관이다. 마을 입구의 여인상(흔히 '생폴드방스의 비너스'라 불림)에서부터 철이나 나무로 만든 말, 고양이, 추상적인 작품 등이 마을 곳곳에 배치되어 있다.

　생폴드방스는 5~6세기에 조성되기 시작하여 11세기에는 언덕 위에 세워진 성당 주변에 주택들이 들어섰다. 1388년 니스가 프로방스에서 벗어나 사보이아 백작의 지배를 받게 되자 이 마을은 전략적 국경 요새로 변한다. 이 시기에 쌓아 올린 성벽이 오늘날까지 남아 마을의 테라스가 되고 있다. 성벽의 높이가 350m나 되어서 숲과 앞바다를 보면 시원한 느낌이 든다. 처음 와 본 곳인데 골목에 깔린 반질반질한 돌멩이, 주변의 가게들이 어디서 많이 본 기분이 들었다. 텔레비전의 여행 프로그램에서 본 것은 아닌 것 같았다. 마을을 내려오면서 계속 이 생각에 사로잡혔는데 저녁에 숙소에 와서 알게 되었다. 소설가이면서 영화감독인 마르셀 파뇰이 만든 '마르셀의 여름'에 나온 장면이었다. 영화에서 주인공 샤를이 어린 시절을 회상하면서 늘 그리워했던(꿈속에서도) 곳이 바로 생폴드방스였다.

2. 방스, Vence

생폴드방스 구경을 마치고 북쪽으로 6km 떨어진 곳으로 차가 달린
다. "우와! 이곳도(길가의 넓고 멋진 카페를 보고) 쥑이는데" 객기 섞인
함성에 가이드는 "하하하! 잠깐 구경할 예정입니다. '방스'라는 곳인데
구시가지가 제법 좋습니다. 자유 관람 시간은 한 시간입니다."

가운데에서 살짝 오른쪽에 있는 흰 벽과 파란 지붕의 건물이 유명한 로사리오 성당이다

박물관으로 쓰이는 빌 뇌브성과 오른쪽 건물 사이에 큰 물푸레나무가 있다

오케이. 속으로 쾌재를 부르며 걷는다. 이곳도 성벽 모습이다. 작은 광장과 비슷한 곳인데 전망대 역할도 하고 있다. 건너편 산기슭에 있는 마을도 잘 보인다. "우와! 여기 최고잖아요? 뒤따라온 일행에게 말하니" 애고고! 저 건너편에 그 유명한 '로사리오 예배당'이 있단다. 눈으로 찾는 데 한참 걸렸다. 생폴드방스가 샤갈의 마을이라면 이곳은 마티스의 마을이다. 심지어 안내판에도 '마티스 예배당(Chepelle Matisse)'으로 되어있다. 하얀 건물에 푸른 지붕으로 된 성당은 작으나 다른 건물과 많이 달라서 눈으로 찾을 수 있었다. 이 전망 장소는 Le Chateau(The Castle) 성 옆이다. 17세기에 지어진 성벽은 600m이고 성으로 들어오는 다섯 개의 문이 있다. 루비안 강이 있는 계곡(Valley of the Lubiane River), 로사리오 채플(Chapelle du Rosaire)이 있는 마을과

성의 종탑은 방스 박물관의 출입구로 이용되고 있는데 성에 보존된 유일한 탑이다

산을 볼 수 있다.

Le Chateau(빌뇌브 성)는 현재 방스 박물관(Musee de Vence)으로 쓰이고 있다. 프로방스의 백작, 방스의 영주로 불렸던 빌뇌브 왕조(Villeneuve Dynasty)에 의해 19세기에 건설되었다. 거대한 탑(Tower)이 박물관으로 가는 입구인데 방스에서 가장 높은 건축물(방어 탑 중 하나)이고 성에 있는 5개의 탑 중 유일하게 보존된 탑이다.

탑 옆에는 거대한 나무가 있는데 우리나라 산에 많이 있는 물푸레나무(가지를 꺾어 물에 담그면 물이 푸르게 된다고 하여 이름이 붙여짐)다. 아니! 주먹만 한 굵기의 물푸레나무라도 십 년은 걸릴 텐데. 1538년 프랑수아 1세가 니스를 방문한 기념으로 심었다고 한다.

500년 전에 건설한 Peyra 분수, 아랫부분은 예전 그대로이고 윗부분은 복원한 것이다

크기도 적당하고 세련된 분수대(La Fontaine du Peyra)를 만났다. 1578년에 지어진 방스에서 마실 수 있는 분수 세 개 중의 하나다. 500년 전에 지어진 분수가 이렇게 깨끗하다고. 기단 부분을 제외하고는 새롭게 복원한 것이리라.

파스텔톤의 노랑과 주황이 섞인 시청사는 국기가 걸려있지 않다면 호텔로 착각할 것처럼 예쁘다. 하긴 'Hotel De Ville'이라고 쓰고 있으니 더욱 오해할 여지가 많다. 시청사를 지나면 카페와 예쁜 가게가 많은 클레망소(Clemenceau) 거리가 있다. 구시가지 중심인데 1791년 미라보(Place Mirabeau)에서 이름을 바꿨다.

호텔 외관처럼 화사한 시청사

클레망소 거리 끝에는 성모 탄생 성당이다. 'La Cathedral Notre Dame de la Nativite'의 긴 이름이다. 끝에 'la Nativite(탄생)'가 있으니, 마리아가 아니라 마리아의 어머니(마리아를 낳은 분, 안나, Anne)에게 헌정된 성당이라 헷갈리기 쉽다. 처음에 의아했던 것은 성당에 마티스의 작품이 아니라 샤갈의 대형 모자이크 한 점이 걸려있다는 것(자작 제목, 강에서 건져지는 모세)이다. 하긴 방스에 샤갈 작품이 걸리면 안 된다는 법이 있는 것도 아니고 마티스도 생폴드방스를 자주 방문하고 그림을 그리지 않았는가?

욕심이 너무 많다. 눈에는 로사리오 성당에 있는 종이 오려내기 기법으로 만든 스테인드글라스와 소박하면서도 예쁘다는 십자가가 자꾸만 아른거린다.

426

시장 근처에 있는 클레망소 거리

마리아 탄생 헌정 성당에 있는 샤갈의 모자이크

3. 니스, Nice

　니스는 세련된 인상이 강해서 역사가 그리 길지 않은 도시일 것 같았는데 정반대로 엄청 오래된 도시였다. 기원전 6세기에 그리스인들의 니카이아와 기원전 100년경 로마인들이 세운 세메넬룸이 합쳐서 만들어졌다. 중세 때에는 안전을 위해서 산 위에 있는 성(지금은 공원으로 이용됨)에 살다가 14세기부터 성 아래쪽(구 니스, Vieux Nice)에서 살게 된다.

　옛날, 이 지역에 살던 사람들이 적을 상대로 이긴 후 승리의 여신 니케(Nike)를 기념하기 위해 지은 것이다. 영어로는 '좋다'라는 뜻인데 동음이의어인 니스는 기후가 좋으니까, 젊은이들은 '나이스한 니스'라고 부르기도 한다.

　니스 여행의 시작은 영국인의 산책로라 불리는 '프롬나드 데 장글레(Promenade des Anglais, 영국인 산책로)' 거리부터다. 5km로 이어진 거리에는 현지인과 여행자들이 모여 니스 해변의 아름다움을 만끽한다. 거리 옆에는 화려한 호텔, 다양한 카페, 레스토랑, 바가 있어서 느긋하

프롬나드 데 장글레에 빨간 니스 시티투어버스가 있고 산책하는 사람들이 보인다

게 여유를 즐길 수 있다. 1800년대에 겨울 추위를 피해 니스 해변('천사의 만'이라고도 불림)에 몰려들었던 부유한 영국 여행객들로 인해서 이런 이름이 붙여졌다. 아름답기도 하고 날씨도 온화해서 살기 좋은 곳이다.

해변의 북동쪽 끝에는 니스의 중심인 '마세나 광장'의 분홍과 주황으로 된 건물이 보인다. 바다를 보며 걷다가 프랑스 국기가 게양된 멋진 곳을 발견했다. 'Le Negresco'라고 건물 꼭대기에 이름이 붙어있다. 혹시 마티스가 니스에 와서 그림을 그린 곳이 아닐까? 하지만 그 호텔(마티스가 처음 머문 곳은 보리바주, 두 번째로 머문 곳은 드 라 메디테라네)은 아니었다. 그래도 니스 해변에서는 꽤 유명한 호텔(르 네그레스코 호텔)이었다.

오른쪽 산 아래 분홍빛 건물이 많은 곳은 마세나 광장이다

마티스가 머물던 호텔이라고 착각한 분홍색의 네그레스코 호텔이 길 뒤에 있다

길게 이어진 해변에는 이용자 전용 비치도 많다. 오른쪽은 Blue Becach

하늘에는 비행기가 날고 민트색의 바다가 펼쳐지는 니스 해변은 지상 낙원이다

쭉 이어진 하나의 만(灣, 활 등처럼 육지로 쑥 들어온 부분)이지만 산책로에는 30개의 해변이 있다. 파라솔이나 울타리 등으로 구분한 것이다. '블루 비치'는 이용자 전용 해변인데 파라솔과 일광욕 의자를 대여하는 돈을 내야 한다. 보리바주 공공 해변은 동쪽에 있는데 화장실과 샤워 시설을 갖추고 있다.

니스는 영국 여왕에서부터 미국의 할리우드 스타들까지 전 세계의 유명 인사들과 부유층이 찾는 도시이다. 니스를 상상한다면 가장 먼저 생각나는 것이 7km 길이의 반달 모양처럼 구부러진 해변이다. 날씨에 따라 농도가 다르겠지만 아주 연한 민트색(코발트색)을 띠고 있었다. 그런데 바닥이 모두 자갈이다. 해변을 따라 만들어진 거리 곳곳에 바닷가로 내려갈 수 있는 계단이 설치되어 있다.

요즘 좋아하는 화가는 '라울 뒤피'다. 마티스, 샤갈 등도 니스에 정착

니스 영화 축제의 포스터가 걸려있는 영국인의 산책로

해 해변을 그리기도 했는데 뒤피의 니스 해변을 그린 작품은 유화인데도 수채화처럼 맑고 밝고 투명한 느낌이다.

해변에서 시간을 보내다가 미술관(Muse Nationale Marc Chagall)으로 향한다. 차가 올라올 때부터 으리으리한 집들이 부자 동네 분위기를 풍겼는데 예상대로 미술관 뒤에는 높은 담장에 화려하게 장식된 대문과 벽들이 눈부신 건물이 많다. 장미와 여러 꽃으로 덮인 담장, 키 큰 야자수가 있는 정원이 있는 집은 유명 호텔 건물에 견줄 만하다. 니스 북쪽의 고급 주택지 '시미에 지구'인데 이곳에 샤갈미술관, 마티스 미술관이 있다.

니스는 파리 다음으로 미술관이 많다고 한다. 샤갈미술관, 마티스 미술관, 현대 미술관 외에도 샤를 네그르 사진 미술관, 시미에 고고학 박물관 등 유명한 것만 해도 10개가 넘는다.

올리브 나무 사이에 새 둥지처럼 자리 잡은 미술관 내의 카페

들어가는 입구에는 잔디와 오랜 세월을 지내온 굵은 올리브 나무가 많다. 한쪽 끝에는 카페도 있어 간단한 음식과 차를 즐기는 노부부의 모습도 보인다.

이곳 미술관은 1966년 샤갈이 프랑스 정부에 기증한 450여 작품을 기반으로 만들어졌다. 국가가 땅을 기증하고 오직 한 작가의 작품을 전시하기 위해 미술관을 짓는 것은 그 당시 세계 어디에도 사례가 없었다. 1969년 초대 문화부 장관이었던 유명한 소설가 '앙드레 말로'가 설립을 주도하여 1973년 건립되었다. 처음에는 '샤갈의 성서화 미술관'으로 불리다가 '국립 마르크 샤갈 미술관'으로 이름을 바꾸었다. 대부분 성서에 나오는 내용이 회화나 도자기, 스테인드글라스로 제작되었다. 샤갈은 작품을 기증하는 것으로 끝내지 않고 조경과 건축에도 많은 의견을 제시하고 관계자와 의견을 나누었다. 중압적, 형식적인 미술관 형태를 지양하고 차분하고 평화로우며 영혼이 깃든 건물이 되기를 원했고 정원에도 떨기 가시나무, 사이프러스, 올리브 나무 등을 심게 했다.

첫 번째 방에는 대형 회화 작품이 전시되어 있어 시원시원한 느낌이다. 인간의 창조, 천국, 아브라함과 세 천사, 야곱의 꿈, 홍해 횡단, 다윗왕과 율법 판을 받는 모세 등이 있다(작품을 보고 저자가 제목을 마음대로 쓴 것임). '색채의 마술사'라는 별명을 갖고 있는 만큼 바탕을 이루는 색이 너무나 아름답다.

그중에 빠르게 마음에 닿은 천국(Le Paradis)이란 작품을 살펴보자. 오른손을 들고 있는 아담의 모습은 그의 갈비뼈를 취하여 하와를 만들었다는 것을 알려주고 창조주는 누에고치 모양의 구름으로 표현했다.

아브라함과 세 천사, 여러 가지 상징이 있고 오른쪽에 말 주머니 형태의 그림이 있다

천사와 겨루는 야곱, 야곱의 꿈

천국인 에덴동산, 에덴동산에서 쫓겨남

아담과 하와는 팔 2개와 다리 3개를 가진 모습으로 한 몸처럼 얽혀 있다. 모든 인간이 동식물과 함께 생활하는 모습이고 하와가 선악과를 따서 아담에게 권하는 모습도 있다. 이 작품 바로 옆에 '에덴동산에서 쫓겨나는 아담과 하와'가 있다.

하나님의 진노로 낙원에서 쫓겨나는 장면인데 붉은 수탉(활력과 다산의 상징으로 샤갈의 그림에 자주 등장시키는 동물)의 안내를 받고 있다. 고통이 있겠지만 인류의 미래를 향해 나아가는 모습으로 그렸다.

'아브라함과 세 천사'이다. 화면이 만화의 한 컷처럼 두 부분으로 나뉘어져 있어 특별하다. 대부분을 차지하는 장면은 아브라함과 그의 아내 사라가 천막 앞 식탁에 앉아 있는 세 천사에게 음식을 대접하고 있는 모습이다. 맨 오른쪽의 푸른색 옷을 입고 황금빛 날개를 가진 천사가 '사라가 아기를 갖게 될 것이다.'라고 말한다. 사라의 발밑에는 과일이 담긴 바구니(생식을 뜻함)와 나무가 있다. 오른쪽 윗부분, 말풍선 모양의 공간에는 다른 이야기가 담겨있다. 아브라함에게 대접받았던 두 천사가 아브라함의 사촌 동생, 롯에게 소돔의 멸망을 알려주고 있다. 성서의 내용에 따라 작품을 배치한 것이 아니고 색채의 조화로움에 따라 작품을 배치(이것 역시 샤갈의 제안)했다.

율법이 새겨진 석판을 받는 모세

'율법이 새겨진 석판을 받는 모세'는 '색채의 마술사'로 불리는 샤갈의 작품 중에 희귀한 작품이라고 생각한다. 노란색을 주된 색깔로 표현한 작품이 거의 없는데 이 작품은 밝은 노란색이어서 눈에 금방 들어온다. 유화 작품이지만 테두리 선을 진하게 표현하여 에칭 판화의 느낌이 든다. 모세의 모습과 머리 위의 빛이 정확하게 나타난다. 석판을 건네는 신의 손은 작게, 모세의 손은 크게 그려져 있다. 신의 권능이 모세에게 전달되었다는 의미다. 중세 시대에는 모세의 머리에 뿔이 달린 모습으로 그려졌는데 샤갈은 빛이 뻗어 나오는 모습으로 그렸다.

100세에 낳은 늦둥이 하나뿐인 아들을 신에게 제물로 바쳐야 한다. 믿음의 조상 아브라함이 감당해야 할 역할이다. 장작 제단 위에 이삭을

아들 이삭을 희생 제물로 받치려는 아브라함

올려놓고 연기가 피어오르는 찰나에 아브라함은 아들을 죽이려고 한다. 처든 칼을 내리치려고 하는 순간 천사의 음성이 들린다. 긴장과 혼란의 표정이 눈동자에 나타난다. 하나님의 명령을 전달하는 푸른색의 천사는 눈을 감고 있다. 벌벌 떨리는 공포 속에 있어야 할 이삭은 연극의 한 장면처럼 한쪽 눈만 감고 윙크하듯 왼쪽 눈을 뜨고 있다. 이 사건의 결말을 알고 있다는 듯이. 왼쪽 진한 녹색의 나무에 숫양이 있다. 이삭을 대신할 제물이다. 나무 뒤에는 한 여인이 두 손을 가슴 앞에 들고 있다. 샤갈의 마음을 표현한 것이다. 놀라움과 경이로움의 자세다. 이삭의 어머니 사라는 성경 속에서 이 장면에 등장하지 않는데 샤갈이 여인으로 등장시킨 것이다. 아마도 결국은 아브라함의 아내가 알게 된다는 것을 염두에 두고 그린 것이 아닐까. 푸른 천사 위에 있는 흰옷을 입은 천사는 왼손으로 그림 뒤쪽을 가리키고 있는데 십자가에 못 박힌 예수의 모습이다. 이삭처럼 예수가 인류의 죄를 대신하는 죽음을 예고한 것이다. 러시아 출생의 유대인 화가라는 사실을 알고 있었지만 이렇게 깊은 자신의 해석으로 그린 그림을 보면 샤갈은 신앙도 깊었던 것 같다.

두 번째 방에는 '아가서(雅歌書, 솔로몬이 쓴 가장 아름다운 노래, 詩)'를 주제로 한 5개의 작품이 전시되어 있다. 하나님과의 사랑을 인간의 사랑으로 빗대어 표현한 아름다운 글이다. 모두 붉은색 바탕을 가진 작품들이고 의자도 조금 붉은 색으로 배치했다. 아가서에 바탕을 둔 그림은 붉은색이어도 예뻤는데 '붉은 말'은 좀 섬찟했다. 마을이 불길에 휩싸여 사람들이 소리를 지르고 도망가는 장면이다. 큰 말도 당황한 눈길에 어쩔 줄 몰라 한다. 나치의 탄압으로 고향 마을이 불타고 유대

붉은 말. Le Chval Roux

인들이 희생당하는 장면으로 생각된다.

　미술관 창안에서 보이던 대형 모자이크 작품을 보려고 밖으로 나간다. 작은 연못 뒷벽에 거대한 벽면에 장식된 작품이다. 타원형의 가장자리는 12개의 별자리를 나타내었고 가운데에는 불 말이 끄는 불 마차(병거)를 타고 하늘로 올라가는 엘리야의 모습이다. 나이가 듦에 따라 부모님과 친척 어른들의 임종을 지켜보면서 죽음에 대한 공포가 커졌다. 역사상 제일 부러운, 제일 위대한 분이 에녹과 엘리야인데 굳이 한 분을 선택하라고 하면 단연 이곳에 표현된 엘리야다.

　죽음의 고통 없이 하늘로 올라간 두 사람이 에녹과 엘리야다. 그런데 에녹은 성경에 단 한 줄로 승천 장면을 설명한다. '에녹이 하나님과 동행하더니 하나님이 그를 데려가시므로 세상에 있지 아니하였더라'. "주

스테인드글라스, 12개의 별자리를 표현한 야외에 전시된 거대한 모자이크 작품

의 선지 엘리야 병거 타고(兵車, 전쟁에 쓰는 수레) 하늘에 올라가던 일을 기억합니다”라는 찬송을 어릴 때 Sunday School(주일 학교)에서 많이 불렀다. 병으로 많은 고통을 겪다가 돌아가시는 분이 대부분인데 고통 없이 그것도 증인(제자 엘리사가 지켜봄)이 있는 가운데 승천했으

니 얼마나 위대한가? 사실 부러운 점은 끝도 없다. 갑자기 데려가신 것이 아니고 데려가겠다고 예고를 한 후에, 엘리야가 일했던 여러 곳을 엘리사와 함께 돌아보게 한 후에, 데려가신 것이다. 죽은 후에 관을 들고 고인이 살았을 때 일했던 곳을 돌아보게 하는 것은 별로 권하지 않는다. 죽기 전에 어른을 모시고 옛날 고향이나 직장을 찾아가 보는 것을 권한다. 하나님이 회오리바람으로 나타나시고, 불 수레와 불 말을 동원해 엘리야의 마지막을 확실하게 만들었다. 맡은 일에 충성을 다한 종에게 멋진 방법으로 세상과 이별하게 한 후에 하늘로 받아준 것이다. 샤갈이 이런 엘리야를 모자이크로 표현한 것을 보면, 샤갈에게도 엘리야는 깊은 충격을 주고 신앙을 일깨웠던 존재였다는 것은 틀림없다.

4. 모나코, Monaco

잔잔한 파도 소리가 들리고 중저음 남자의 목소리로 '모나코! 어쩌고 저쩌고'로 시작하는 팝송으로 맨 처음 이 작은 나라를 알게 되었다. 조혜련의 '아나까나(원곡 Wanted)'처럼 뜻도 모르면서, 팝송 모나코의 뒷부분, 우아한 불어(여자 가수)를 흉내 냈던 청춘 시절이 있었다. 칸에 숙소를 정했기에 저녁에 몬테카를로 카지노를 구경하고 칸으로 가는 여정이다.

도착한 몬테카를로는 호화로움의 극치다. 조명으로 빛나는 카지노와 궁전 같은 호텔에 "음매! 기죽어."를 연발했다. 동행들은 주차된 고급 차의 이름을 줄줄 왼다. 예쁜 모델이 나타났다고 호텔 쪽으로 우르르 몰려갔다. 난 모델에겐 관심이 없고 카지노 건물과 바로 앞에 있는 정원을 살펴보았다. 정원 오른쪽에는 명품 가게들이 자리 잡고 있다.

지중해의 독립된 나라인 모나코는 프랑스에 완전히 둘러싸여 있다. '나라 안에 또 하나의 작은 나라'가 있는 것이다. 면적은 202ha에 불과하지만 약 35,000명이 살고 있는 인구 밀도가 매우 높은 나라이다. 입

조명으로 빛나는 몬테카를로 카지노 건물

헌군주제로 독립적인 정부와 헌법을 가지고 있다. 모나코는 부자와 유명 인사들을 끌어들이는 매력적인 세법과 도박으로 유명해졌다.

어제저녁에 몬테카를로 카지노 주변을 구경하고 이튿날 다시 구경하러 왔다. 대공 궁이 있는 요새로 향한다. 경찰서를 지난 곳부터 경사가 가파르다. 지그재그로 경사진 길을 따라가니 통문이 나오고 광장이 보인다. 광장 입구에 시커먼 동상이 있다. 고개를 살짝 숙여서 동상 얼굴이 있는 곳으로 자리를 옮긴다. 망토를 덮어쓴 차림인데 칼을 쥔 손을 긴 소매 안에 넣고 있다.

가이드가 옛날 이곳을 점령한 그리말디 동상이라고 알려주었다. 프랑수아 그리말디는 수도사로 변장하여 모나코의 바위 위에 지어진 제노바 요새를 점령하고 모나코의 초대 군주가 된다. 후세 사람들이 '교

망토를 걸치고 고개를 숙인 채 칼을 감추고 서 있는 그리말디 동상

활한'이란 뜻을 가진 '말리지아'라는 별명으로 부르기도 했다는데 그의 후손들은 오히려 이 별명을 자랑스럽게 여긴다. 하긴 그때부터 지금까지 그리말디 가문이 모나코의 대공(왕과 비슷함)이 되었으니까. 심지어 이 동상에도 '말리지아' 글자를 새겨놓았다.

광장에서 왼쪽으로 한 계단 옮기면 알베르 1세 통치 25주년을 기념하는 동상이 있는데 알베르의 모습이 아니고 자유와 과학을 상징하는 인물상으로 조성되어 있다. 요새 가장자리에는 대포가 많이 놓여 있고 탄알(대포알, 소프트 볼 크기)도 가지런히 쌓여 있다. 옛날 루이 14세가 모나토 공(公)에게 대포를 많이 선물했다고 한다. 대공 궁은 겉모습은 장식이 없어서 소박해 보인다. 근위병이 정문을 지키고 있다. 마주 보는 분홍과 아이보리색의 건물은 병사들과 근위병의 숙소다. 너무 예뻐서 호텔로 착각했다.

내부는 화려하겠지만 외부는 굉장히 소박하게 보이는 모나코 대공 궁

오른쪽 통로는 마을로 가는 길, 가운데 연분홍색 건물은 병사와 근위병들의 숙소다

놀이터가 있는 공원에서 내려다본 풍경, 퐁비에유 항구와 주택지가 보인다

숙소 건물에 있는 통로로 나가면 모나코 빌(Monaco City)이 나오는데 그쪽으로 가지 않고 포대 아래에 있는 공원으로 내려가 성곽을 한바퀴 돌려고 한다. 아이들 놀이터로 쓰이는 공원인데 절벽 아래로 퐁비에유(Fontville) 항구가 잘 보인다. 해안 지역은 매립으로 생긴 곳인데 향수 제조 공장, 니스 공항으로 가는 헬리콥터 비행장이 있다. 깨끗한 하늘, 푸른 바닷물, 호화 요트가 정박한 항구는 산기슭에 빼곡하게 들어선 건물들과 절경을 이룬다. 감탄을 연발하며 사진을 찍었다.

절벽 가장자리로 걷는 시간은 행복 그 자체였다. 여행 정보나 여행기에서 이곳을 걸었다는 이야기나 사진을 보지 못해서 더욱 그랬다. 혼자 누리는 호사였다. 선인장과 이국적인 식물이 있는 엑조틱 가든(Jardin Exotique)도 좋았다. 바다 위에는 화려한 크루즈 선박이 머물고 있다.

거리로 올라오니 '성 니콜라스 성당'이 있다. 할리우드 스타 그레이스 켈리와 레니에 3세의 결혼식이 열렸고 두 부부의 묘가 있는 성당이다. 햇빛이 조금 강한 날씨여서 흰 대리석은 더욱 밝게 빛난다. 바로 옆에는 양쪽으로 돌아 올라가는 계단이 멋진 법원(National Court House)이다. 법원이 대공 궁보다 외관으로는 더 예쁘다.

성당, 법원 내부에는 들어가지 않고 바다로 향하는 계단으로 간다. '생 마틴 가든'이다. 여러 동상이 있는데 뭔가 깊은 뜻(이야기)을 가진 인물들인 듯하다. 옆으로 해양 박물관이 보이는데 이곳도 외관이 궁전처럼 화려하다.

레니에 3세와 그레이스 켈리의 세기의 결혼식이 거행된 성 니콜라스 성당

양쪽으로 감아 오르는 계단이 멋진 법원, 세상에서 제일 멋진 법원 건물이 아닐까?

화려한 크루즈 선박이 바다에 머물고 있다. 생 마틴 공원에서 바라본 바다 풍경

모나코빌에서 바라본 경치, 현대식 빌딩과 항구가 멋진 조화를 이루고 있다

요새 통로, 왼쪽 제일 높은 건물이 대공 궁

모나코 빌은 여느 프랑스 소도시와 비슷하나 건물들이 매우 깨끗했다. 연한 파스텔톤의 높은 건물은 고결한 품위를 풍긴다. 처음에 올라왔던 성벽 방향에도 항구가 있는데 이곳에는 퐁피에유와 조금 달리, 고급 아파트와 현대 빌딩들이 더 많다.

아무리 생각해도 신기하다. 프랑스가 국방권과 외교권을 가지고 공작 임명권도 가지고 있는데, 나라라고 할 수 있을까? 모나코 시민들은 겨우 20%이고 대부분 이주한 프랑스인이 30%이며 나머지는 휴양이나 세금의 혜택을 누리기 위해서 온 여러 나라의 사람들이다. 바티칸 다음으로 작은 독립 국가, 그래도 유엔에 가입된 나라다. 거대한 기업의 냄새를 풍기기도 하고 한 가문의 영지이고 요새이기도 하며 관광지인 모나코는 내게 쉽게 이해할 수 없는 알쏭달쏭한 나라다.

궁전보다 더 예쁜 해양 박물관

5. 앙티브, Antibes

아를, 아비뇽, 리옹 등을 들어본 적이 있지만 앙티브에 관해서는 들어
보지도 못했고 아무것도 몰랐다. "앙티브에는 뭐가 유명한데요?" 궁금
함을 못 참고 가이드에게 물었더니 "임 쌤이 좋아하는 멋진 미술관, 바
다가 있는 고풍스러운 마을이 있으니 기대하세요."라고 빙긋 웃으며 대
답한다. 작은 마을이지만 볼거리(수많은 박물관과 공원 등)도 많고 특
히 해변은 프랑스 리비에라(해안 지역)의 왕좌를 두고 니스, 칸과 경쟁
할 정도이다. 프랑스 남동부, 이탈리아 북서부의 지중해 연안 지역을 특
별히 '리비에라(Riviera)'로 부르는데, 프랑스 쪽 부분을 '코트다쥐르'라
부른다. 이탈리아 리비에라도 유명한데 다른 나라의 아열대 지역의 관
광지는 대부분 '아름다운 해안선의 이름'으로 '리비에라'라는 말을 쓴
다. 앙티브는 규모는 작으나 오랜 역사를 간직한 도시다. 그리스 식민
도시로 출발하여 바르 강(Var)을 기준으로 니스의 반대편에 있다고 해
서 'Antipolis'라는 말에서 이름이 지어졌다.

성벽 가까운 곳에 차가 멈췄다. 성벽이 있다는 것이 벌써 예사롭지

유럽에서 가장 큰 요트 항구인 보방항구, 가운데에는 작은 요새, 오른쪽 조형물 노마드

않다. 주차장 앞에는 항구가 있는데 멋진 보트(매우 크고 값비싼)의 기둥들이 파란 하늘에 가득하다. 유럽에서 가장 큰 요트 하버, 보방 항구(Marina Port Vauban)에는 이천 개가 넘는 배와 요트들이 정박하고 있다. 주차장 정면으로 큰 배가 보이고 그 뒤로 작은 요새(Le Fort Carre)가 있고 먼 곳으로는 설산도 보인다. 횡재한 기분이다.

'카레' 요새에 연결된 생 하우메 보루(Bastion Saint Jaume) 끝에는 하우메 플렌사(Jaume Plensa)의 작품 노마드(Le Nomade)가 있다. 노마드는 웅크리고 앉아서 지중해를 바라보는 사람의 모습이다. 철로 된 알파벳 문자를 이어서 만든 작품인데 서울 롯데 타워와 제주도 본태 박물관에서 하우메의 작품을 본 적이 있다. 특이한 것은 작가와 작품이 놓인 보루의 이름이 같다는 것이다.

그리말디 성이 앙티브 피카소 미술관으로 변했다. 왼쪽에 갈매기가 있는 조형물이 있다

　성안으로 들어와 걷다가 미술관으로 진행한다. 미술관 관람이 끝난 후에 자유 시간을 줄 터이니 마을은 그때 천천히 보라고 한다. 미술관은 거대한 성의 모습이다. 로마 시대에는 요새로, 중세 시대에는 교황청으로 쓰였단다. 1920년대에 앙티브 주변에서 휴가를 보내곤 했던 피카소는 그리말디 성이 매물로 나오자 곧바로 사려고 했다. 하지만 앙티브시가 먼저 성을 사들여 예술 역사 미술관을 만들면서 피카소의 바람은 이뤄지지 못한다. 그러다가 1946년 도르 드 라 수쉐르 관장과 피카소의 만남으로, 이 성은 새롭게 변한다. 피카소는 작업할 아틀리에를 원했고 관장은 성의 맨 꼭대기 층을 내준다. 피카소는 이 장소를 좋아해서 매년 이 성을 찾아 작품을 제작한다. 데생, 도자기, 회화 작품은 점점 늘어나게 되고 1957년 '명예시민' 칭호를 받은 피카소는 앙티브시에 그

림과 데생 작품을 기증한다. 이를 바탕으로 예술 역사 미술관은 피카소 미술관으로 재탄생하게 된다. 피카소의 작품이 주를 이루고 미로, 제르맹 리시에르. 안네(Anne) 등의 다른 작가들의 작품도 전시(2층에는 피카소의 작품, 1층에는 다른 작가의 작품이 있음)된다.

실내를 나오면 바다를 볼 수 있는 테라스가 나온다. 이곳에는 제르맹 리시에, 미로의 조각 작품이 설치되어 분위기를 더한다. 앙티브와 니스 사이에 있는 바다를 '천사의 만(Baie des Anges)'이라고 한다. 팔레스타인 지역에서 순교한 소녀 레파라트의 시신이 천사의 인도로 이곳까지 밀려왔다는 전설에서 이름이 유래되었다.

미술관 바로 아래 계단으로 가면 앙티브 대성당이 나온다. 대성당(Cathedrale)이라고 하기에는 규모가 매우 작다. 옛날 주교가 관할했던 성당이어서 그렇게 부른다(이름만 그대로 남음). 그라스와 앙티브는 모두 니스 교구에 속해 있다. 정식 이름은 '앙티브 무염시태 대성당'이다. 로마 시대 다이애나와 미네르바 신전이 있던 자리에 지어서인지 그리스 신전 느낌의 흰색 기둥과 처마, 주홍색(붉은 분홍색) 벽이 이루는 외관이 특이하다. 귀엽고 사랑스러운 느낌이 나서 여러 번 사진을 찍었다. 성당 앞에 높은 종탑이 있는데 사라센 해적을 막기 위해 세웠다고 한다. 성에 속한 탑이어서 '그리말디(Grimaldei) 탑'이라고 부른다.

사라센을 막기 위해 세웠다는 그리말디탑, 성당의 종탑이 아니고 성에 소속된 탑이다

미술관 바로 아래에 있는 앙티브 대성당, 대성당이라고 불리기에는 크기가 너무 작다

피카소가 제작한 도자기

미술관 테라스에는 여러 조각 작품이 있고 바다를 볼 수 있다

이 요새 아래에는 좁은 통로가 있고 바다로 내려가는 계단은 연인들의 데이트 장소다

분수대가 있는 가장 큰 광장의 모습, 하얀 기둥 왼쪽에 넓은 야외 카페가 있다

성당 아래로 내려가면 지붕이 인상적인 '프로방살 시장(Marche Provencal)'을 만난다. 낮에는 과일, 채소, 생선 등을 팔다가 저녁에는 레스토랑으로 변해 늘 붐비는 곳이다. 길이가 50m 정도인데 벼룩시장처럼 골동품과 중고품도 팔고 있어 눈을 즐겁게 한다. 모처럼 자유 시간이 주어져서 콧노래가 절로 나온다. 골목길은 자갈돌들로 포장된 길인데 중간중간에 은행잎 모양으로 돌을 맞추어 놓았다.

납작한 작은 돌로 만들어 놓은 골목길 바닥은 은행잎 모양이다

요새의 벽 아래 있는 해수욕장, 바다를 응시하는 노마드, 아주 멀리 설산이 보인다

길을 잃어버릴 걱정이 없으니 너무 좋다. 마음 내키는 대로 들어가 보고 끌리는 대로 걷는다. 분수대가 있는 구시가지의 가장 큰 광장에 왔다. 파운틴(Fontaine)이라는 곳인데 분수는 없고 오벨리스크를 닮은 흰 기둥이 중앙에 자리 잡고 있다. 노란색 대형 파라솔이 줄지어 있고 파라솔 안에는 느긋하게 오후를 즐기고 있는 사람들이 많다. 이 광장을 우리나라에 옮겨 놓고 싶다는 생각이 들었다. 너무 부러웠다. 모처럼 구시가지를 내 맘대로 여유롭게 볼 수 있어서 앙티브 칭찬은 끝이 없을 것 같다.

6. 에즈, Eze

'에제', '에즈' 어느 쪽이 맞을까? 현지인들은 '에즈'라고 부른다. 관광 지역만으로는 무스티에 생트 마리와 크기가 비슷한 것 같다(요새 아래 쪽도 에즈 지역에 속함). 429m 높이의 성곽으로 둘러싸여서 '독수리 둥 지'라 불린다. 에즈 기차역(수메르 역)에서 마을 입구까지의 길을 니체 의 산책로라 부르는데 '자라투스트라는 이렇게 말했다'의 영감을 제공

에즈 마을 입구에서 요새를 올려다본 경치, 기차역에서 이곳까지가 니체의 산책길이다

에즈 마을로 올라가는 길이 좁지만 아기자기한 아름다움이 넘쳐난다

잠깐 쉴 수 있는 중간 지점의 쉼터, 왼쪽에 노랗게 익은 비파가 주렁주렁 달려있다

한 길이다.

13세기 로마의 침략을 피해 산꼭대기로 사람들이 모여들기 시작하여 마을을 이루게 되었고 14세기에는 흑사병을 피해 사람들이 몰려들어 왔다. 지금껏 큰 변화 없이 중세 마을을 보존해서 관광객들이 찾는 것이다.

시계 방향으로 살짝 돌아가면 지붕을 제외하고 모두 돌로 된 집들을 보게 된다. 골목길의 바닥 돌은 반질반질하다. 지중해를 바라보며 느긋하게 쉴 수 있는 유명 카페들은 좁지만, 손님들로 가득하다. 멋진 갤러리, 기념품 가게가 많다. 특이한 것은 동굴 가게들이다.

젊은 여인의 조형물이 많은 에즈 마을의 공중 정원, 하늘과 같은 신비로운 바다색

아래에서 다 보이는데 6유로를 내고 저길 본다고? 6유로 내고 가서 꼭 봐야 합니다

에즈에서 관광객들이 제일 좋아하는 곳은 공중 정원(선인장 공원)이다. 별도로 6유로를 내야 한다. 6유로가 아깝다고 내려가지 않았으면 좋겠다. 구경하러 왔는데 "선인장 여기서도 다 보이네" 하고 내려가면 안 된다. 직접 올라가 보면 감탄하게 된다. 여인의 조형물, 약간 야한 시(동행한 분이 내게 음란 마귀에 걸렸다고 함), 무엇보다 붉은 지붕 아래의 짙푸른 지중해가 그만이다. 무너지고 남은 성벽이 있는 곳(에즈 마을의 정상)도 멋지고 파노라마 뷰를 볼 수 있다.

Follow me young man	청춘이여 나을 따라와요.
and You shall know	그러면 당신을 알게 될 거야
All my secrets……. almost.	나의 비밀을 거의 모두.

PART 6
론 알프스

1. 리옹, Lyon

리옹으로 들어가는 내리막길에서 바라본 도시의 모습에 깜짝 놀랐다. 이번 남프랑스 여행은 대부분 소도시 여행으로 알고 있었는데 리옹은 규모가 대단했다. "아니, 리옹이 이렇게 큰 도시인가요?"라는 물음에 리더는 프랑스에서 세 번째로 큰, 파리, 마르세유 다음의 도시라고 한다. '라이온(Lion)'과 소리가 비슷해서인지 강 가운데 붉은 사자 조형물('Only Lyon'이란 글자도 옆에 있음)도 보인다. 부르고뉴 남쪽, 론(Rhone)강 지역 중심에 있는 큰 도시다. 리옹의 4개 역사 지구는 세계문화유산으로 등재된 곳인데 중심가는 론강과 손(Saone)강이 마주하는 곳에 생긴 길고 좁은 지역이다.

비가 그친 지 얼마 되지 않아 구름이 잔뜩 끼어있고 구시가지(Vieux Lyon, 오래된 리옹이라는 뜻)의 복구 공사가 이뤄지고 있어서(좀 어수선한 분위기), 도시로 들어올 때의 기대감이 사라져 버렸다. 포비에레(Fourviere) 언덕 아래에 있는 구시가지에는 300여 채가 되는 중세와 르네상스 건물들이 좁은 골목에 들어서 있다.

'Only Lyon' 글자와 붉은 사자 조형물

포비에레 대성당에서 내려다본 리옹 시가지

포비에레 노트르담 대성당 입구, 성당의 화려한 기둥들

　　포비에레 노트르담 대성당(Fourviere Basilique Notre Dame)은 동화에 나오는 것 같은 새하얀 성인데 높은 곳에 있어서 시내 어디서든 잘 보인다. 보불전쟁(프로이센과 프랑스 간의 전쟁) 후 리옹이 살아남은 것을 감사하며, 1972년부터 시작하여 1896년에 완성한(다른 유명한 유럽의 성당에 비해 최근에 지음) 성모 마리아에게 헌정한 성당이다.

포비에르 성당 바로 옆에 붙어있는, 성모 마리아 황금 동상이 있는 성 토마스 성당이다

그 바로 옆에는 1643년, 유럽을 휩쓴 흑사병으로부터 리옹을 구한 성모 마리아와 영국의 성 베켓에게 헌정한 성 토마스 성당(1852년 기존 탑이 성모 마리아의 황금 동상이 있는 탑으로 교체)이 있다. 8각형 모양의 탑이 4개가 있는 바실리카 성당인데, 그냥 관광지가 되어버린 유럽의 다른 성당과 다르게 정기적인 미사가 열리는 성당이다. 리옹 시민들(리오네)은 그들이 살고 있는 도시가 파리 이전의 수도였다는 걸 자랑스럽게 여기는데 이 성당은 리옹의 랜드마크에 해당한다.

성당 내부에 들어가니 벽마다 화려한 모자이크 그림이 있는데 액자 형태가 아니라 벽면에 붙어있는 모습이다. 내부 복도에도 많은 회화와 조각 작품들이 있어 알아봤더니 '포비에레 종교 미술관', '신성 예술 박물관'이라고 소개하고 있다. 기둥의 중간 부분(줄무늬가 있음)을 제외하고 바닥까지 장식해서 꽉 차고 화려하기가 그지없다. 지하로 내려가는 곳에도 멋진 조각상들이 있고 지하 예배당에는 세계 여러 나라의 성모상을 모셔놓았다. 영화 '코러스'를 즐겁게 본 적이 있는데 영화에 나오는 '생 마르크 소년 합창단'이 바로 이 성당에 소속되어 있다.

성당 내부는 종교 미술관, 신성 예술 박물관으로 쓰이고 있다

검은 성모상

　밖으로 나와 성당 옆 광장(마당)으로 나왔다. 이곳에서 바라보는 경치가 일품이다. 빽빽한 붉은 지붕들 사이에 현대식 높은 빌딩들이 듬성듬성 박혀 있는 모습이다. 광장 아래로 가까운 곳에는 손강이 먼 곳에는 론강이 흐르고 있다.

　알프스에서 발원한 론강이 리옹에서 손강을 만나 지중해로 들어간다. 이 두 강 사이에 삼각주 마을이 있는데 이 마을을 '반도섬'이라고 부른다. 반도섬 끝자락에 있는 떼호 광장(Place des Terreuaux)은 벨크루 광장(Place Bellecours)과 함께 관광의 중심 지역이다. 떼호 광장에는 리옹 시청, 리옹 미술관(제2의 루브르로 불림, 예전에는 생 피에르 궁전 예배당이었음), 바르톨디 분수(Fontaine Bartholdi)가 있다. 뉴욕에 있는 자유의 여신상을 만든 이가 '바르톨디'다. 마차 위에서 여인이 젖가슴을 드러낸 채, 4마리의 말을 끌고 있는 모양인데, 곁에는 아기가 붙어 앉아 있다. 여인은 프랑스를, 4마리의 말은 프랑스의 4대강을 뜻한다. 공사 중이어서 분수 바닥의 파란 물을 보지 못했다. 광장 북쪽, '라 크루아 루스 언덕'부터는 시민 거주 지역이다.

성당 입구 측면에서 바라본 경치. 날개 달린 사자의 조각상이 멋지다

네 마리의 말이 끄는 마차를 몰고 있는 여인의 동상이 있는 바르톨디 분수대

떼호 광장에서 자코뱅 광장(Place des Jacobine)으로 나온다. 넓은 공간이고 계단의 층을 활용하여 현대적인 분위기를 만들고 있다. 추상적인 대형 조형물들이 많아서 지금까지 봤던 유럽의 광장들과는 확실히 다른 느낌을 준다.

리옹은 유럽 무역의 거점으로 물건과 사람, 돈이 모이던 금융업의 중심지였다. 더불어 미식 도시로 유명하다. 식료품으로 가득한 재래시장

자코뱅광장의 조형물, 무엇인가를 상징하는 부분들이 많이 붙어있는 추상 작품이다

은 아직도 리옹의 관광 명소이고, 부숑(Bouchon, 18세기 부르주아들을
위해 가정에서 요리를 해주었던 여성들이 운영하는 가정식 레스토랑)
에서 일하는 이들을 '요리사'라 부르지 않고 어머니(Mere)라고 부른다.
프랑스 요리의 아버지라 불리는 폴 보퀴즈(Paul Bocuse)로 인해 리옹의
음식은 점점 더 세계적으로 유명해졌다.

왼쪽 현수막이 걸린 건물은 리옹 미술관, 지하철 출입구, 오른쪽에 시청 건물 뒷모습

2. 안시, Annecy

남프랑스 여행의 시작은 이탈리아 밀라노에서 출발했다. 처음 여정은 밀라노 시내를 구경하는 것이었는데 가이드의 추천으로 코모호수를 둘러봤다. 경치를 좋아하니 아무래도 호수가 훨씬 좋았다. 마음이 들뜬다. 이제는 프랑스에서 두 번째로 큰 안시 호수(Le lac d'Annecy)를 보러 간다.

오른쪽 굵은 나무줄기 부분이 하늘에서 본 안시 호수의 모습이다

　예상대로 호수는 기대를 저버리지 않는다. 코모호수도 깨끗했는데 이곳은 더 투명하다. 유럽에서 가장 깨끗한 호수라는 평가다. 연한 민트색(옥색)의 호수 옆에는 넓은 잔디가 있는 공원도 있고 큰 플라타너스가 그늘을 만드는 산책길도 있다. 5월이어서 산책길에 예쁜 꽃들도 많다. 여기가 지상 낙원이다.

　에메랄드빛 호수를 봤다가 잔디밭에서 돗자리를 펴고 피크닉을 즐기는 사람을 보면서 구시가지 근처로 온다. 바세 운하(Cana du Vasse)를 가로지르는 작은 다리에 관광객들이 많다. 이유를 알게 되었다. 이 다리 위를 연인과 건너면(또 다른 것으로 키스하면) 영원한 사랑이 이뤄진다는 이야기가 있고, 경치도 좋아서 연인과 사진을 찍는다고 다리 위에 머물러서 사람이 많았다. '사랑의 다리(Pont des Amours)'로 불린다. 루소의 자서전에서 자신이 바랑 부인을 처음 만난 곳으로 밝힌 곳이다.

사랑의 다리에서 시가지 쪽을 보면 큰 플라타너스가 줄지어 있고 노를 젓는 배들이 정박하고 있는 풍경이 환상적이다. 안시 호수는 안시를 프랑스인들이(특히 파리지앵) 은퇴 후 살고 싶은 도시 1위로 만드는 가장 큰 요소다.

코모호수에서 푸니쿨라를 타고 산으로 올라가는 것이 최고였다면 이곳은 호수의 물을 도시로 끌어들인 운하가 최고다. 회전목마를 지나서 도시로 접근하면 시청 건물과 도시로 흘러가는 본격적인 운하의 모습을 보게 된다. 운하 양쪽에 예쁜 카페, 레스토랑, 상점들이 줄지어 펼쳐진다. 야외 테라스에는 운하를 바라보며 음식이나 음료수를 즐기는 관광객들로 가득하다.

진행 방향에서 티우 운하(Canal du Thiou)를 건너는 또 하나의 다리 너머로 멋진 건물이 있다. 생 프랑수아 드 살(Saint Francois Church) 성당이다. 입구에서 제일 눈에 띈다. 그다음은 안시 사진 최고의 모델, 물

티우 운하에서 처음 눈에 띄는 생 프랑수아 드 살 성당

안시 최고의 스타, 물 위의 궁전 팔레 드 릴, 물은 갈라졌다가 다시 합쳐진다

위의 궁전(Le Plais de l'Ile, 팔레 드 릴)이다. 12세기 초 성주의 거주지였던 곳이 제2차 세계대전 당시에는 감옥으로 사용되었고 지금은 역사박물관, 미술관으로 사용된다. 작고 귀여워 영화를 찍기 위해 만든 세트장처럼 보인다.

안시는 과거 사보이아, 사르데냐, 피에몬테 왕국의 영토였기에 'Annesi'라는 이탈리아어 지명을 갖게 되었다. 알프스의 베니스, 알프스의 진주라고도 불린다. 인구도 얼마 되지 않지만, 이 마을에서 아웃도어 밀레, 주방용품 테팔이 탄생했다.

스위스 접경 지역이라 스위스의 느낌도 분명히 있다. 콘크리트, 돌벽, 나무로 된 각각의 집들이 조화를 이루고 오톨도톨한 돌바닥이 아닌 매끈한 시멘트 바닥이 다른 유럽 마을과 다르다. 주택가로 들어오니 아치

시청사를 지나면 Chateau d'Annecy 성과 운하를 따라 늘어선 카페와 레스토랑이 나온다

형 통로가 많다. 새로운 세계로 들어가는 느낌이 좋다.

마을 놀이터와 작은 공원을 지나니 노트르담 드 리에스 성당이 있다. 주택 단지 한가운데 있으니 오히려 성처럼 웅장한 성당보다 더 자연스럽고 친근감이 든다. 으리으리한 관광용 성당, 텅 빈 성당보다 주민들이 미사를 드리는 성당이 좋다.

다시 약속 장소인 호숫가 공원으로 돌아왔다. 호숫가에서 백조들이 놀고 있는 호수를 바라본다. 산책, 하이킹, 자전거 타기와 수상 스포츠를 즐길 수 있고 구시가지의 운하 주변의 산책, 예쁜 카페나 레스토랑에서 여유를 즐길 수 있는 안시에서 일주일만이라도 살고 싶다.

날씨가 살짝 흐려서 초록빛이 강한 민트색의 물, 백조가 몇 마리 놀고 있다

물의 양을 조절하는 수문

주거 지역까지 물길이 있어 매력적인 풍경을 만든다

사랑의 다리에서 도시 쪽을 바라본 경치

다리 근처에 있는 유람선과 보트

3. 샤모니 몽블랑, Chamonix Mont Blanc

프랑스 남동부 알프스산맥 서쪽에 자리한 사부아(Savoie) 지방의 대표적인 도시다. 이름 그대로 유럽 최고의 높이를 뽐내는 몽블랑(알프스에서 가장 높은 4,807m의 봉우리)을 오르기 위해 거쳐야 하는 마을이다. 사부아 지역은 3국(프랑스, 스위스, 이탈리아)의 영토 싸움이 오래도록 지속된 곳인데 1860년 이탈리아의 사르데냐 피에몬테 왕국이 사부아 지역을 나폴레옹 3세에게 이양함으로써 프랑스 영토가 되었다.

샤모니에서 케이블카를 타고 에귀 디 미디(Aiguille du Midi) 전망대(몽블랑을 가장 가까이 조망할 수 있는 곳)에 가는 것이 목표였는데 비가 오고 구름이 잔뜩 끼어서 케이블카가 운행하지 않는다. 하! 몽블랑의 빙하와 설산을 보겠다는 꿈은 사라지고 여기서 무엇을 한단 말인가?

샤모니는 프랑스에서 처음 스키장이 생겨난 곳으로 1900년대에 들어와서 철도와 케이블카 등 다양한 시설을 갖추게 되었다. 1920년에는 '샤모니몽블랑'으로 지역 이름을 바꿨는데, 스위스의 스키장들이 몽블랑의 인기를 이용해서 이익을 취하지 못하도록 하기 위함이다. 겨울 스

비는 그쳤으나 잔뜩 흐린 날씨로 케이블카를 타지 못하고 시내 구경을 한다

포츠의 중심 도시로 1924년 최초의 동계 올림픽이 열린 곳이지만 여름에도 다양한 활동을 즐길 수 있어 연중 관광객이 끊이지 않는다. 샤모니는 알프스의 깊은 계곡에 있는 데다 1년 내내 기온이 낮고 햇빛이 비치는 기간도 짧아 여름에도 긴팔 점퍼를 입어야 한다. 길 양옆에는 각종 Out Door 가게가 있어 눈이 즐겁다. 파카르 거리를 지나 '발마 광장'에 왔다. 유명한 '발마와 소쉬르' 동상이 있다. 텔레비전에서 여러 번 본 적이 있어서 무척 반가웠다. 소쉬르(본인은 여러 번 도전했으나 실패함, 식물학자로 식물 채집을 위해 샤모니에 오게 됨)는 몽블랑에 최초로 오르는 사람에게 상금을 주겠다고 한 제네바의 과학자이고 발마(소쉬르에게 최초 등반을 보고함, 발마와 동행한 파카르 의사는 오르지 못했다고 말했음)는 샤모니 출신의 짐꾼으로 최초로 등반한 사람이다. 소쉬르

Out Door 가게가 즐비한 곳을 지난 곳에 트릭아트가 있는 건물이 눈에 띈다

몽블랑을 오르는 사람에게 포상하겠다고 한 소쉬르 박사와 최초로 등반한 짐꾼 발마

는 망원경을 들고, 발마는 로프를 메고 오른손으로 몽블랑을 가리키는 모습이다.

최초 등반 진실은 차치하고 이 세 사람에 의해 Alpinism(설산을 오르는 등반)이란 말이 생겨났고 이 말은 더욱 뜻이 확장되어 '고산 등반'의 뜻을 갖게 되었다. 또한 오지였던 샤모니는 등반과 스키의 베이스캠프로 유명해졌다.

샤모니의 비싼 숙소를 피해 '생 제르베 레반(Saint Jervais les bain)'으로 왔다. 프랑스 남동부 오트사보이 주(州)에 있는 코뮌(프랑스의 최소 행정구역)이다. 샤모니에서 20분이면 도착하는 몽블랑 아래에 자리 잡은 이 마을은 온천 치료와 산악 스포츠로 유명하다. 트램웨이 몽블랑 출발점이고(Domaine Evasion Mont Blanc, 몽블랑의 입구), 궤도 열차도 다니고 있어 몽블랑의 작은 베이스캠프의 역할을 한다. 여름에는 프랑스 최대의 톱니 궤도식 철도(Rack Railway)로 파노라마 조망을 즐길 수 있고 이글루의 둥지, 비오나싸이(Bionnassay) 빙하에 도착할 수 있다. 겨울에는 스키어들이 이 열차를 타고 벨뢰브(Bellevue) 고원으로 간다.

최근에 생긴 리조트가 아니라 1900년대 초부터 인기 있는 휴가지인

몽블랑의 베이스캠프 역할을 하는 생 제르뱅 레반, 몽블랑의 설산들이 보인다

데 연중 다국적 여행객들과 관광객으로 붐빈다. 숙소에 짐을 내려놓고 마을 중심지로 내려왔다. 앙증맞은 교회, 통나무로 된 오래된 집들이 멋지다. 무엇보다 샤모니에서 보지 못했던 몽블랑의 고봉들이 조금씩 보여서 좋다. 시원한 공기는 보너스다.

1892년 마을 위에 있는 빙하 아래의 물주머니가 터지면서 200명의

작은 성당과 몽블랑이 어울린 풍경

해가 지고 난 후의 생 제르뱅 레반의 경치

사람이 죽는 사고가 발생했다. 이를 '생 제르베의 대재앙'이라 부른다. 이후 빙하호 수위 조절 등 여러 대책(경보 시스템 등)을 마련하여 위협에 대비하고 있다.

PART 7
알자스

1. 스트라스부르, Strasbourg

　북프랑스의 가장 북동쪽 지역을 알자스(Alsace)라고 부르는데 독일과 경계를 이루는 곳이다. 라인강 왼쪽 연안 지역이고 1871년 이래 독일과 영유권 전쟁이 잦았던 곳이다. 이 사실을 알아야 이 지역의 문화를 제대로 느낄 수 있다. 알자스의 3대 도시는 스트라스부르, 뮐루즈(Mulhouse), 콜마르인데, 라인강에서 서쪽으로 2km 떨어진 스트라스부르는 바로 알자스 최대 도시이다. 우리들은 알퐁스 도데의 '마지막 수업'과 '별'로 이 지역을 어릴 때 들은 바가 있다. 우리도 식민지 시절 우리말을 뺏긴 경험이 있기에 국경지대에 있는 스트라스부르의 상황을 쉽게 이해할 수 있었다. 프랑스인데 독일어로 길이라는 뜻의 Strasse와 성, 도시라는 뜻의 Burg가 합쳐진 '슈트라세부르크'에서 이름이 만들어졌다.

　노트르담 대성당(Cathedrale Notre-dame de Strasbourg)은 보쥬(Vosges) 산맥의 분홍색 사암으로 지어졌는데 첨탑이 142미터에 달한다. 빅토르 위고(Victor Hugo)는 '거대함과 섬세함의 기적'이라고 했고 괴테는 '고상함이 아름다움과 연결되어 있다'라고 칭송했다. 성당을 완

성당 외벽이 아닌 내부에 거대한 시계가 있고 142m의 첨탑이 있는 노트르담 대성당

성하는 데 거의 3세기가 걸렸다. 고딕 예술의 걸작인 것은 분명하나 비가 조금 내리는 날씨 탓인지, 주위에 다른 건물들이 많아서인지, 파리의 노트르담 성당보다는 아름답지 않았다. 오랜 세월이 흘러서 약간 어둡게 보이니 조금 무서운 느낌도 있다. 지름이 14m나 되는 장미창을 비롯한 스테인드글라스(채색 유리창)가 볼 만하고 힘은 들지만(300개가 넘는 계단을 걸어 올라야 함), 높은 종탑 전망대에서 보는 경치는 일품이다.

수많은 캐릭터가 있는 성당의 외관은 한참 동안 살펴볼 가치가 있다. 다양한 조각상은 많은 이야기를 들려준다. 가장 화려하게 장식된 곳은 정면 현관 벽인데 오른쪽에는 현명한 처녀와 어리석은 처녀로 둘러싸인 악마가 있고, 왼쪽에는 악덕과 미덕의 싸움을 볼 수 있다. 중앙에는 예수의 수난과 부활을 보여준다. 높은 종탑과 벽에 큰 여백을 두지 않고 빽빽하게 조각으로 장식한 것이 놀랍다.

성당에서 오른쪽으로 계속 걸어가니 로앙 성(Palais Rohan)이 나온다. 가운데 입구 문을 중심으로 양쪽에 건물이 있는데 완전 대칭(규모가 다름)이 아니어서 더 좋았다. 성과 주위 건물 사이에 난 길을 걸었더니 운하가 나타났다. 구시가지를, 유람선을 타고 구경할 수 있는 선착장이 많았다. 화창한 날 유람선(Batorama)을 타고 천천히 도시를 구경하면 재미가 쏠쏠할 것 같다. 앗! 파리 센강을 유람했을 때 '바토 무슈'라고 했는데 '바토'는 '배'라는 뜻일 거야? 확인해 보니 맞아서 어깨가 으쓱 올라갔다. '무슈'는 파리(Paris)가 아니고 날아다니는(Fly) 파리였다. 파리 센강의 배를 통칭한 것이 '바토 무슈'다.

가운데 입구 문을 중심으로 비대칭의 건물로 이루어진 로앙성, 왼쪽 세 개의 건물

유람선을 타고 운하를 지나며 구시가지를 구경하는 스트라스부르의 바토라마 선착장

갔던 길을 다시 돌아 나오는데 트램이 지나간다. 우리나라에는 없는 트램이 지나가면 눈이 번쩍 뜨인다. 우리도 옛날 종로에는 지상으로 다니는 전차가 있었다는데. 전차가 지나가는 옆 광장에는 큰 회전목마(메리 고 라운드)도 있고 푸른 빛의 동상이 옆에 있다. 트램 철길에 집중한 탓인지 갈 때는 분명히 보지 못했는데 말이다. 동상의 인물은 인쇄술을 발명한 구텐베르크였다. 독일 마인츠에서 태어났으나 이곳에서 인쇄술을 발명했고 많은 인쇄물을 남겼기에 이곳에 동상을 세우고 광장 이름으로 만들었다.

스트라스부르에서 인쇄술을 발명한 쿠텐베르크 동상이 광장에 서 있다

퐁 쿠베흐(Pont Courverts, '덮인 다리'라는 뜻)에 도착했다. 120m 길이의 작은 다리다. 옛날에는 지붕이 있는 목조 다리였는데 18세기에 지붕이 철거되고 석조로 개조된 후에 이름만 그대로 남았다. 우뚝 솟아 있는 세 개의 방어 탑이 멋지다. 이 다리는 프티 프랑스가 있는 3개의 섬과 육지를 이어주는 중요한 역할을 담당한다. 중세 성벽의 흔적을 엿볼 수 있다.

오른쪽으로는 13개의 아치가 있는 보반댐(Barrge Vauban)이다. 2층으로 된 구조인데 2층으로는 사람들이 다닐 수 있는 통로로 되어있다. 어둑해져서 아치가 보라색으로 빛난다. 태양왕 루이 14세 시절, 군인이자 공학자인 보반(Vauban)의 계획에 따라 타라드(Tarade)가 건설한 댐인데 식수나 농사를 위한 것이 아니라 군사용으로(물을 가둬뒀다가 일시에 방류하여 방어함) 지어졌다.

쁘티 프랑스의 섬을 연결하는 퐁쿠베흐, 13개의 아치가 있는 군사용 댐인 보반댐

　다음날 우리는 프티 프랑스(Petite France)를 구경한다. 콜마르를 본 다음에 한 번 더 스트라스부르그를 보게 되는 것이다. 웅장하고 깔끔한 대리석 건물 안에 'ZARA'가 들어선 현대 도시였는데 조금 걸었더니 중세 마을이 나타난다. 보반댐을 지나 퐁 쿠베흐를 건너면 여러 갈래로 나뉘어 흐르는 일강(River Lill) 사이로 멋진 건물들이 다닥다닥 붙어있다, 생 마르텡 다리 아래에서 앞쪽을 보면 물이 건물 사이로 빠지면서 세게 흐르는 것이 보인다. 다리 아래에는 보행자 전용 다리가 있다. 이 다리 옆으로 유람선이나 보트가 지나간다. 이 작고 좁은 보행자 전용 다리에서는 재밌는 장면을 보게 되는데 유람선이 지나갈 때는 오른쪽 앞에 있는 다리(Le Pont do Faison, 퐁 뒤 페장)가 빙 돌아서 배를 보내고 다시 원상태로 돌아온다.

방어용 탑이 멋진 스트라스부르의 구시가지

좁은 운하의 벽을 스치듯 빠져나오는 유람선, 앞쪽 다리가 위로 올라갈 때 빠져나온다

오른쪽 '라 메종 타뇌르'와 운하 건너편에 있는 '메종 아 콜롱바주'는 마주 보고 있다

퐁 뒤 페장을 건너면 뱅 오 프랑스 거리가 시작되는 방쟈망 자쓰 광장(Place Benjamin Zix)이다. 스트라스부르의 홍보에 나오는 '라 메종 데 타뇌르(La Maison des Tannuers)'와 마주 보는 '메종 아 콜롱바주' 건물이 있고 그 사이로 일강이 흐른다. 타뇌르는 삼각형 지붕을 한 무두장이(짐승의 가죽을 부드럽게 만드는 일을 하는 사람)의 집이었는데 오랜 세월이 흘러 이제는 최고의 레스토랑이 되었다.

라인강의 지류인 일강은 구시가지를 완전히 둘러싸고 있어 신시가지와는 모두 다리로 연결된다. 하늘에서 보면 프티 프랑스 지역은 다섯 개의 커다란 손가락 모양이다. 일강이 만들어낸 다섯 개의 삼각주에 모두 마을이 있는 것이다. 이 멋진 곳을 흐리고 비가 오는 중에 본 것이 조금 아쉽다.

2. 콜마르, Colmar

숙소를 나와 콜마르역에서부터 여행을 시작한다. 역 앞에는 제법 넓은 물이 있는 광장도 있어 큰 역사를 더욱 돋보이게 한다. 역을 지나 신시가지를 지나고 구시가지를 구경하고 마지막으로 '프티 베니스'를 돌아보는 여정이다. 으리으리한 '콜마르 법원'도 보고 랍 광장에 도착한다. 장 랩(Jean Rapp) 장군의 이름을 따서 조성한 곳인데 가장자리에 샹드막스 공원이 있고 분수대도 있다.

Jean Rapp은 나폴레옹 1세 시기의 유명한 장군인데 고향이 콜마르였다. 저마다 독특한 포즈를 취하고 있는 동상들이 분수 둘레에 앉아 있고 중앙에는 해군 제독 'Bruat'의 동상(바르톨디 제작)이 우뚝 서 있는 분수대는 제법 규모가 크다. 광장 바닥에서 물이 뿜어져 나오는 곳 바로 뒤에 만국기와 장 랩 장군의 동상이 보인다.

관광용 꼬마 기차를 타고 관광지를 한 번 둘러본 뒤에 대충 기억해서 걸어보자고 리더가 제안했다. 레일을 달리는 기차가 아니라 기차 모양을 한 작은 버스다. 구시가지에는 건물 외벽에 무늬로 보이는 나무 골

얕은 물이 있는 광장 뒤로 보이는 콜마르역

여러 모습으로 포즈를 취한 작품이 둘레에 앉아 있고 가운데 해군 제독 Bruat의 동상이 있는 랍 광장의 분수대

조가 그대로 드러나고 지붕이 원뿔형인 집들이 많다. '하프팀버 양식(프랑스 말로는 콜롱바주, 우리말로는 반 목조건물)'이라 부르는데, 못을 거의 사용하지 않고 두꺼운 목재에 구멍을 내고 연결하여 만드는 건축 양식이다. 독일에 이런 형태가 많은데 이곳이 스트라스부르와 함께 독일에 점령되었다가 찾기를 반복했던 곳이었기 때문에 콜롱바주 양식의 건물이 많은 것이다. 알자스의 특징을 간직하려고 신규 건축과 복구에 까다로운 조건을 부여했다고 한다.

콜마르에 있는 제일 큰 성당, 생 마르탱 성당이다. 1234년 공사를 시작하여 500년이 넘게 걸려 완성한 건물이다. 기다란 아치형 창과 첨탑은 고딕 양식이고 보수 공사를 하면서 르네상스 양식이 추가되었다. 외벽은 보주산맥에서 채취한 붉은 사암으로 만들어졌는데 색깔이 제각각이어서 언뜻 보면 벽화처럼 보인다. 어떤 분들은 햇빛이 좋은 날 이것을 보고 '카레 성당'이라고 했다나.

붉은 사암으로 외벽이 만들어진, 콜마르에서 제일 큰 성당인 생 마르탱 성당

하울이 주인공 소피를 만나 하늘을 나는 장면, 메종 피스테르의 모습

콜마르는 애니메이션 '미녀와 야수', '하울의 움직이는 성'의 영감을 준 곳이다. 그중에서 메종 피스테르(Mason, Pfister)는 하울이 주인공 소녀 소피를 만나 하늘을 나는 장면에 나온다. 소피의 고향 마을이 콜마르다. 팔각형으로 뾰족한 초록 지붕이 특징인데 2층, 3층의 테라스도 멋지다. 이 건물을 중심으로 길이 두 갈래로 나뉜다. 모자를 파는 상인이 1537년에 지은 건물인데 500년이 넘는다. 건물의 이름은 지은이의 이름이 아니라 19세기 이 집을 소유한 사람의 이름에서 따왔다.

문익점이 목화를 가져와서 조선의 의생활을 변화시킨 것처럼 스웬디 장군은 포도 가지를 가져와 알자스 지방의
생활 문화를 바꿔놓았다

　스웬디 분수는 디즈니 만화 '미녀와 야수'에 나오는 곳이다. 착한 막
내딸 벨이 노래하고 춤추던 장면이 이곳이다. 분수 가운데 16세기 신
성로마제국 장군인 스웬디 장군(Lazaurs Von Swendi) 동상이 있다. 헝
가리에서 터키군의 공격을 막아내고 포도 가지를 가져온 장군이다. 동
상은 오른손에 포도 가지를 번쩍 들고 있는 모양이다. 전투에서 승리한
것보다는 포도 가지를 가져옴으로써 알자스 지방의 역사가 바뀐 계기
가 중요해서 동상을 만든 것이다.

　콜마르에는 바르톨디가 제작한 동상이 무척 많다. 앞에서 언급한 브
루어트, 장 랩, 스웬디 동상이 모두 그가 제작한 것이다. 바르톨디는 뉴
욕에 있는 '자유의 여신상'을 제작한 조각가이다. 로젤만 분수대에 있
는 로젤만 동상도 바르톨디가 만들었다. 오른손을 가슴에 얹고 왼손에

508

방패를 잡은 '장 로젤만'은 차분하면서도 결의에 찬 모습이다. 13세기 콜마르에서 무두장이의 아들로 태어나 콜마르의 독립을 위해 스트라스부르와의 전투에서 시민군을 이끌었는데 이 전투에서 목숨을 잃었다.

중앙 광장, 랑시엔 두안 광장을 지나고 스웬디 분수를 지나 'Fishmonger District(생선가게 지역)'로 왔다. 이곳부터 로슈 강을 이용한 운하가 보인다. 이곳에서 듀헨느 거리 다리(Pont Rue Turenne)까지를 통상 프티 베니스(Petite Venice)라 부른다. 이탈리아 베네치아의 아주 작은 축소판이란 뜻이다. 대단한 크기의 미루나무(포플러)를 지나면 운하를 따라 만들어진 예쁜 길이 나온다. 동화나 영화에 나오는 길을 실제로 걷고 있다고 생각하니 온몸이 짜릿하다. 운하 건너편에는 붉은 자주색 문이 있는 '쿠베르 시장(Marche Von Couvert)'이다. 지붕이 덮인 시장이란 뜻인데 넓은 테라스는 레스토랑으로 사용된다.

로슈강을 이용한 운하가 흐르고 오른쪽에는 쿠베르 시장이, 왼쪽에는 알록달록한 콜롱바주 양식의 건물이 다닥다닥 붙어있다

'프티 베니스'의 하이라이트인 듀헨느 거리 다리에 도착했다. 이 다리 앞에 유람용 나무배(4줄씩 3명이 앉아 12명 정도가 탈 수 있는 길쭉한 배)를 탈 수 있는 작은 선착장이 있다. 다리에는 꽃 화분이 걸려있고 운하 양쪽으로 파스텔톤의 건물들이 다닥다닥 붙어있는 모양이 너무 예뻐서 감탄이 절로 나왔다. 16~17세기에 지어진 목조 전통 가옥이 잘 보존되어 있는데 경사진 지붕 아래의 문이 없는 다락방은 옛날 가죽을 말리는 곳으로 쓰였다. 옛날에는 어부, 제분업자, 무두장이 등이 살았는

쁘띠 베니스의 하이라이트인 듀헨느 거리 다리에서 양쪽을 바라본 경치

콜마르를 떠나면서 보게 된 쁘띠 베니스의 마지막 지점, 유람선은 이곳에서 머물다가 돌아간다

데, 모두 풍부한 물이 필요해서 이곳에 자리를 잡은 것 같다. 그들은 도로가 수로와 거의 수평을 이루도록 만들었다. 사방이 온통 아름다움으로 가득해서 오랜 시간을 보냈다. 다른 곳으로 이동하러 출발했다가 우리는 잠시 차를 세웠다. 경치가 너무 예뻐서 멈춰보니 '프티 베니스'의 마지막 구간이었다. 듀헨느 다리에서 얼마 떨어지지 않은 곳이었고 또 다른 나무배 선착장이 있었다. 관광객이 지나쳐 버리는 멋진 곳을 보게 되어서 가이드에게 고맙다고 했다.

3. 에기샤임, Eguisheim

에귀샤임, 에기솅? 어떻게 불러야 할지 난감하다. 알자스 와인 생산지의 본부에 해당하는 마을이고 프랑스에서 최고로 아름다운 마을로 선정된 곳이다. "임 쌤, 오늘 멋진 사진 스팟이 있으니, 저도 멋지게 찍어주세요." 태국 치앙마이에 사는, 휴가차 유럽으로 넘어온 한국인 가이드(여행도 하고 돈도 벌고)가 씽긋 웃으며 운전대를 잡는다.

에기샤임은 포도밭으로 둘러싸인 언덕에 있는 마을로 예전에는 성벽과 수로로 가려진 요새 마을이었다. 포도 재배 기술, 땅의 성질, 독특한 기후, 이 3박자가 제대로 맞아떨어져서 이곳의 와인은 특급(Grand Cru)으로 인정받는다. 알자스 포도주의 발상지로 유명하다. 콜마르에서 남서쪽으로 5km 떨어진 곳에 있는데 콜롱바주 양식의 전통 목조건물이 그대로 남아 있다. 정부나 시의 명령이나 부탁도 없었는데 건물들을 마을 자체에서 몇백 년에 걸쳐 유지하고 복구해 왔다는 사실이 감동이다.

건물벽에 걸린 철로 만든 간판이 눈에 들어온다. 글자나 그림으로 예쁘게 장식되어 무척 아름답다. 마을에 분수 형태의 우물이 많다. 가까운

마을에 분수 형태의 우물이 많이 보인다. 지금도 대부분 이용하고 있는 우물이다

강이 마을에서 1km 정도 떨어져 있는데 마을이 적에게 포위되면 물 확보가 어려워서 이런 대책을 세웠다. 지금도 대부분의 우물을 그대로 쓰고 있다.

사진 스팟 장소에 왔다. 이 중심 건물을 사이에 두고 골목과 집들이 2열로 늘어서 있다. 조그만 집인데 어떤 용도로 쓰이는지 모르겠다. 조사에 의하면 '비둘기 집'이라는데 믿음이 안 간다. 집집마다 예쁜 화분이나 인형, 꽃나무로 꾸며놓아서 볼 것이 아주 많고 사진 찍기에도 좋다. 마을에는 와인 농가들이 무척 많다. 수확한 포도를 마차에 실은 채 마당으로 들어오도록 큼지막한 문이 설치되어 있다. 마당에는 착즙기 등 와인 제조 도구가 많았다. 마을의 특징을 하나 더 말하면 2중 성벽의 자취를 찾아볼 수 있다는 것이다. 마을을 둘러싼 외벽은 사라졌고 수로도

마을에 황새 둥지가 있고 황새를 굉장히 소중하게 여긴다는데 왠 비둘기 집?

마을 안의 성은 무너지고 없으나 성의 자취는 그대로 남아있다. 남은 성벽에 기대어 지어진 집이 많이 보인다

묻혔으나 마을 안의 두꺼운 성벽이 남아 있는 부분이 있는데 그 벽에 붙어 집을 지었다. 2중, 3중으로 보호벽을 설치한 것이다.

마을의 유일한 광장, 샤토 데기셍 광장(La Place du Chateau, 성의 광장)에 와서 점심을 먹는다. 성을 마주 보는 최고의 자리에 있는 레스토랑이다. 이곳에는 가운데 분수 형태의 큰 우물이 있고 중앙에 교황 레오 9세의 석상이 있다. 에기샤임은 예부터 '교황의 탄생지'라는 자부심이 대단했다. 분수 뒤에는 성벽에 싸인 작은 언덕이 보이는데 성채(城砦, 성과 요새를 아울러 이르는 말) 뒤에는 성 레오 예배당(St. Leo Kapelle)이 있다.

교황 레오 9세의 석상이 있는 분수대 우물, 붉은 성 레오 예배당, 가운데 황새 둥지가 있는 피터 앤 폴 교회, 그리고 샤토 데기셍 광장

레오 9세의 일생이 그려져 있는 성 레오 예배당 천장의 궁륭

　11세기 영주의 집에서 Bruno Von Eguisheim Dasburg가 태어나고 커서 로마 교황(Pope LeoⅨ, 레오 9세)이 된다. 마을은 이것을 축하하고 마을의 이름을 교황의 이름으로 바꿨다. 최초의 마을은 8세기, 에베하트 백작이 에기샤임 들판에 저택을 짓고 둘레를 에워싸는 두 겹의 길을 냈다. 그 길을 따라 마을이 점점 커져서 마을은 전복 모양(위에서 보면 거의 둥근 모양)으로 변하게 되었다.

　예배당 천장의 궁륭(穹窿, 활이나 무지개처럼 가운데가 높고 길게 굽은 천장, 돔 천장)에는 레오 9세의 탄생과 브느와(Saint Benoit)에게 병 고침을 받는 모습 등 그의 일생이 그려져 있고 십자가 제단 아래에는 그의 무덤이 있다.

마을에 황새 모양으로 장식한 가게 간판이 많다. 두 성당의 꼭대기에 황새 둥지가 있는 것도 신기했다

"딱 따다닥!" 어디선가 이상한 소리가 들린다. 곁에 있던 외국인이 손가락으로 방향을 알려준다. 양쪽 성당(한 곳은 레오 성당 바로 앞에 있는 Peter and Paul Church) 꼭대기에 황새 둥지가 보였다. 어릴 때 집 마당에 멍석을 깔고 저녁을 먹을 때면 흰 황새들이 날개를 활짝 펴고 마을을 나는 광경을 본 기억이 떠올랐다. 알자스 지방에는 황새 보호 구역이 많고 황새가 아기들을 데려다준다고 믿는단다.

규모는 아주 작으나 콜마르보다 더 동화 속 마을의 분위기를 풍긴다. 전혀 몰랐는데 즐겁게 구경할 수 있어서 다른 분들에게 많이 소개할 것이다.

첨벙, 프랑스!

내 삶의 특별한 여행

초판인쇄 2025년 11월 7일
초판발행 2025년 11월 7일

지은이 임성득
펴낸이 채종준
펴낸곳 한국학술정보(주)
주　　소 경기도 파주시 회동길 230(문발동)
전　　화 031-908-3181(대표)
팩　　스 031-908-3189
홈페이지 http://ebook.kstudy.com
E-mail 출판사업부 publish@kstudy.com
등　　록 제일산-115호(2000. 6. 19)

ISBN 979-11-7457-278-3 03920